大学生
职业生涯规划与就业指导教程

主编　陈思羽　汪华明　文晓丹

中南大学出版社
www.csupress.com.cn
·长沙·

图书在版编目（CIP）数据

大学生职业生涯规划与就业指导教程／陈思羽，汪华明，文晓丹主编. —长沙：中南大学出版社，2022.9
ISBN 978-7-5487-4882-3

Ⅰ. ①大… Ⅱ. ①陈… ②汪… ③文… Ⅲ. ①大学生－职业选择－高等学校－教材 Ⅳ. ①G647.38

中国版本图书馆 CIP 数据核字（2022）第 067558 号

大学生职业生涯规划与就业指导教程

DAXUESHENG ZHIYE SHENGYA GUIHUA YU JIUYE ZHIDAO JIAOCHENG

陈思羽　汪华明　文晓丹　主编

□出 版 人	吴湘华		
□责任编辑	唐天赋		
□责任印制	唐　曦		
□出版发行	中南大学出版社		
	社址：长沙市麓山南路	邮编：410083	
	发行科电话：0731-88876770	传真：0731-88710482	
□印　　装	长沙市宏发印刷有限公司		

□开　　本	787 mm×1092 mm 1/16	□印张 15.25	□字数 332 千字
□版　　次	2022 年 9 月第 1 版	□印次 2022 年 9 月第 1 次印刷	
□书　　号	ISBN 978-7-5487-4882-3		
□定　　价	42.00 元		

前　言

　　每到毕业季，大学毕业生的就业情况都受到社会的广泛关注，因为这事关经济发展和改善民生的大局。党中央、国务院历来对此高度重视，坚持把稳定和扩大就业作为宏观调控的重要目标，大力实施就业优先战略，推动大众创业、万众创新。

　　目前，虽然我国经济发展已进入新常态，但就业总量压力依然存在，结构性矛盾更加凸显。国务院于2015年5月印发了《关于进一步做好新形势下就业创业工作的意见》，要求各地、各高校切实加强职业规划教育及相关的就业指导等工作。为了深入贯彻并落实国务院及教育部文件精神，帮助大学生规划职业发展、培养职业能力，并在严峻的就业形势下和激烈的人才竞争中找到合适的职业，获得理想的职业生涯，我们组织部分多年从事高校就业工作和职业教育的教师，在认真总结教学经验的基础上编写了《大学生职业生涯规划与就业指导教程》一书。本书从介绍职业与职业生涯规划理论入手，分析了影响大学生职业生涯规划的因素，重点介绍了大学生职业生涯规划设计的有关方法，并就大学生求职过程指导、求职就业心理调适和就业权益保护等知识进行了详细的讲解。同时，为激发学生的学习兴趣，能够更好地了解自己、认识社会，科学规划大学生活和人生目标，编者结合自身长期的一线教学经验以及对高职教育改革的理解，利用先进的"互联网+"技术，在书中穿插了一些实用性、针对性较强的在线测评量表。希望本书能帮助在校大学生做好职业规划，为他们迈出成功的第一步打下良好的基础。

本书在编写过程中参阅了国内外同类教材和专家、学者、同行的有关著作及研究成果，在此向相关作者表示衷心的感谢！尽管在编写过程中，编者对体系、内容进行了反复推敲，但由于编者水平有限，肯定存在疏漏和不当之处，我们衷心希望得到专家、学者、同行的指正和帮助，并期待今后在这方面能有更多高水平的著作问世，以共同推动高校大学生职业发展与就业指导工作不断走向规范化、科学化和专业化。

编　者

2022 年 2 月

目 录

规 划 篇

就　业　篇

规划篇

第一章
生涯唤醒

本章知识图谱

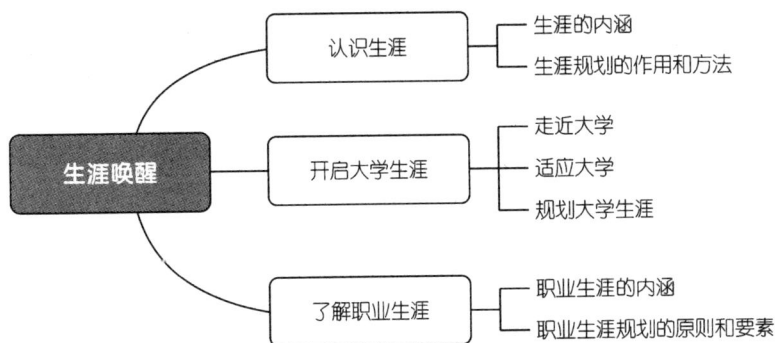

```
                              ┌─── 生涯的内涵
                ┌── 认识生涯 ──┤
                │             └─── 生涯规划的作用和方法
                │
                │             ┌─── 走近大学
  生涯唤醒 ──────┼── 开启大学生涯 ─ 适应大学
                │             └─── 规划大学生涯
                │
                │             ┌─── 职业生涯的内涵
                └── 了解职业生涯 ┤
                              └─── 职业生涯规划的原则和要素
```

　　美国著名社会心理学家马斯洛曾说过："教育是让一个人成为最好版本的自己。"在大学，如何发现未知的自己，成长为自己喜欢的样子，成为每个大学生的必修课。一个能够及时找到自己的梦想，确定前进方向，科学规划自己学习、生活的大学生，必将在毕业时收获更多的成就，而一个掌握了生涯规划的方法、养成了向着目标笃定前行的习惯的人，必将在未来的人生道路上，收获更多的幸福与快乐。

第一节　认识生涯

一、生涯的内涵

（一）生涯的概念

美国生涯规划大师舒伯（Super）认为，生涯是生活里各种事件的演进方向与历程，是人在工作以及退休以后，一连串有酬或无酬职位的综合体，除职位以外，还包括任何与工作有关的角色，甚至包含了副业、家庭、公民的角色，它统合了个人一生中各种职业与生活角色，由此表现出个人独特的自我发展形态。简而言之，舒伯认为生涯是指个人一生中所经历的一系列职业与角色的总称，即个人终身发展的历程。舒伯关于生涯的这个观点得到了学术界大多数人的认可。

在中国文化中，"生涯"的概念最早出现在《庄子·内篇·养生主第三》中——"吾生也有涯，而知也无涯。以有涯随无涯，殆已！"这句话的意思是人生是有限的，但知识是无限的（没有边界的），用有限的人生追求无限的知识，是必然失败的。表明做什么事都不要绝对化，要适可而止。永远有你达不到的东西，又何必苛求。这里的"生涯"指的就是"人的一生"。可见，中西方文化对生涯的概念是殊途同归的，都是指一个人一生的道路或发展途径。

在人的一生中，每个人在家庭、学校、单位和社会等各方面的参与方式和参与程度各不相同，收获的经验也各不相同，因此，每个人都塑造出了自己独特的生活形态，形成了自己独特的"生涯"。

每个人在生命的不同阶段，都承担着一个或多个不同的角色，每个角色又有着不同的生涯发展任务，需要做出不同的未来选择。比如，在高中阶段，我们主要的生涯角色是学生，主要的生涯发展任务就是认真学习，争取考上一个好的大学，同时我们还承担着子女的角色和休闲者的角色；在高考结束选择报考大学的时候，我们作为职业者和子女的角色变得更加重要，因此在选择大学和专业的时候，我们会考虑自己的兴趣——"我喜欢哪个城市、哪所大学、哪个专业"，同时也会考虑"我将来想要从事什么样的工作""我上大学的那个城市要不要离父母近一点"等；在大学期间，随着年龄的增长，我们的生涯角色又发生了转变，除了学生等角色外，又加入了公民的角色，因此，除了学好知识、提升技能、历练品质、准备求职等，还要加入培养现代合格公民素养的任务。因此，一个人在生涯的不同阶段，担任的角色不同，承担的任务不同，角色间互相影响，任务随着时间变化。

（二）生涯彩虹图

为了帮助大家更好地理解生涯中"角色"之间相互影响的关系，舒伯提出了"生涯彩虹图"，形象地展现了生涯发展的时空关系，很好地诠释了生涯的定义。

在生涯彩虹图（图1-1）中，纵向层面代表的是一定的生活空间，由一组职位和角色所组成：子女、学生、休闲者、公民、工作者、持家者。这六个不同的角色交互影响、交织，构成了个人独特的生涯类型。图的外圈为主要发展阶段，内圈阴影部分宽度不一，表示的是在该年龄阶段各种角色所占的分量；在同一年龄阶段可能同时扮演数种角色，因此彼此会有所重叠，但其所占的分量则有所不同。

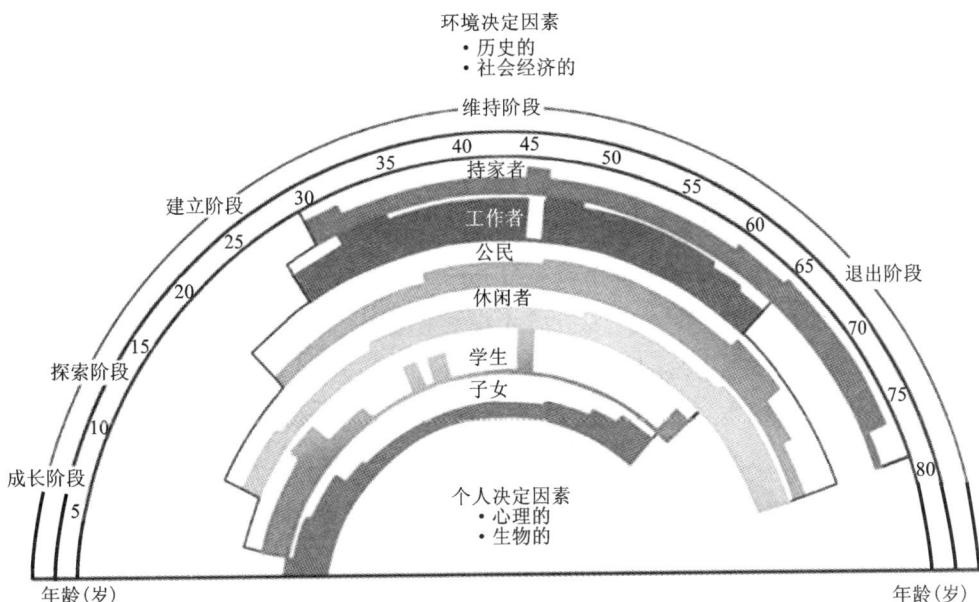

图1-1　某人的生涯彩虹图

图1-1是某人的生涯彩虹图。以男性视角来看，他一生中重要的角色分别是子女、学生、休闲者、公民、工作者、持家者。

第一个角色是子女。他在5岁之前只有这一个角色，之后这个角色所占分量逐渐减少，在7~8岁时大幅度减少，到45岁时出现大幅度增加，到65岁消失。子女这个角色在一个人一生的绝大多数时间都是存在的，刚出生时对父母存在绝对的依赖，然后随着年龄的增长，个性逐渐成熟，对父母的依赖逐渐减少。再长大一些，随着父母年龄的增长，子女的角色所占分量又逐渐加重，需要付出的精力和时间逐渐增加，直到父母去世为止。

第二个角色是学生。一般从4~5岁开始（上辅导班），到14~15岁左右开始加强（高中阶段的学习），然后减弱，在30岁左右进一步减弱（三十而立，此时形成了相对稳定的职业），之后出现阶段性的增强，在45岁左右出现最大幅度的增强（中年危机导致的被迫自我提升)，然后减弱，到 65 岁左右时再次增加(退休后上老年大学)，几年之后逐渐停止。从图 1-1 中可以看出，"终身学习"是一个人必须完成的使命。当今社会是一个现代科技发展日新月异、知识爆炸的社会，我们每个人所面临的生活、工作问题都在不停地变化，不学习将会很快被社会淘汰。因此，学生的角色将一直存在且会根据需要而阶段性变强。

第三个角色是休闲者。这一角色在前期较强，随着高中、大学、求职阶段的到来有所减弱，30 岁之后呈阶梯状增强，直到 65 岁以后迅速增加。这一方面受到学生、子女等角色强度的影响，另一方面也受到因工作者角色带来的社会地位、经济收入等因素的影响。在一个人的生涯发展中，休闲是我们维持身心健康的一种重要手段，平衡工作和休闲是一项非常重要的任务。

第四个角色是公民。这一角色可以从成年开始，根据每个人的不同有所不同，在 35 岁后得到加强，在 65~70 岁达到顶峰(此时已经退休，有大量闲暇时间，而且个人社会地位、财富积累、知识积累达到较高的程度，可以承担更多的社会责任)，之后逐渐减退，直到去世。每一个公民都是承担社会责任、维护良好社会秩序的重要力量。

第五个角色是工作者。工作者角色一般开始于大学毕业(本科 22 岁左右，硕士 25 岁左右)。图 0-1 中显示他是从 25 岁以后才开始工作的，而且工作强度非常大，几乎填满了整个层面。在 45 岁左右时出现了一段空白(这个阶段学生角色大幅增强，是因为他开始了一段进修生涯)，从 60 岁开始阶段性减弱，在 65 岁时终止。

第六个角色是持家者。这个角色一般从一个人结婚开始(图中显示他在 30 岁结婚)，前期投入精力较多，之后稍微降低后维持一段时间的适当水平。在此中间，如果出现工作转换或进修的情况，则会出现短暂的降低，然后再恢复到原来水平。退休后可能会因为要照看第三代等原因持续加强，到 75 岁之后则迅速降低到较低的水平。

除了以上几个基本的角色外，我们在生活中可能还有其他的角色，比如丈夫(或妻子)、祖父(祖母，或外祖父、外祖母)的角色等，每个角色都可以在这个图中添加。通过生涯彩虹图，我们可以直观地看到我们在生活中所担任的角色，以及角色间相互的影响关系，可以帮助我们在思考问题时做到既能全面照顾，又能聚焦重点。

(三)生涯的特点

从生涯的概念来看，我们可以清楚地看出生涯的六大特点。

1.终生性

生涯的发展是一生当中连续不断的过程。生涯概括了一个人一生中所拥有的各种职位、角色，因此，生涯不是个人在某一阶段所特有的，而是终生发展的过程。

2.独特性

每个人的生涯发展都是独一无二的。生涯是个人依据自己的人生理想，为实现自我而逐渐展开的一种独特的生命历程，不同的个体有不同的生涯，也许某些人在生涯的形态上有相似的地方，但其实质却可能是完全不同的。

3.发展性

人是生涯的主动塑造者。生涯是一个动态的发展历程，个人在不同的生命阶段会有不同的企求，这些企求会不断地变化与发展，个体也就不断地成长。

4.综合性

生涯以个人事业角色的发展为主轴，同时也包括了其地位与工作相关的其他角色。生涯并不是个人在某一段时间所拥有的职位、角色，而是个人在其一生中所拥有的所有职位、角色的总和，这个总和不只局限于个人的职业角色，也包括学生、子女、父母、公民等涵盖人生整体发展的各个层面的各种角色。

5.社会性

每个人都在与社会交流的过程中与周围环境和他人发生着千丝万缕的联系，一方面，通过劳动获得赖以生存的物质保障；另一方面，通过劳动创造社会财富，得到社会的肯定和认可，并从中感受到自己做人的尊严和价值。

6.调适性

每个人的生涯都伴随着职位的变化而扮演着特定的社会角色，其职位和角色的影响因素是多种多样的，既与个人的特质和经验有关，也为其所处的环境状况和社会需要所制约。只有在发展过程中不断调整和适应，才有可能达到生涯目标。

二、生涯规划的作用和方法

提到生涯规划，很多人是持怀疑态度的——

生涯规划有什么用？我又没有考上一个很好的大学！

我家里有的是钱，我可以衣食无忧，为什么还要规划？

生活中充满了意外，那些成功者都是幸运儿，我有必要规划吗？

有这些想法，是因为在他们的潜意识中，生涯规划时间跨度太大，执行方案容易受到干扰，虽然自己有梦想，但却缺乏实现梦想的资源、毅力、勇气和行动。或者有些人会认为，我只要努力做好眼前的事情就行了，不用去规划。

其实，认真想一下，规划真的没有用吗？如果你周末要邀请你心仪已久的人一起去郊外游玩，你一定会认真安排好乘车方式、游览路线，看一下天气预报，准备好需要带的零食、饮料、自拍杆、证件等，甚至你可能会思考如果对方问你某个问题，你该如何回答……如果没有规划，也许这次郊外游玩就达不到你想要的效果。如果认真规划了，即使因为天气预报不准确，临时下起了雨导致游玩失败，你也可以根据情况及时调整策略，做出及时的修订，达成自己的目标。生涯规划也是如此，只不过生涯规划的目标更长、重要性程度更高而已。

（一）生涯规划的作用

米歇尔罗兹指出：生涯规划有突破障碍、开发潜能和自我实现三个积极意义（图1-2）。一个人最大的幸福，是能以自己选择的方式生活。择其所爱、爱其所择的结果，会使一个人以己为荣，并呈现出圆融、丰足、喜悦、智慧和充满创造力的气质。

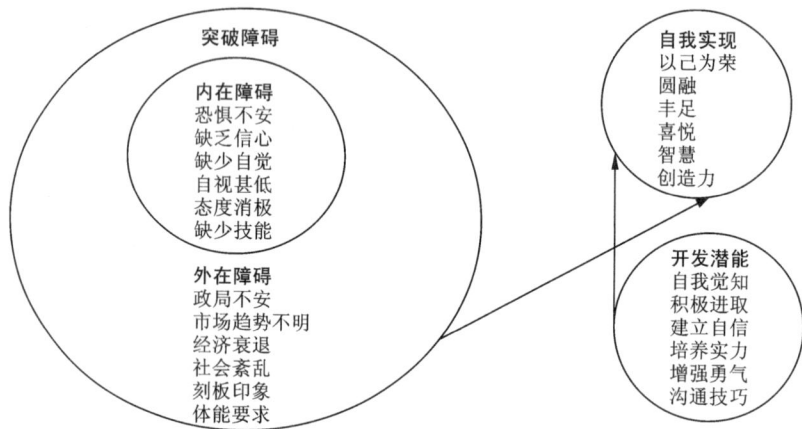

突破障碍

内在障碍
恐惧不安
缺乏信心
缺少自觉
自视甚低
态度消极
缺少技能

外在障碍
政局不安
市场趋势不明
经济衰退
社会紊乱
刻板印象
体能要求

自我实现
以己为荣
圆融
丰足
喜悦
智慧
创造力

开发潜能
自我觉知
积极进取
建立自信
培养实力
增强勇气
沟通技巧

图1-2 米歇尔罗兹的生涯规划理论

掌握科学的生涯规划方法，人生的目标就不会是虚无飘缈的，而是科学的、现实的、具体的和可执行的。掌握生涯规划方法的人，能够针对周围环境的变化，及时做出调整，少走弯路；即使遇到意外或走了弯路，也会及时做出调整，达成目标。对大学生来说，做好生涯规划具有以下四方面的重要作用。

1.聚焦目标，找到人生发展方向

在大学里面，每个人都有了实现自己梦想的自由度，但很多人却因此失去了目标，或者目标模糊了，或者有很多的目标。很多人在大学里面"忙、忙、忙"，最后却发现自己是"盲、忙、茫"，什么也没有做好。一方面，如果目标设定错误了，我们越努力就离目标越远，南辕北辙，另一方面，人的精力是有限的，想要的太多，就会事事稀松。生涯规划能让我们认真地审视自己，认清自己的优势、劣势，找到真正适合自己的职业目标和生活目标，把握每一个可能成功的机遇，从而摆脱迷茫，让自己的大学生活更加有的放矢。

2.激发动力，提升大学学习效果

在大学里，你会发现周围的同学每个人都有自己的特点，都有某一方面独特的优势。很多大学生可能会陷入自卑或自大的陷阱，无法成长为最好的自己。如果一个人对自己没有客观的认识，对环境没有客观的认识，就会很容易受到别人的影响，做出错误的决定。生涯规划能够帮助我们进行科学的自我探索，掌握未来发展所需的能力和素质，从而增强学习的目标和动力。学习动机越强，学习效果就会越好。

3.满足需求，促进身心协调发展

在一个人成长的不同阶段，我们担任着不同的角色，承担着不同的责任。这些角色和责任的界定，可以帮助我们理清生涯发展目标，满足大学阶段大学生对自己的理想、需求、能力、兴趣、价值观、人格等方面探索的需求，掌握科学的决策方法，寻找适合自己的最好的生涯发展路径，减少未来选择专业和职业时的困惑和迷茫。

4.突破障碍，实现人的全面发展

每个人都存在制约发展的内在障碍，想要突破这些障碍，需要有科学的理论支持，也需要付出艰苦的努力。生涯规划以促进自身的持续、健康、协调的全面发展进步为根本目标，通过生涯发展工具的应用，帮助大学生突破内在障碍，促进全面发展。

（二）生涯规划的方法

生涯规划就是在"了解内在自我"的基础上"了解外部环境"，然后再"采取恰当的方式，把自己放在最恰当的位置"（图1-3）。

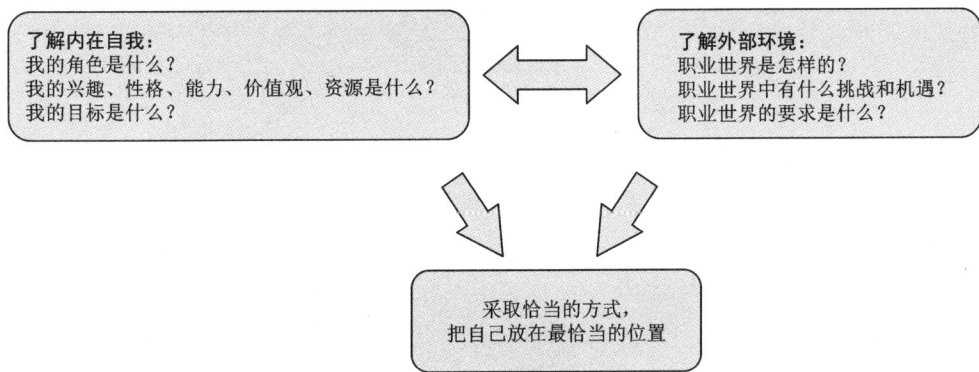

了解内在自我：
我的角色是什么？
我的兴趣、性格、能力、价值观、资源是什么？
我的目标是什么？

了解外部环境：
职业世界是怎样的？
职业世界中有什么挑战和机遇？
职业世界的要求是什么？

采取恰当的方式，
把自己放在最恰当的位置

图1-3　生涯规划的理念和方法

1.便捷的生涯规划

有人曾整理出七种常用的生涯规划方法：

（1）自然发生法。比如在填报高考志愿时，只考虑自己分数所能被录取的学校，压线进入一所高校，不考虑自己的兴趣、能力和职业目标等因素，也不考虑专业。

（2）目前趋势法。觉得当下某个专业很热门，便舍弃了自己的兴趣，报考这个专业。

（3）最少努力法。自己不喜欢数学，不愿意为学好数学继续付出努力，便选择了不用学习数学或对数学学科要求较低的专业，希望大学能够容易毕业。

（4）拜金主义法。听说某个专业将来就业的时候薪酬很高，便选择该专业。

（5）刻板印象法。以对应的就业行业、就业薪酬、性别、社会地位等刻板印象等来选择就读的专业，期望将来到这样的单位工作。

（6）橱窗游走法。大学期间找机会到各种工作场所走马观花参观一下，选择一个觉得最顺眼的工作。

（7）假手他人法。将决定自己未来的选择权交给别人，比如：①父母或家人，因为自己很听话，过去自己的事情都是他们一手包办的；②老师、辅导员或某个专家，因为他们比自己更专业，相信他们没有错；③同学或朋友，因为他们是好朋友，不会害自己；④老天，做决定实在太麻烦，抛个硬币挺好的。

这些生涯规划的方法省时省力，非常好操作，但缺点是无法根据个人的特征、面临的环境等因素做长远的规划，风险较高。

2. 系统化生涯规划

系统的生涯规划是一个从意识到行动并不断深入的连续过程（图1-4）。除了找工作，系统化生涯规划方法可以应用于生涯的各个阶段、各项事务。系统化生涯规划具体包括以下6方面。

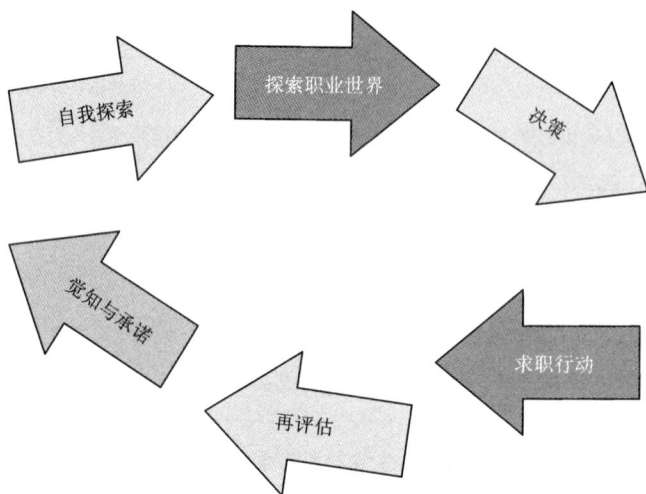

图1-4　系统化生涯规划

（1）觉知与承诺。生涯规划首先在于"生涯唤醒"，也就是能够意识到人生是自己的，要为自己的行为负责。生涯规划是非常重要的，大学生应该运用科学的方法帮助自己规划大学甚至人生生涯；并承诺愿意付出努力，勇于实践，认识自己，认识社会，以发展的眼光看待接触到的人与事，过好大学生活。

（2）自我探索。生涯规划是一个"由内而外"的探索过程，所以首先要做到了解自己，探索以下问题：

我有哪些人格特质？

我的兴趣是什么？

哪些东西是我生命中不能缺少的？我最看重什么？

我有哪些技能是与众不同的、赖以为生的?

……

(3)探索职业世界。外部的环境会对我们的生涯产生约束和影响,探索职业世界成为大学期间的必修课程,包含:职业的分类和内容;专业与职业的关系;具体职业对工作人员的要求、条件和待遇等问题,以及由这些问题引出的自己在教育、培训、实践等方面的选择。

(4)决策。"我要不要转专业?""我要不要学那个选修课程?""我要不要参加那个竞赛?""我是考研、留学还是就业创业?"人生处处有选择,因此,决策成为一个非常重要的技能。我们应该掌握综合信息、评估信息、设立目标、制订计划等技能,同时要学会处理决策过程中的各种生涯信念障碍的问题。

(5)求职行动。在确定职业目标后,你需要认真进行简历、面试、实习等的准备工作。

(6)再评估。飞机在飞向目的地的过程中,会受到气流等因素的影响,因此要不断地调整方向、速度和高度,不断地从反馈中修正航道,否则就有可能会偏离航向。在达成目标后,需要对新的工作和生活状态进行再次反思,得出是否要调整的决定。如果需要调整,则重新开始一轮新的生涯规划,如此循环,不断成长。

第二节 开启大学生涯

一、走近大学

(一)大学的内涵

什么是"大学"?对于刚进入校门的大学生来说,正确地认识大学,并了解大学的学习和生活,对其将来的职业发展至关重要。也只有对什么是大学有了较深入的认识后,才谈得上怎样去做一名合格乃至优秀的当代大学生。

1.大学是传授普遍知识的地方

"大学是一个传授普遍知识的地方。"这是都柏林大学首任校长约翰·亨利·纽曼的观点。这意味着,大学一方面是理智的而非道德的,另一方面它以传播和推广知识而非增扩知识为目的。大学是一切知识和科学、事实和原理、探索和发现、实验和思索的高级保护力量;它描绘出理智的疆域。

2.大学是高等教育的场所

这里的"高等"具有多方面的含义,其一是指在学校教育体系中办学层次的"高"。一般地说,学校教育包括三个层次,即小学、中学和大学,或者基础教育、中等教育和高等教育。大学或高等教育是最高的办学层次。尽管大学教育这一层次内部又分为若干不同的层次，如高等职业教育、普通高等教育、研究生（包括硕士研究生和博士研究生）教育，但这些都属于高等教育层次。其二是教育内容的高层次。与中学小学教育相比，大学传授的不再是最基础的科学文化知识，而是具有专业性质的较为高深的理论和技能。其三是指教育对象的高层次。能够进入大学学习的人，一般都接受过良好的基础教育并经过严格的选拔程序，具有较高的智能和知识水平。其四是指教育目标的高层次。大学是一个创造新知识的场所，寻找真理被认为是大学的重要办学理念之一。

（二）大学精神

大学精神是大学的灵魂，是反映大学历史传统文化品位、特征面貌的一种精神文化形态，是大学在长期的文化创造过程中积淀、整合、提炼出来的，并为大学师生所认同的一种价值观念体系和群体意识。它既体现大学的办学理念、办学方向、办学宗旨、校园文化，又体现大学师生的奋斗目标和价值追求，并且将一个民族优秀的历史文化传统与时代精神融合于一体，成为大学生生不息、发展壮大的精神源泉和动力。具体地说，一所大学的精神就是这个学校的灵魂，是这所学校的精神气质和精神品格。几乎每一所大学都能非常明确地告诉你，它具有什么样的办学理念、特色和成绩，但只有一部分的大学有自己独特的"精神"。大学精神不是人为设定的，也不是哪位校长或大师头脑中的理念产物。它是介乎于理性与情感之间的一个范畴，它的形成是多重因素长期相互撞击和融汇的结果。大学精神是大学传统中最宝贵的部分，是大学抗打击和求发展的生命力的底蕴所在，对于稳定大学的风格和水准，具有至关重要的作用。大学精神具有持久的影响力，体现在每一位师生及员工身上，也体现在毕业的校友身上。

现代大学在其发展实践过程中形成了独立自治、学术自由、真理至上为主要内涵的经典"大学精神"。结合我国大学精神的现状和21世纪时代的要求，中国大学应当铸就"凸显人文精神、创新精神、独立自由、开放包容、和谐发展"的大学精神。真正的大学以培养"人"为天职，它的立足点和归宿点是人，关心的是人的解放、人的完善、人的发展。大学不仅培养人才、传播文明、创新科技，更重要的是提升人性、孕育精神、追求真理。

（三）大学的职能

中国科学院院士杨叔子认为："大学教人的道理，在于使人们净化个人的心灵，陶冶个人的情操，培养个人的善良美德，在于团结群众、教育群众、弃旧扬新，从而使人们达到真善美的最高境界。我们的大学培养人，不仅仅要适应目前的市场经济和经济建设的需要，而且更应该站在市场经济的前面，站在社会发展的前面，去引导市场经济，引导社会发展。大学培养的不是今天的人才，而是明天、后天、21世纪的人才。"

关于大学的职能，不同的学者和专家有自己的理解和观点，争论也一直没有停止过。大学最初的职能无疑是人才培养，但随着经济社会的快速发展，大学的职能进行了扩充，逐渐增加了科学研究、社会服务等内容。当前，随着我国高等教育改革的深入发展，大学承担了人才培养、科学研究、社会服务、文化传承与创新、国际交流合作这五大基本职能。

理解大学的这五大基本职能，给大学生开启大学生活提供了方向指引。在大学里面，大学生不仅仅要学习专业知识和技能（对应大学的人才培养职能），还要在学习知识的过程中，参与到科学研究中去，通过参与科学研究促进专业知识和技能的学习。大学生还要积极参与到服务社会的职能中去，通过第二课堂的社会实践、志愿服务等渠道服务社会，并通过服务社会提升自己的综合素质。在大学里面，大学生也有很多能够参与文化传承与创新、国际交流合作的机会，通过参与学校各类文化交流讲座、活动，参加国际化论坛等，提升自己的文化素养和国际交往能力。

二、适应大学

（一）适应大学生活

大学和高中有很大的不同，了解这些不同，对适应大学生活大有帮助。

1. 大学和高中在学习上的不同

大学阶段，大学生的主要生涯角色仍然是"学生"，因此学习是大学生最重要的生涯发展任务，是大学生活的核心内容，其他活动都必须服务于学业的完成。大学阶段的学习和高中阶段的学习，在目标、内容、方法等方面差异很大（表1-1），具体表现在以下方面。

表1-1　大学和高中在学习上的不同

项目	大学	高中
学习目标	掌握各种专业技能	考入理想的大学
学习内容	知识容量大，内容较多，具有可扩展性	知识点集中，内容较少，缺乏可扩展性
学习方法	自主性学习，自由支配时间	督促性教学，竞争性学习
授课方式	大班听课，小班研究	大班教学
授课技巧	翻转课堂，鼓励提出问题、组织讨论、查找资料、科研实践	针对具体知识点反复训练

（1）学习目标由单一到多元。高中阶段的学习，基本上都是以高考作为唯一的指挥棒，学习上有明确的内容大纲、考核指标、历年题库，学生学什么、怎么学，要达到什么样的标准，大家都很清楚，因此大家都有很明确的努力方向。进入大学后，开始接触全新的教育模式——学分制，高考这个目标消失。学分制下，学生以选课为核心、教师指导为辅助，通过绩点成绩和学分来衡量自己的学习质量。在完成学业的基本要求后，大学生有充分的自由去学习更多的专业知识，或者对本专业的知识进行更加深入的学习，同时还可以通过辅修等方式学习其他专业的知识，甚至可以通过参加培训、实习实践活

动等获得非本校的专业知识，因此，大学期间的学习目标变得多元。

（2）学习内容由点到面，由少到多。高中阶段主要学习一些基础性知识，以知识的掌握为主，约十几门主要课程；大学阶段的学习主要是专业性学习，每个大学生一般至少需要学习几十门课程。因此，大学的课程在广度、深度等方面远远超过高中。除了理论知识，大学生在大学里面还要进行各种技能的培养与提高，如实验操作技能、论文写作技能等。大学更加重视一个人综合素质的提高。在大学里面，很多课程的教材都是授课老师亲自编写的，同时，老师授课的内容往往会超出教材的内容，加入很多前沿的、新的知识和信息。随着大学教育教学改革的推进，越来越多的大学开展了研讨课程、翻转课堂等改革，鼓励大学生通过"提出问题、查阅资料、组织讨论和开展实践"的方式开展学习。

（3）学习方法由反复训练变为自主学习。高中阶段，学习进度、学习时间、学习内容等一切由老师把控，均为大班授课，老师"手把手"地指导学生。而大学提倡学生自主学习，各门课程没有固定教室，一般为一到几个专业的几个班的学生一起上课。课堂上老师主要介绍学习思路，讲授学习重点和难点，很少详细讲述具体内容。课后时间充沛，学生可自由分配时间。

2. 大学和高中在生活上的不同

在大学阶段，学生的个人生活再也没有父母的照顾，衣食住行等都要依靠自己来安排，这让很多自理能力较差的同学非常头疼。大学生活的特点，要求大学生能够主动适应大学里面生活方式的变化，培养独立生活的能力，合理地处理好学习和生活中出现的问题。和高中生活相比，自主、自立、自律是大学生活的主旋律(表1-2)。

表1-2　大学和高中在生活上的不同

项目	大学	高中
宿舍环境	室友来自天南海北，经济状况、性格特点、地域差异显著	室友多来自同一地区或城市，生活习惯相近
自由时间	相对较多，完全自主，可以用于自习、参加社团活动、到企业实习、宅在宿舍、打游戏等	相对较少，且多用于完成作业、课外班学习、自习等
经济消费	自主支配，可以有一定收入，花销类别更为丰富	父母把控，花销类别单一

（1）生活环境由相对单纯变为多元融合。大学生来自全国各地，彼此之间在经济状况、个性特点、语言文化、作息方式、卫生习惯等方面差异巨大，这既会带来不同文化之间的学习和融合，也会带来摩擦和冲突，需要大学生学会自我调节，学会包容，学会共同生活，既不盛气凌人，也不自卑怯懦。

（2）时间管理由被动变为主动。高中阶段学生会觉得时间很紧，每天都很充实。大学阶段大学生的时间则相对自由，如果没有规划和计划，就会感觉无聊和空虚。大学生的课余生活丰富多彩，有各种社团活动、学术报告、讲座等，而忙不完的社团活动、听不完的讲座、做不完的实验、看不完的书、考不完的证,让很多人从忙碌到盲目再到茫然。大学生只有靠自己认真规划,才能找到自己的方向。

(3)经济消费由被把控变为自主支配。高中阶段的消费相对较少,且多用于购买图书资料等,其他消费则一般由父母提供和把控。大学生的消费变得自主,除了父母给的钱,很多大学生还通过获得奖学金、竞赛获奖、勤工助学、到企业实习等方式取得一定的经济收入,可支配的资金比高中阶段更多。同时,大学生的消费容易受到社会和周围同学的影响,也容易产生攀比之心,需要具备一定的自控力。

(二)融入大学生活

进入大学的基本任务是顺利完成学业,因此必须尽快了解大学的学业要求,明确自己的学习目标,才能更好地融入大学生活。

1. 了解学业要求,转变学习风格

(1)了解"学分制"。所谓的学分制,是指以选课为核心,以教师指导为辅助,通过成绩和学分衡量学生学习质量的综合教学管理制度。学分制给了学生选课、选教师、选修学计划的自由,有利于培养学生的个性,充分发挥各自的潜能。当前,不同的大学实行的是不同的学分制度,如完全学分制、学年学分制等,因此大学生首先要了解本校学分制的有关规定。

(2)了解必修课和选修课的设置。必修课是大学生在校期间必须要学习的课程。专业不同,必修课也不相同。选修课是为学生设立的可供选择的课程,可分为专业选修课和公共选修课。专业选修课主要介绍专业技术和科学成果,扩大学生专业知识面;公共选修课主要满足学生的兴趣爱好、开发学生的才能及讲授普适性知识。了解哪些课程是必修的、哪些课程可以选修,是大学顺利毕业的基础。

(3)了解自己所学的专业。包括专业的教学计划、大纲和学习要求。多请教本专业的老师和高年级同学,深入了解自己的专业;同时要注意多了解社会需求,特别是与本专业相关的行业、单位和工作岗位对大学毕业生的要求,尽快调整自己的学习状态,以适应现实需要。

(4)了解专业之外的学习机会。当前,越来越多的高校出台了鼓励学生多元化发展的政策,包括校内转专业政策、高校间"交换生"机制、国际访学机制、国际班、双学位、辅修专业、多校联合教学共同体等,为大学生提供了良好的机会和平台。

2. 明确学习目标,转变学习方式

(1)要为自己设定一个明确的学习目标。只有明确了学习目标,才能找到学习的动力源泉;只有带着明确的目标主动学习,才会有战胜学业困难的决心和勇气。大学生最容易出现的问题就是"不知道自己所学的专业将来可以干什么",因此,明确的目标尤为重要。无论是制订一个本周或本月的短期目标,还是制订包含若干个阶段性小目标的长期目标,对我们的帮助都是很大的。在目标的激励下,被动的学习会转变为主动的学习，我们会主动上晚自习、认真完成作业、去图书馆查资料、加入学习讨论小组、开展课外学术研究等，从而让学习成效更加显著。

（2）要注意调整好自己的心态。很多大学生在高中阶段都是班级甚至年级里的尖子生，到了大学后发现周围很多人跟自己有大致相同的经历，自己突然变得有点普通，甚至有些落后。同时，大学课程的一次课堂讲解，就可能涉及非常广泛的内容，不再像高中那样知识点集中，有些大学生会发现自己根本听不懂老师在讲什么，从而对自己的学习能力产生怀疑。其实，这些问题都是成长和适应的问题，环境变了，人也应该跟着改变。在出现问题时，不自暴自弃，不归咎于他人，才能做到全面发展。

（3）要尽快适应大学的学习特点。高中时，来自家长、老师、同学的压力会促使我们认真学习，到了大学之后，在学业上没有人再像高中那样"逼着"自己学习了，学习环境变得相对宽松和自由。我们要尽快适应大学的学习特点，积极主动学习知识、研究学问，进而培养自己分析问题、解决问题的能力。通过积极主动的学习，一步一步、踏踏实实地前进，一定可以实现自己的目标。

三、规划大学生涯

（一）大学阶段可能承担的角色

我们前面提到，每个人在同一年龄阶段可能同时扮演数种角色，但其所占的比例和分量则有所不同。大学阶段我们可能面临的角色有哪些呢？

1. 学生

发展及发现个人的价值、兴趣和能力，确定个人的未来目标，制订个人的学习计划和成长方案，具有完善的现代知识结构和深厚的人文精神；接受此阶段个人抉择的责任，经由访谈、观摩、实践，找出可能的职业选择。

2. 同学

充分发挥自己的主观能动性，相互竞争与合作，在组织中找到一个恰当的位置，成为一个独立的贡献者；根据新的自我认知和在组织内的发展潜能重新评估原始的生涯目标；学会接受个人的成败，建立平衡的生活形态。

3. 子女

承担着典型的代际更替功能，寄托着家庭对于优化社会分层的迫切需要。深刻地认识道德准则，思想上尊敬热爱双亲，行为上体现出自身的责任与担当。与父母直接对话建立交际沟通的最佳模式，父母不是我们的保姆，更不是我们的代言人，平等自由地与家人进行沟通，尝试为家庭承担责任，从家人的成就中获得满足。

4. 应征者

学习如何找工作，学习评估一项工作是否适合自己，拟订实际且有效的求职计划并开展行动，果断地将自己的面貌呈现给别人，并接受不确定性。

5.公民

培养良好的心理素质，坚定理想信念，建立以社会主义核心价值观为内核的道德自觉，对国家和民族有强烈的责任担当，具有时代精神，培养创新意识。

(二)大学生涯规划的原则

1.要充分利用学校的资源

近年来，随着高校毕业生人数的增加以及大学生就业环境的变化，就业的压力成为在校大学生面临的主要压力。党和国家高度重视大学生的就业问题，教育部明确提出要逐步实现大学生就业指导和服务工作的全员化、全程化、职业化、专业化等要求。国内高等学校陆续成立了大学生就业指导中心，对学生进行就业指导和服务成为高校学生工作的一项重要内容。高校就业工作从管理职能逐渐转化为指导、教育和服务职能，更关注学生自身的成长成才需求。对大学生的就业指导和服务工作也已经逐渐由简单的就业政策解释、择业技巧指导等发展为系统的职业规划教育。

早在2007年底，教育部等机构就曾联合发文要求把"大学生职业发展和就业指导"课程作为必修课列入教学计划，明确要求对大学生的就业能力和职业发展能力的培养是高校人才培养的重要内容。当前绝大多数高校已经把就业指导课列入了教学计划，开设了必修或选修课程。在传统、零散的讲座基础上进行了系统的整合和优化，针对每个年级大学生的特点和成长需求编写课程内容。课程内容包括解读和适应大学、认识生涯规划、进行自我探索、认识职业世界、树立职业目标、掌握选择的方法、求职准备、就业形势政策、如何进行职业选择、职后成长等。

在求职实践方面，大学也通过各类生涯辅导活动，如简历设计大赛、模拟求职大赛、生涯体验日、行业沙龙、校友话就业、生涯工作坊、求职公开课、职业训练营等，帮助大学生开展职业探索和实践。可见，高校开设的就业指导课程和活动，不是简单地帮助学生找到一份工作，而是要协助大学生关注自身和未来的发展。大学生应该充分地重视和利用好学校提供的这些资源。

2.要结合时代需求

习近平总书记在党的十九大报告中指出："青年兴则国家兴，青年强则国家强。青年一代有理想、有本领、有担当，国家就有前途，民族就有希望。中国梦是历史的、现实的，也是未来的；是我们这一代的，更是青年一代的。中华民族伟大复兴的中国梦终将在一代代青年的接力奋斗中变为现实。""广大青年要坚定理想信念，志存高远，脚踏实地，勇做时代的弄潮儿，在实现中国梦的生动实践中放飞青春梦想，在为人民利益的不懈奋斗中书写人生华章！"

曾任浙江大学校长的竺可桢先生在1936年新生入学典礼上发表演讲时提出了著名的两个问题，即"诸位在校，有两个问题应该自己问问，第一，到浙大来做什么？第二，将来毕业后要做什么样的人？"他告诫新生："诸君到大学里来，万勿存心只要懂了一点专门技术，以为日后谋生的地步，就算满足，而是要为拯救中华做社会的砥柱。"他要求学生"致力学问""以身许国""每个人学成以后将来能在社会服务，做各界的领袖分子，使我国家能建设起来成为世界第一等强国"。这样的勉励在今天看来同样令人醍醐灌顶，同样能够调动和激发同学们内心深处的意识和能量，使模糊的变得清晰，朦胧的变得明确，动摇的变得坚定。

当前，国家经济、社会的快速发展，为广大青年学生的就业创业提供了广阔的舞台，作为新时代的大学生，我们要多从中华优秀传统文化中得到启迪，凝聚力量，将个人的职业生涯规划同国家的发展紧密结合起来，使自己的人生之路走得更平更稳。

3. 以职业发展为导向

职业决定人生。职业发展，不是追求社会赞许，不是追求所谓的"成功"，而是建构有意义和有价值的以工作为核心的生活方式。这种生活方式的获得，必须建立在以职业发展为导向的大学生涯规划之上。大学生在大学阶段应根据自身的天赋、兴趣及未来社会的需要，确定自己的学业目标和职业（事业）发展方向，这样才能让自己在大学阶段少走或者不走学业上的弯路，最大限度地提高自身的职业发展效率。那么要怎么科学合理地设计以职业发展为导向的大学生涯规划呢？首先，需要理智清晰地认识自己，把握未来，进而选择学业，以实现所长、所学、所用的统一。其次，是勤奋学习，不断提高，最大限度地开发自己的职业竞争能力，为毕业之后就业奠定坚实的能力基础。表1-3列出了阶段目标和主要内容，让大学生先有一个初步的认识，在后面的职业生涯设计章节会详细介绍大学生的职业生涯规划。

表1-3　阶段目标和主要内容

年级	目标	内容
一年级	主动适应 自我探索	适应大学生活；了解自我；培养交流技巧
	社会实践 职业探索	获取有关就业和职业发展的相关信息
二年级	职业定位 定向提升	确定职业目标；制订职业发展计划；获取相关工作岗位的经验；学会简历与求职信的写作
	见习实习 求职技巧	搜集公司信息；参加暑期实习；强化工作中的分析能力
三年级	工作申请 自我实现	了解相关政策，确立求职目标；申请工作；参加招聘、面试和笔试

第三节　了解职业生涯

一、职业生涯的内涵

(一)职业生涯的概念

沙特列提出了早期的职业生涯概念:"职业生涯指一个人在工作生活中所经历的职业或职位的总称。"

麦克·法兰德认为:"职业生涯指一个人依据理想的长期目标,所形成的一系列工作选择,以及相关的教育或训练活动,是有计划的职业发展历程。"

韦伯斯特指出:"职业生涯是个人一生职业、社会与人际关系的总称,即个人终生发展的历程。"

大家普遍认可的职业生涯概念是什么呢?

美国著名职业问题专家萨帕综合了许多学者的看法指出:"职业生涯是指一个人终生经历的所有职位的整体历程,是生活中多种事件的演进方向和历程,是个人独特的自我发展形态。"

(二)职业生涯的分类

1.按性质分类

职业生涯按性质可以分为外职业生涯和内职业生涯。外职业生涯是指从事的职业,即工作单位、地点、内容、职务、环境、待遇等因素的组合及其变化过程。内职业生涯是指从事一项职业时所具备的知识、心理素质、能力、内心感受等因素的组合及其变化过程。这些因素不是靠他人赐予的,而是靠自己努力去争取获得和掌握的。

2.按程序分类

职业生涯按程序可以分为传统性职业生涯和易变性职业生涯。在一个人的职业生涯中,他的职业可能是持续稳定的,我们通常把它称为传统性职业生涯。如一个人的职业生涯之初是技术员,随着其专业知识的增长和工作经验的丰富,其职位可能会逐步晋升为助理工程师、工程师和高级工程师。一个人的职业生涯可能由其兴趣、能力、价值观及工作环境的变化而变化,可能从事多项职业,我们把这种职业生涯称为易变性职业生涯。

二、职业生涯规划的原则和要素

(一)职业生涯规划的原则

正确的职业生涯规划能使大学生走向成功,而错误的职业生涯规划则有可能使人误入歧途。因此，职业生涯规划必须遵循一定的原则和方法。

对于大学生而言，良好的职业生涯规划，既要有利于个人职业生涯活动有出色的表现，又要有利于个人整体发展和家庭生活质量的提高。所以，在进行职业生涯规划时，要充分考虑到个人的特性，对影响职业生涯的因素进行总结分析，确定个人的人生发展目标，选择实现这一目标的职业并做出具体的安排，具体来说，在职业生涯规划时应遵循下列原则。

1. 全程性原则

全程性原则也称系统性原则，即对职业生涯发展的整个历程作全程考虑，同时将职业生涯计划实施当成一个系统工程，并纳入到个人的发展战略之中。也就是说，拟定职业生涯规划时应该考虑到自身职业生涯发展的整个历程，从整体的角度全盘考虑。

2. 阶段性原则

所谓阶段性原则，主要指在进行职业生涯设计时，要充分考虑自身所处的不同发展阶段，有目的、有步骤、有计划地调整和安排各个不同阶段的职业生涯计划。职业生涯设计的阶段主要划分为短期、中期、长期3个阶段。

短期规划，一般为3年，这一阶段职业生涯计划主要是确定近期目标和明确这一期间需要完成的任务。

中期规划，一般为5年，这一阶段职业生涯计划的重点是要规划出3~5年内的职业生涯的目标与任务以及具体实现途径。

长期规划，一般为5~10年，这一阶段的职业生涯计划重点是要设定较长远的目标。

3. 挑战性原则

职业生涯规划要在可行性的基础上具有一定的挑战性，完成规划要付出一定努力，成功之时才有较大的成就感。

4. 持续性原则

人生每个发展阶段应能持续连贯衔接，各具体规划与人生总体规划一致，不能摇摆不定，浪费自己的时间和精力。

5. 发展性原则

发展性原则，主要指在制订和采取职业生涯的具体实施措施时，要充分考虑变化与发展性因素。如目标或措施是否能依环境及组织、个体的变化作调整；调整的幅度及范围有多大，目标或措施是否有弹性或缓冲性。

6. 清晰性原则

职业生涯规划应该清晰、明确，能够把它转化成一个个可以实行的行动，人生各阶段的线路划分与安排一定要具体可行。

7. 实际性原则

一份职业生涯规划不管表面上有多么的诱人，都得经过实践的考验。一份好的职业生涯规划除了遵循以上原则外，还应该遵循实际性原则。在实际性原则里，我们应该考虑目标是否符合自己的性格、兴趣和特长，是否对自己有挑战性，能否在规定的时间内完成，实现目标的途径是否能在自己的特质、社会环境、组织环境等范围内执行，可行性有多大。同时，职业规划是否具体，在执行职业生涯规划的过程中，自己能否随时掌握执行的情况，能否进行评估等等。

(二)职业生涯规划的要素

职业生涯规划的 5 大要素是：知己、知彼、抉择、目标、行动(图1-5)。

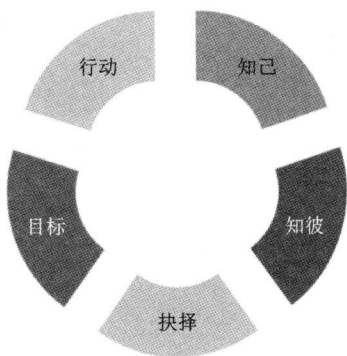

图1-5　职业生涯规划 5 要素

1.知己

知己就是自我认识与自我了解，向内看，看自己的兴趣、能力、价值观、个性，以及父母的教育、学校与社会教育对个人产生的影响等。

2.知彼

知彼就是熟悉周围的环境，探索外在的世界，特别是与生涯发展有关的工作世界。主要了解职业的特性、所需的能力、就业渠道、工作内容、工作发展前景、行业及职业的薪资待遇等。

3.抉择

抉择包括抉择技巧、抉择风格，以及抉择可能面临的冲突、阻力、助力等。

4.目标

抉择之后就是确定目标，考虑自己职业生涯的前景，确定切合实际的目标，指导行动。

5.行动

行动是极其重要的一个环节，即使前面的所有工作都做得很好，但如果没有行动去实现，这些规划只不过是空中楼阁而已。

以上 5 个要素是相互关联的，知己是了解自己本身的特性，知彼是了解工作舞台的特性。做到知己知彼,可以使确定的个人职业生涯目标符合现实,而不是一厢情愿,自己对所从事的职业很感兴趣,不是被动地去工作,在所从事的工作中发挥自身的特长,利用自己的优势,使得自己能适应工作环境,游刃有余,做到知己知彼后,做出职业抉择,行动方案才有现实的基础,这样才能制定出好的职业生涯规划。

第二章
生涯规划理论

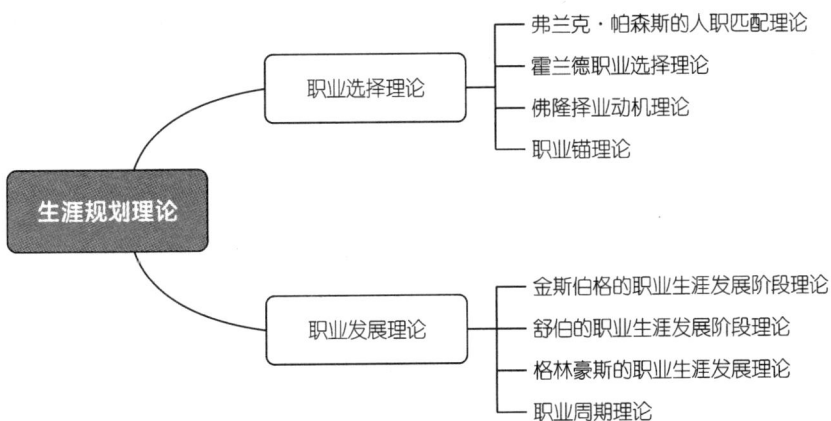

　　职业是一种社会历史现象，是人类社会发展到一定阶段的产物。现代意义上的职业，是社会分工的产物，是一种专业化的社会劳动岗位。在我国，随着社会主义市场经济的不断发展，个人的职业问题已成为大家所关注的热点问题。对于大学生来说，职业不仅是提供生存的基本条件，同时也是施展自己才华的重要舞台。大学生要在职业体系中找到适合自己的位置，了解职业及其重要性，把握职业发展的趋势非常重要。

第一节　职业选择理论

职业选择是个人根据自己的职业期望和兴趣、凭借自身能力对自己就业方向和工作岗位类别进行比较、挑选和确定，使自身能力与职业需求特征相匹配的过程。

一、弗兰克·帕森斯的人职匹配理论

1911 年美国职业指导之父弗兰克·帕森斯(F. Parsons)在哈佛大学设立并教授第一门职业指导的课程。帕森斯于 1909 年指出："选择一种职业的时候，有三个明显的因素，一是准确了解自己；二是懂得在不同的领域获得成功所需要的条件和环境；三是这两部分事实相互关系的准确认知。"帕森斯曾依据自己的经验和直觉提出了选择职业的原则：了解自我的人格特性，掌握职业因素的内容和要求，对照分析二者适配程度。20 世纪 30 年代帕森斯的择业原则逐步发展成为人格特征——职业因素匹配理论，简称人职匹配理论或特质因素理论。该理论被公认为职业指导的创世经典理论，在职业指导史中占有重要的地位。

帕森斯提出选择职业由 3 步(要素)组成：

第一步是评价求职者的生理和心理特点(特征)。通过心理测试和其他测评手段，获得有关求职者的身体状况、能力倾向、兴趣爱好、气质与性格等方面的个人资料，通过会谈、调查等方法获得有关求职者的家庭背景、学业成绩、工作经历等情况，并对这些资料进行评价。

《李开复给大学生的 7 封信》提及了对资料评估的重要性，如何才能找到自己的兴趣呢？他认为，首先要客观地评估和寻找自己的兴趣所在。不要把社会、家长或朋友认可和看中的事当作自己的爱好；不要以为有趣的事情就是自己的兴趣所在，而是要亲身体验它并用自己的头脑做出判断；不要以为有兴趣的事情就可以成为自己的职业，不过，你可以尽量寻找天赋和兴趣的最佳结合点。

第二步是分析各种职业对人的要求，并了解用人单位给求职者提供有关的职业信息。主要包括：①职业的性质、工资待遇、工作条件以及晋升的可能性；②求职的最低条件，诸如学历要求、所需的专业训练、身体要求、年龄、各种能力以及其他心理特点的要求；③为准备就业而设置的教育课程计划，以及提供这种训练的教育机构、学习年限、入学资格和费用等；④就业机会。

第三步是人职匹配。指导人员在了解求职者的特性和职业的各项指标的基础上，帮助求职者进行比较分析，以便选择一种适合其特点，并且求职成功率和晋升空间较大的职业。

帕森斯的人职匹配理论强调个人特质的差异和职业的不同因素，并把个人特质适配职业特性作为职业指导和职业选择目的。该理论至今仍被职业实践所应用，他对职业生涯管理、职业心理学等发展起着重要的指导意义。

当然与其他理论一样，帕森斯的人职匹配理论也存在着一定的局限性。它过分强调个人的特质与职业因素的相互适应，尤其注重个人对职业环境的适应而忽略个体主动进取和改变环境的创造潜能，同时它还忽略了个体特质具有发展和变化的特性以及环境对个体特质的作用和影响。在职业辅导的实践中发现，由于职业选择过程复杂，择业者仅根据此理论难以掌握有效的决策技巧。

二、霍兰德职业选择理论

1959 年，美国约翰·霍普金斯大学心理学教授、职业指导专家约翰·亨利·霍兰德（John Henry Holland）首次从个体特质维度提出了其职业选择理论，阐述了个性与环境类型相匹配的思想。1973 年霍兰德名著《做出职业选择》（Making Vocational choice）问世，在这本书中霍兰德全面表述了他的职业选择理论。

霍兰德职业选择理论提出了 6 个构想：个性是职业选择的主要影响因素；兴趣包括在个性范畴之内；职业选择观是一种稳定的心理状态；早期的职业幻想预示未来的职业方向；个性、目标定位的自知程度决定职业选择的聚焦范围，自知程度越高，焦点越明朗；为达到职业成功的目的和提升满意度，应选择与个性特点相容的职业。

（一）人格—职业六类型

霍兰德认为职业选择是个体人格的展现和延伸，择业者总是努力寻求与自己人格类型相适应的职业。霍兰德称这种人格类型与职业类型相互和谐的状况为"适配"。

为了便于寻找人格类型与职业类型的适配，霍兰德根据择业者的人格特点和择业兴趣将择业者分为 6 种类型：现实型（R）、研究型（I）、艺术型（A）、社会型（S）、企业型（E）和传统型（C），同时又根据职业特性和要求将职业划分为 6 种类型，霍兰德认为职业与择业者人格类型越相近，两者的适配程度越高。

【霍兰德人职六类型】

（1）实用型（Realistic），又称技术型。具有这类倾向的个体，身体技能及机械协调能力较强，对机械与物体比较关心。稳健、务实，喜欢从事规则明确的活动及技术性工作，甚至热衷于亲自动手创造新事物。不善言谈、对于人际交往及人员管理监督等活动不太感兴趣。这一领域的职业有：需掌握熟练技能方面的职业、动植物管理方面的职业、机械管理方面的职业、生产技术方面的职业、手工工艺技能方面的职业、机械装置与运转方面的职业等。

（2）研究型（Investigative），又称调查型。具有这类倾向的个体，喜欢理论思维或偏爱数理统计工作，对于解决抽象性问题具有极大的热情。他们通常倾向于通过思考、分析解决难题，而不一定会落实到具体操作上。他们喜欢具有创造性、挑战性的工作，不太喜欢固定程序式的任务。对于人员的领导及人际交往也非情愿，独立性倾向明显。适合的职业有分析员、设计师、生物学家等。

（3）艺术型（Artistic），具有此类倾向的个体，对具有创造、想象及自我表现空间的工作显示出明显偏好。他们和研究型倾向的个体相同之处在于创造性倾向明显，对于结构化程度较高的任务及环境都不太喜欢，对于机械及程式化的工作了无兴趣。他们比较喜欢独立行事，不太合群。但两者所不同的是艺术倾向明显的个体好自我表现，重视自己的感性，直觉力较好，情绪变化较大。这一领域的职业有美术雕刻、工艺、舞蹈、戏剧等。

（4）社会型（Social），具有此类倾向的个体，喜欢以人为对象的工作。他们言语能力通常优于数理能力，善于言谈，乐于与人相处，给人提供帮助，具有人道主义倾向，责任心也较强，习惯于与人商讨或调整人际关系来解决面临的问题，不太喜欢以机械和物品为对象的工作。适合从事咨询、培训、辅导、劝说类工作。这一领域有学校教育、社会教育、社会福利事业、医疗与保健、商品营销以及各种直接为人服务的职业。

（5）传统型（Conventional），又称事务型。具有此类倾向的个体，喜欢高度有序、要求明晰的工作，对于规则模糊、自由度大的工作不太适应；不太喜欢主动决策、习惯于服从，一般较为忠诚、可靠，偏保守；在与人的交往中会保持一定的距离；工作仔细、有毅力；对社会地位、社会评价比较在意，通常愿意在大型机构做一般性工作。相应的职业领域有银行职员、图书管理员、会计、出纳、统计人员、计算机操作人员和办公室职员等。

（6）企业型（Enterprising），又称经营型。具有此类倾向的个体，喜欢制定新的工作计划、事业规划及设立新的组织，并积极地发挥组织的作用进行活动；喜欢影响、管理、领导他人；自信，具有支配欲，冒险性强。他们不喜欢具体、精细或需长时间集中心智的工作。

为了更直观地阐明自己的观点，霍兰德还设计了简洁直观的人格——职业类型六边形模型（如图2-1所示）。

（二）人格——职业特点分析

人们通常倾向选择与自我兴趣类型匹配的职业环境，如实用型的个体希望在现实型的职业环境中工作，那样可以最好地发挥个体的潜能。但在职业选择中，个体并非一定要选择与自己兴趣完全对应的职业环境（见表2-1）。一则个体本身常是多种兴趣类型的综合体，单一类型显著突出的情况不多，因此评价个体的兴趣类型时常以其在6大类型中得分居前3位的类型组合为主，组合时根据分数的高低依次排列字母，构成其兴趣类型，如RAC、AIS等；二则影响职业选择的因素是多方面的，不完全依据兴趣类型，还要参照社会职业需求及获得职业的现实可能性。因此，职业选择时会不断妥协，寻求相

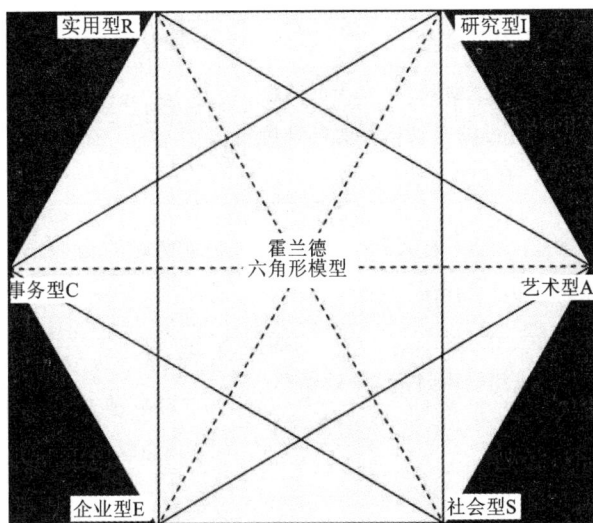

模型说明：劳动者和职业可分为6种类型，模型的6个角分别代表6种人格类型和相对应的6种职业类型；每种人格类型与职业个性的相关性大小可以通过图形边长和对角线的长度表示。连线越短表示人格类型与职业类型相关性越大，则适应性越高；连线为0及人格类型与职业类型完全适配如RR型、CC型、AA型等，此时人业配置最适宜，职业选择最理想。

图2-1　职业类型六边形模型

邻职业环境甚至相隔职业环境，在这种职业环境中，个体需要逐渐适应工作环境。但如果个体寻找的是相对的职业环境，意味着所进入的是与自我兴趣相左的职业环境，这可能难以适应，甚至难以做到乐业。

表2-1　霍兰德人职六类型表

类型	个性特点	职业特点	主要职业
实用型(R)	动手能力强，动作灵活，愿意使用工具从事操作性工作，偏好从事具体任务，不善言辞；机械呆板，体格健全，避免处理人际关系	工程技术工作、农业工作、需要体力、运用工具或操作工具	木工、电器工程师、建筑工程师、运动员、电工、测绘员等
研究型(I)	思考问题透彻清晰、喜欢独立，富有创造性，知识渊博，不善于领导他人；好奇心强，个性内向	科学研究和科学实验	生物学家、化学家、地理学家、医学技术人员、心理学家、自然科学与社会科学方面的研发人员等

续表2-1

类型	个性特点	职业特点	主要职业
艺术型(A)	有创造力、乐于创造新颖、与众不同的作品,渴望表现自己的个性,实现自身价值;性格冷淡,有创造性,非传统	单独工作,长时间的苦干	艺术家、作家、摄影师、节目主持人、演员、广告管理人员等
社会型(S)	责任感强,乐于助人,有人际交往技巧,渴望发挥自己的社会作用	具备良好的沟通能力	教师、行政人员、医护人员、社会工作者、管理人员
企业型(E)	追求权力、权威和物质财富,喜欢竞争,敢冒风险、精力充沛,善于交际,有口才	善于口头表达,组织与影响他人共同完成组织目标	企业家、金融家、律师、政府官员、经理、采购人员等
传统型(C)	尊重权威、喜欢按计划办事,习惯接受他人领导,不喜欢冒风险,工作踏实	各类与文件档案、图书资料、统计报表相关的工作	会计、出纳、速记员、统计员、秘书、文书、图书管理员、审计员等

霍兰德的理论观点独特,富有创造性。注重个人特质与职业特性相适配,将众多的个体和职业通过划分为类型而组织在一起,有利于引导个体在与个体兴趣相近、内容互有关联的一群职业中进行积极的探索,从而对自己未来职业发展做出审慎的设计,减少职业选择失误风险。霍兰德职业选择理论提出后,产生了广泛影响而被普遍应用。

霍兰德职业选择理论在应用和实践中也存在一定的局限性。一方面,霍兰德将择业者的人格、职业兴趣和职业特征作为基本确定的因素进行讨论,但是从长远和发展的观点看,择业者的人格、职业兴趣与职业环境都是发展变化的,彼此之间的适应也并非完全被动的,两者在相互适应中相互影响。另一方面,择业者的职业选择除了人格因素外还与择业者的兴趣、特长、价值观、情商、工作经验、教育与能力等状况以及广泛的社会背景如家庭期望、社会需求、科技发展、经济兴衰等紧密相关,应该进行全面综合的考虑。

三、佛隆择业动机理论

霍兰德职业选择理论告诉人们,劳动者倾向于选择与自己类型相一致的职业,但是如果劳动者面临同一类型的A、B两种职业,他会如何选择呢?

美国心理学家佛隆(V. H. Vroom)在1964年出版的《工作和激励》一书中,提出了解释员工激发程度的期望理论。期望理论的基本公式:

$$动机强度(F) = 效价(V) \times 期望值$$

F：动机强度，指积极性的激发程度，表明个体为达到一定目标而努力的程度；

V：效价，指择业者对某种职业价值的主观评价；

E：期望值，指个体对实现目标可能性大小的估计，即目标实现的概率。

动机强度 F 取决于效价 V 的大小和期望值 E 的高低。这个理论用来解释劳动者的择业行为时，具体化的择业动机公式表示为：

择业动机=职业效价×职业概率

职业效价的大小取决于择业者的职业价值观以及他对某一具体职业各项要素的评估。

职业效价=职业价值观×要素评估

职业概率是择业者获取某项职业的可能性。它的大小取决于以下 4 个方面：

(1)职业的社会需求总量；

(2)竞争能力即择业者自身的工作能力和择业能力；

(3)竞争系数即谋求同一职业的劳动者的多少；

(4)随机因素。

职业效价越大，期望值越高，员工行为择业动机越强烈，就是说为达到一定目标，将付出更大努力。如果职业效价为零或为负值，表明目标的实现对个人毫无意义，甚至给个人带来负担，这种情况下目标实现的可能性再大，个人也不会产生追逐目标的动机，不会为此有任何积极性、付出任何的努力。

如果目标实现的概率为零，那么无论目标实现意义多么重大，个人也不可能产生追求目标的动机。

【应用案例】

择业者面前有 A、B 两项职业，他对两项职业的效价与职业概率评估如表 2-2 所示：

表 2-2 　A、B 两项职业的效价与职业概率评估

职业要素	职业价值观(1)	职业 A(2)	职业 B(3)	效价 A(4)=(1)×(2)	效价 B(5)=(1)×(3)
兴趣	4	6	7	24	28
工资	3	5	6	15	18
职业声望	2	4	5	8	10
劳动条件	1	3	4	3	4
效价合计				50	60

注：职业概率(A)＝0.8；职业概率(B)＝0.5

【动机分析】

对于择业者来说，职业 B 的效价(60)高于职业 A(50)，但他认为谋取 A 比较有把握(职业概率 0.8)，而欲谋取职业 B，要付出较大的努力(职业概率 0.5)。

择业动机(A)＝效价(A)×职业概率(A)＝50×0.8＝40

择业动机(B)＝效价(B)×职业概率(B)＝60×0.5＝30

经过权衡，对择业动机(A)的择业倾向(40)大于对择业动机(B)的(30)，因此，择业者选择职业 A。

四、职业锚理论

(一)职业锚的产生

职业锚(又称职业定位)是由美国的施恩教授提出的。这一概念最初产生于美国麻省理工学院斯隆研究院的专门小组，是从斯隆研究院毕业生的纵向研究中演绎生成的。1961 年、1962 年、1963 年，斯隆学院 44 名毕业生自愿形成了一个专门小组，愿意配合和接受施恩所进行的关于个人职业发展和组织职业管理的研究与调查，并且在 1973 年返回麻省理工学院，就他们的职业与生活接受面谈和调查。

施恩在对他们的跟踪调查和对许多公司、个人及团队的调查中，形成了自己的一些看法，他认为职业规划实际上是一个持续不断的探索过程。在这一过程中，每个人都在根据自己的天资、能力、动机、需要、态度和价值观等慢慢地形成较为明晰的与职业有关的自我概念。随着一个人对自己越来越了解，这个人就会越来越明显地形成一个占主要地位的职业锚。施恩说："设计这个概念是为了解释，当我们在更多的生活经验的基础上发展了更深入的自我洞察时，我们的生命中成长的更加稳定的部分。"

(二)职业锚的概念

所谓职业锚就是指当一个人不得不做出选择的时候，他无论如何都不会放弃的职业中的那种至关重要的东西或价值观。正如职业锚这一名词中"锚"的含义一样，职业锚实际上就是人们选择和发展自己的职业时所围绕的中心。一个人对自己的天资和能力、动机和需要以及态度和价值观有了清楚的了解之后，就会意识到自己的职业锚到底是什么。施恩根据自己在麻省理工学院的研究指出，要想对职业锚提前进行预测是很困难的，这是因为一个人的职业锚是在不断发生着变化的，它实际上是一个不断探索过程所产生的动态结果。

了解职业锚的概念，要注意以下几方面：

1.职业锚以雇员的工作经验为基础

职业锚发生于早期职业阶段，新雇员已经工作若干年，习得工作经验后，方能够选定自己稳定的长期贡献区。个人在面临各种各样的实际工作生活情境之前，不可能真切地了解自己的能力、动机和价值观事实上将如何作用，以及在多大程度上适应可行的职业选择。因此，新雇员的工作经验，产生、演变和发展了职业锚。换言之，职业锚在某种程度上由雇员实际工作经验所决定，而不只是取决于潜在的才干和动机。

2.职业锚是新员工职业定位的依据

职业锚不是根据各种测试得出的能力、才干或者职业动机、价值观所作的预测，而是新雇员在工作实践中，依据已被证明的才干、动机、需要和价值观，现实的选择和准确的职业定位。

3.职业锚是员工自我发展的结果

职业锚是员工自我发展过程中的动机、需要、价值观、能力相互作用和逐步整合的结果。在实际工作中，新雇员重新审视自我动机、需要、价值观及能力，逐步明确个人需要与价值观，明确自己的特长所在及其发展的重点，并且针对符合个人需要和价值观的工作，以及适合于个人特质的工作，自觉地改善、增强和发展自身才干，达到自我满足和补偿。经过这种整合，新雇员寻找到自己长期稳定的职业定位。

4.雇员个人及其职业锚不是固定不变的

职业锚周边是个人稳定的职业贡献区和成长区。但是，这并不意味着个人将停止变化和发展。雇员以职业锚为其稳定源，可以获得该职业工作的进一步发展，以及个人生物社会生命周期和家庭生命周期的成长、变化。此外，职业锚本身也可能变化，雇员在职业生涯的中、后期可能会根据变化了的情况，重新选定自己的职业锚。

有些人也许一直都不知道自己的职业锚是什么，直到他们不得不做出某种重大选择的时候，一个人过去的所有工作经历、兴趣、资质、性向等才会集合成一个富有意义的模式(或职业锚)，这个模式或职业锚会告诉此人，对他个人来说，到底什么东西是最重要的。

(三)职业锚的类型

经过几十年的发展，职业锚已经成为职业发展、职业设计的必选工具。国外许多大公司均将职业锚作为员工职业发展、职业生涯规划的主要参考点。自1992年以后，麻省理工学院斯隆研究院管理学院将职业锚拓展为8种锚位。

1.技术/职能型

技术/职能型的人，追求在技术/职能领域的成长和技能的不断提高，以及应用这种技术/职能的机会。他们对自己的认可来自他们的专业水平，喜欢面对来自专业领域的挑战。他们一般不喜欢从事管理工作，因为这将意味着他们放弃在技术/职能领域的成就。

2.管理型

管理型的人追求并致力于工作晋升，倾心于全面管理，独自负责一个部分，可以跨部门整合其他人的努力成果，他们想去承担整个部分的责任，并将公司的成功与否看成是自己的工作。具体的技术/职能工作被看作是通向更高、更全面管理层的必经之路。

3. 自主/独立型

自主/独立型的人希望随心所欲地安排自己的工作方式、工作习惯和生活方式，追求能施展个人能力的工作环境，最大限度地摆脱组织的限制和制约。他们宁愿放弃提升和工作扩展的机会，也不愿意放弃自由与独立。

4. 安全/稳定型

安全/稳定型的人追求工作中的安全和稳定感。他们会因为预测将来的成功而感到放松，他们关心财务安全，例如退休金和退休计划。稳定感包括诚信、忠诚以及完成上司交代的工作。尽管有时他们可以达到更高的位置，但他们并不关心具体的职位和具体的工作内容。

5. 创业型

这类型的人希望利用自己的能力去创造属于自己的公司或创建完全属于自己的产品（或服务），而且愿意去冒险，并克服面临的障碍。他们想向世界证明公司是他们靠自己的努力创建的。他们可能正在别人的公司工作，但同时他们在学习并评估将来可能出现的机会，一旦他们感觉时机到了，便会走出去创建自己的事业。

6. 服务型

这类型的人一直追求自己认可的核心价值，例如：帮助他人、改善人们的生活、通过新的药品消除疾病。他们一直追寻这种机会，即使改变职业，他们也不会改变这种价值观。

7. 挑战型

挑战型的人喜欢解决看上去无法解决的问题，战胜强硬的对手，克服无法克服的困难等。对他们而言，参加工作的原因是工作允许他们去战胜各种不可能，新奇、变化的困难是他们的终极目标。

8. 生活型

生活型的人喜欢结合个人需要、家庭需要和职业需要的工作环境。他们喜欢将生活的各个主要方面整合为一体，他们需要一个能够提供足够的弹性让他们实现这一目标的职业环境。他们认为自己在如何生活、哪里居住、如何处理家庭事务等方面与众不同。

（四）职业锚的作用

在个人的工作生命周期中，在组织的事业发展过程中，职业锚发挥着重要的功能作用。

1. 识别个人职业抱负模式和职业成功标准

职业锚是个人经过搜索所确定的长期职业贡献区或职业定位。这一搜索定位过程要依循着个人的需要、动机和价值观进行。所以，职业锚清楚地反映出个人职业追求与抱负。某雇员选定的是技术职能能力锚，显现出其志向和抱负在于专业技术方面的事业有成，有所贡献。与此同时，从职业锚可以判断雇员达到职业成功的标准。职业成功，无一致的定义，亦无统一标准，因人而异，因职业锚而不同。对于抛锚于管理型的雇员来讲，其职业成功在于升迁至高职位，获得全面管理越多人的机会和越大的管理权力。而对于安全型职业锚的雇员来讲，求得一个稳定地位和收入不低的工作，有着优雅的工作环境和轻松的工作节奏，便是其职业成功的标志了。

2. 促进预期心理契约得以发展，有利于个人与组织稳固的相互接纳

职业锚准确地反映个人职业需要及其所追求的职业工作环境，反映个人的价值观和抱负。透过职业锚，组织获得雇员个人正确信息的反馈，这样，组织才可能有针对性的对雇员职业发展设置可行的、有效的、顺畅的职业通道；个人则因为组织有效的职业管理，自身的职业需要得以满足，必然深化对组织的情感认同与服从。于是，组织与个人双方相互深化了解，互相交融，达到深度而稳定的相互接纳。

3. 增长职业工作经验，增强个人职业技能，提高劳动生产率和工作效率

职业锚是个人职业工作的定位，是长贡献区。相对稳定的长期从事某项职业，必然增长工作经验；经验的丰富和积累，既使个人知识扩增，也使个人职业技能不断增强，直接产生提高工作效率或劳动生产率的明显效益。

4. 早期职业锚可为雇员做好中后期的职业工作奠定基础

在具有工作经验之前，"锚"是不存在的。通过工作经验的积累产生的职业锚，清晰地反映出当个人进入成年期的潜在需要和动机，它也反映了这一雇员价值观，反映了被发现的才干。雇员个人抛锚于某一种职业工作过程，就是他自我认知过程，认识自己具有什么样的能力、怎样的能力、还需要什么、价值系统是什么、自己属于哪种类型的人。把职业工作与完整的自我观相整合的过程，开始决定了成年期的主要生活和职业选择。所以，职业锚是中后期职业工作的基础，换言之，中后期职业发展和早期职业锚连接在一起。

(五) 职业锚对大学毕业生职业规划的启示

1. 职业生涯规划要进行自我定位

自我分析、自我定位是职业生涯规划的首要环节，它决定着个人职业生涯的方向，也决定着职业生涯规划的成败。求职之前先要进行职业生涯规划，进行职业生涯规划之前先要进行准确的自我定位。先要弄清自己想要干什么、能干什么，自己的兴趣、才能、学识适合干什么。可通过自我分析与可靠的量表工具的测量，评估自己的职业倾向、能力倾向和职业价值观，这是职业生涯规划的基础。

其次，职业生涯规划是一个动态变化过程。当今社会处于激烈的变化过程中，大学毕业生的就业观念也要相应地改变，打破传统的"一业定终身"的理念，就业、再就业是大趋势，职业生涯规划也随之根据各种变化来调整。所以环境的变化导致自我观念的变化，反映到职业生涯规划上来，就不能一次把终生的职业生涯的每一个具体细节都确定下来。

2.职业生涯规划的重点内容是职业准备、职业选择与职业适应

从职业生涯发展过程来看，职业生涯发展经历了不同时期，有一种观点认为职业生涯的阶段主要可分为：

(1)职业准备期：职业准备期是形成了较为明确的职业意向后，从事职业的心理、知识、技能的准备以及等待就业机会。每个择业者都有选择一份理想职业的愿望与要求，准备充分的能够很快地找到自己理想的职业，顺利地进入职业角色。

(2)职业选择期：这是实际选择职业的时期，也是由潜在的劳动者变为现实劳动者的关键时期。职业选择不仅仅是个人挑选职业的过程，也是社会挑选劳动者的过程，只有个人与社会成功结合、相互认可，职业选择才会成功。

(3)职业适应期：择业者刚刚踏上工作岗位，存在一个适应过程，要完成从一个择业者到一个职业工作者的角色转换。要尽快适应新的角色、新的工作环境、工作方式、人际关系等。

(4)职业稳定期：这一时期，个人的职业活动能力处于最旺盛时期，是创造业绩、成就事业的黄金时期。当然职业稳定是相对的，在科学技术发展迅速、人才流动加快的今天，就业单位与职业岗位发生变化是很正常的。

(5)职业结束：由于年龄或身体状况原因，逐渐减弱职业活动能力与职业兴趣，从而结束职业生涯。

大学毕业生职业生涯规划的侧重点在职业准备、职业选择、职业适应三个阶段。大学生要对职业进行物质、心理、知识、技能等各方面充分的准备，还要根据各方面的分析与自己的职业锚结合合理客观地对职业做出选择。对即将踏入的职业活动要有一定的合理的心理预期，包括工作的性质、劳动强度、工作时间、工作方式、同事以及上下级关系都要快速适应，迅速成为一个成功的职业者。当然，施恩教授也指出："自我概念"中最重要的是"自我对自身才能的感知"，是真正有了职业经历、工作体验后，才能准确、清晰地估测出自己的职业锚。

自-我-测-评

职业锚问卷

职业锚问卷(Career Anchor Questionaire)是国外职业测评运用最广泛、最有效的工具之一。职业锚问卷是一种职业生涯规划咨询、自我了解的工具，能够协助组织或个人进行更理想的职业生涯发展规划。同学们可以扫描右侧二维码进行测评。职业锚倾向没有好坏，请根据第一感觉，不假思索迅速答题。

职业锚问卷

第二节　职业发展理论

一、金斯伯格的职业生涯发展阶段理论

美国著名职业指导专家金斯伯格(Eli Ginzberg)，对职业生涯的发展进行过长期研究，形成了金斯伯格的职业生涯发展阶段理论，对于实践产生了广泛影响，他和舒伯(Donald E. Super)是该理论的主要代表人物。

(一)金斯伯格的职业决策论

1.职业决策是一连串过程

金斯伯格认为，职业选择决策是一个发展过程，它不是一个某一时刻就完成的"决定"，而是基于人们长期以来形成的观念。职业选择过程包含一连串的决定，每一个决定都和童年、青年期个人的经验和身心发展有关。

2.职业选择时优化决策

金斯伯格认为，职业选择的实现，是个人意识与外界条件的折中，个人最终做出决定是寻求个人所喜爱的职业与社会所提供的机会之间的最佳结合。

(二)金斯伯格职业性成熟论

金斯伯格的职业发展理论分为幻想期、尝试期和现实期。

1.幻想期

在11岁之前的儿童时期，儿童们对大千世界，特别是对于他们所看到或接触到的各类职业工作者，充满了新奇、好玩的感觉。这个时期职业需求的特点是：单纯凭自己的兴趣爱好，不考虑自身的条件、能力水平和社会需要与机遇，完全处于幻想之中。

2.尝试期

11~17岁，这是由少年儿童向青年过渡的时期。此时起，人的心理和生理在迅速成长发育和变化，有独立的意识，价值观念开始形成，知识和能力显著增长和增强，初步懂得社会生产和生活的经验。在职业需求上呈现出的特点是：有职业兴趣，但不仅限于此，更多的人开始客观地审视自身各方面的条件和能力；开始注意职业角色的社会地位、社会意义，以及社会对该职业的需要。

3.现实期

人在17岁以后的年龄段，即将步入社会，能够客观的把自己的职业愿望或要求，同自己的主观条件、能力，以及社会现实的职业需要紧密联系和协调起来，寻找合适于自己的职业角色。这个时期所希望从事的职业不再模糊不清，已有具体的、现实的职业目标，表现出的最大特点是客观性、现实性、讲求实际。

金斯伯格的职业发展论，事实上是前期职业生涯发展的不同阶段，也就是说，展现了就业前人们职业意识或职业追求的变化发展过程。

二、舒伯的职业生涯发展阶段理论

美国职业管理家舒伯(Donald E. Super)，根据布尔赫勒(Buehler)的生命周期和列文基斯特(Lavghurst)的发展阶段论，提出了职业发展的概念模式，他的理论更详细、更明确和更直观地诠释了职业生涯发展的进程，舒伯的职业生涯发展的基本观点是："职业发展是一种连续的、有序的、动态的过程，一般由成长、探索、建立、维持和衰退5个阶段构成(表2-3)。"

表2-3　生涯发展阶段

生涯阶段	年龄	发展任务	此阶段中包含的各时期及特征	
成长阶段	0~14岁	1.建立和形成自我观念 2.由幻想和好奇逐步发展为注意、兴趣和能力	幻想期(0~10岁)	因需要而幻想
			兴趣期(11~12岁)	因喜欢而产生兴趣
			能力期(13~14岁)	初步考虑工作条件，能力因素作用大
探索阶段	15~24岁	1.思考兴趣、能力价值观和就业机会 2.寻求职业，实现自我	试探期(15~17岁)	进行暂时选择
			过渡期(18~21岁)	接受培训开始正式选择
			试行期(22~24岁)	初步进入自己理想职业
建立阶段	25~44岁	1.确定永久职业 2.重新评估自己的需求和职业目标	试验期(25~30岁)	初步选定永久职业
			稳定期(31~39岁)	稳定永久职业
			危机期(40~44岁)	重新评估自我需求和职业目标
维持阶段	45~64岁	维持既有成就和地位	—	
衰退阶段	65岁以上	减速、解脱、退休	—	

(一)成长阶段

0~14岁，该阶段孩童开始发展自我概念，开始以各种不同的方式来表达自己的需要，且经过对现实世界不断地尝试，修饰他自己的角色。

这个阶段发展的任务是：发展自我形象，发展对工作世界的正确态度，并了解工作的意义。

这个阶段共包括三个时期：一是幻想期(0~10岁)，以"需要"为主要考虑因素，在这个时期幻想中的角色扮演很重要；二是兴趣期(11~12岁)，以"喜好"为主要考虑因素，喜好是个体抱负与活动的主要决定因素；三是能力期(13~14岁)，以"能力"为主要考虑因素，能力逐渐具有重要作用。

(二)探索阶段

15~24岁，该阶段的青少年通过学校的活动、社团休闲活动、打零工等机会，对自我能力及角色、职业作了一番探索，因此选择职业时有较大弹性。

这个阶段发展的任务是：使职业偏好逐渐具体化、特定化并实现职业偏好。

这阶段共包括三个时期：一是试探期(15~17岁)，考虑需要、兴趣、能力及机会，作暂时的决定，并在幻想、讨论、课业及工作中加以尝试；二是过渡期(18~21岁)，进入就业市场或专业训练，更重视现实，并力图实现自我观念，将一般性的选择转为特定的选择；三是试验并稍作承诺的试行期(22~24岁)，生涯初步确定并试验其成为长期职业生活的可能性，若不适合则可能再经历上述各时期以确定方向。

依据这一阶段划分理论，大学生处在探索阶段，每个年级所对应的时期特征为：

(1)一年级为试探期：要初步了解职业，特别是自己未来所想从事的职业或自己所学专业对口的职业，提高人际沟通能力。

(2)二年级为过渡期：了解相关的专业和课外活动，努力提高自身的基本素质，同时应确定自己的主攻方向，选择就业还是考研或是出国留学。

(3)三年级为试行期：这是大学阶段最不稳定的时期，学生普遍心浮气躁，忙着找工作、考研或办理出国手续。大部分学生的目标应该锁定在成功就业上。

(三)建立阶段

25~44岁，由于经过上一阶段的尝试，不合适者会谋求变迁或作其他探索，因此该阶段较能确定在整个事业生涯中属于自己的"位子"，并在31~40岁，开始考虑如何保住这个"位子"，并固定下来。

这个阶段发展的任务是：统整、稳固并求上进。

这个阶段细分又可包括两个时期：一是试验—承诺稳定期(25~30岁)，个体寻求安定，也可能因生活或工作上若干变动而尚未感到满意；二是稳定期(31~39岁)，稳定永久职业；三是建立期(31~44岁)，个体致力于工作上的稳固，大部分人处于最具创意时期，由于资深往往业绩优良。

(四)维持阶段

45~65岁，个体仍希望继续维持属于他的工作"位子"，同时会面对新的人员的挑战。

这一阶段发展的任务是：维持既有成就与地位。

(五)衰退阶段

65岁以上，由于生理及心理机能日渐衰退，个体不得不面对现实从积极参与到隐退。

这一阶段往往注重发展新的角色，寻求不同方式以替代和满足需求。

在上述舒伯的生涯发展阶段中，每一阶段都有一些特定的发展任务需要完成，每一阶段需达到一定的发展水准或成就水准，而且前一阶段发展任务的达成与否关系到后一阶段的发展。在之后的研究岁月中，舒伯对发展任务的看法又向前跨了一步。他认为在人一生的生涯发展中，各个阶段同样要面对成长、探索、建立、维持和衰退的问题，因而形成"成长——探索——建立——维持——衰退"的循环。

三、格林豪斯的职业生涯发展理论

格林豪斯(Greenhouse)研究人生不同年龄段职业发展的主要任务，并以此将职业生涯划分为5个阶段。

(一)职业准备

典型年龄段为0~18岁。主要任务：发展职业想象力，对职业进行评估和选择，接受必要的职业教育。

(二)进入组织

18~25岁为进入组织阶段。主要任务是在一个理想的组织中获得一份工作，在获取足量信息的基础上，尽量选择一种合适的、较为满意的职业。

(三)职业生涯初期

处于此期的典型年龄段为25~40岁。学习职业技术，提高工作能力；了解和学习组织纪律和规范，逐步适应职业工作，适应和融入组织；为未来的职业成功做好准备，是该期的主要任务。

(四)职业生涯中期

40~55岁是职业生涯中期阶段。主要任务：需要对早期职业生涯重新评估，强化或改变自己的职业理想；选定职业，努力工作，有所成就。

(五)职业生涯后期

从55岁直至退休是职业生涯的后期。继续保持已有职业成就，维护尊严，准备引退，是这一阶段的主要任务。

四、职业周期理论

职业周期理论由美国著名的心理学家和社会学家埃德加·施恩(Edgar. H. Schein)提出。该理论强调培养人的职业自觉能力，发展清晰、全面的职业自我观，启发求职者应以动态和发展的眼光明确各个生涯阶段的职业目标，积极地把握自己职业生涯发展的方向并科学地、具有前瞻性地进行设计和规划。职业周期理论是现代组织管理的重要理论基础，赋予了职业指导一种全新的教育意义。

他将个人的发展与人生在组织中的角色紧密相连，将职业生涯分为9个阶段，并对每个阶段的角色特征、面临的共同问题和特殊任务给予了阐述。

职业生涯周期的阶段和任务与其社会生命周期的阶段和任务紧密相关。施恩根据职业周期的特点，按照社会生命周期的特征对职业生涯发展阶段进行了划分，并指出了各阶段所面临的主要任务。

施恩按照人生命周期的特点将人的职业生涯划分为 9 个阶段(见表 2-4)，认为职业生涯发展实际上是一个持续不断的探索过程，在这一过程中，每个人都根据自己的天资、能力、动机、需要、态度和价值观等慢慢形成并发展成为明晰的与职业有关的自我概念。此外，施恩还提出了职业锚概念。由于职业锚的贯穿，使职业周期理论更为清晰、更为系统和完整。

表 2-4　职业阶段的角色和任务

职业阶段	角色	共同问题	特殊任务
成长幻想探索（0~21 岁）	学生、候选人、申请人	1.为进行实际职业选择打好基础 2.将早年职业幻想变为可操作的现实 3.对于家庭状况和环境支持作出评估 4.接受教育和培训 5.培养和开发未来工作所需要的基本习惯和技能	1.发现和发展自己的需要和兴趣 2.发现和发展自己的能力和才干 3.学习职业方面的知识，寻找现实的角色模式 4.获取丰富的信息 5.树立自己的价值观、动机和抱负 6.作出合理的受教育决策、将幼年的职业幻想变为可操作的现实 7.接授教育和培训，培养和开发工作中所需要的基本习惯和技能 8.寻找兼职工作的机会
进入工作环境（16~25 岁）	应聘者、新学员	1.进入劳动市场，谋取可能成为一种职业基础的第一项工作 2.个人和雇主之间达成正式可行的契约 3.个人成为一种组织或职业中的成员	1.学会如何找一份工作，如何申请，如何参加招聘选拔 2.学会评估一份工作的价值和一个组织的信息 3.选择第一份现实的有效的工作

续表2-4

职业阶段	角色	共同问题	特殊任务
基础培训 （16~25岁）	实习生、 新手	1.了解、熟悉组织、接受组织文化、融入工作群体 2.尽快取得组织成员资格，成为一名有效的成员 3.适应日常的操作程序，能够完成工作	1.学会与上司和培训者相处 2.克服经验不足造成的不安全感，增强自信 3.认真学习，接受组织的标志符号、制服、徽章、员工手册、公司手册
早期职业的正式员工资格 （17~30岁）	新的正式成员	1.承担责任，成功地履行与第一次正式分配有关的义务 2.发展、展示自己的特殊技能和专长，为提升或进入其他领域打基础 3.根据自身才干和价值观，结合组织中的机会和约束，重估当初追求的职业 4.决定是否留在这个组织或职业中，或者在自己的需要、组织约束机会之间寻找一种更好的结合	1.学会如何处事，改善处事方式 2.学会承担部分责任 3.学会与上司和同事相处 4.寻求良师 5.根据自己的能力和价值观，结合组织中的机会和约束，重新估计当初选择的工作 6.评估第一份工作的成功感和挫折感 7.准备长期效力或是选择新的职位或组织
职业中期 （25~35岁）	正式成员、 主管经理	1.选定一项专业或进入管理部门 2.保持技术竞争力，在自己选择的专业或管理领域内继续学习 3.承担较大责任，确立自己的地位 4.开发个人长期职业计划 5.力争成为一名专家或职业能手	1.取得一定程度的独立与自信 2.提高自己的业绩标准，相信自己的决策 3.重估自己的动机、能力、价值观以及所需要的专业化程度 4.重估组织和职业机会，制定下一步有效决策 5.协调家庭、自我发展和组织的关系 6.学会应对挫折

续表2-4

职业阶段	角色	共同问题	特殊任务
职业中期危险阶段（35~45岁）	良师	1.客观地估计、评价自己的进步、职业抱负和个人前途 2.就接受现状或者争取更有可能实现的前途作出具体选择 3.与他人建立良师关系	1.意识到个人的才能、动机、价值观 2.客观地估计个人职业锚对自己前途的影响 3.为前途作出选择 4.围绕选择与家人达成共识
职业后期（40岁全退休）	骨干管理人员、贡献者	1.成为一名良师，学会发挥影响，指导、指挥别人，对他人承担责任 2.发展、提升技能或者增长才干，以承担更大范围、更重要的责任 3.如果求安稳，就此停滞，则要接受和正式自己影响力和挑战能力的下降	1.保持技术上的竞争力，以经验、经历和智慧代替直接的技术能力 2.发展人际交往的能力 3.发展管理和监督能力 4.学会针对某种环境中制订有效决策 5.以积极态度对待"后起之秀" 6.正视中年危机和家庭"空巢现象" 7.为高级领导角色做准备
	总经理、高级合伙人	1.整合别人的努力扩大影响力，不要事必躬亲 2.选拔和发展骨干成员 3.客观估计组织在社会中的作用，从长计议 4.学会推销观点	1.从关心自我到为组织的福利承担责任 2.对组织机密和资源负有责任 3.学会使用权力和承担责任，而不是意气用事，软弱无力
衰退和离职（40岁至退休）	导师	1.学会接受权力、责任、地位的下降 2.承认竞争力和进取心下降，要学会接受和发展新的角色 3.学会管理除工作之外丰富的文娱生活	1.在业余爱好、家庭、社交和社区活动等方面寻求新的满足 2.学会如何与配偶亲密生活 3.评估完整的职业过程，准备退休

续表2-4

职业阶段	角色	共同问题	特殊任务
退休	新角色	1.保持一种认同感，适应角色、生活方式和生活标准的急剧变化 2.运用自己积累的经验和智慧，以各种资源角色对他人进行"传帮带"	1.在失去长期工作或组织角色之后，保持一种积极态度 2.在某些活动中尽职尽责 3.运用自己的智慧和经验 4.对自己的一生感到满足

本章知识图谱

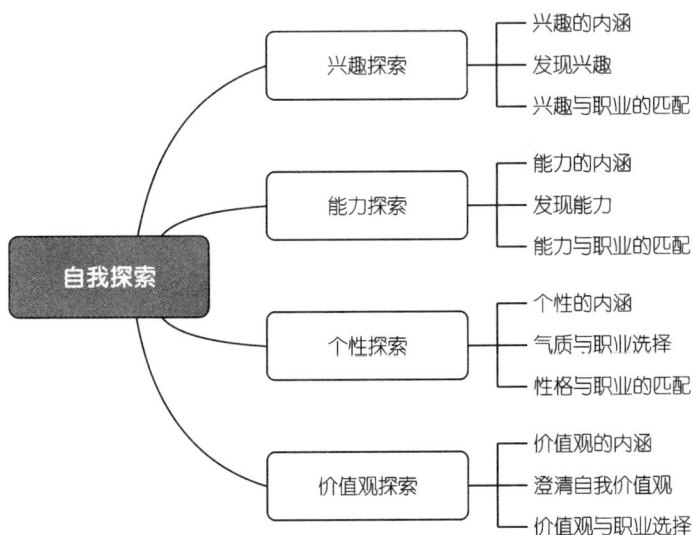

```
                         ┌─── 兴趣的内涵
              ┌── 兴趣探索 ├─── 发现兴趣
              │          └─── 兴趣与职业的匹配
              │
              │          ┌─── 能力的内涵
              ├── 能力探索 ├─── 发现能力
              │          └─── 能力与职业的匹配
   自我探索 ──┤
              │          ┌─── 个性的内涵
              ├── 个性探索 ├─── 气质与职业选择
              │          └─── 性格与职业的匹配
              │
              │          ┌─── 价值观的内涵
              └── 价值观探索├─── 澄清自我价值观
                         └─── 价值观与职业选择
```

老子在《道德经》中提出:"知人者智,自知者明。胜人者有力,自胜者强。"他认为:了解他人的人,只能算是聪明;能够了解自己的人,才算是真正的有智慧。能够战胜别人只能算是有力,能够战胜自己的弱点才能算是真正的强者。因此,充分了解自己的个性特征,从兴趣、能力、个性价值观四方面对自我有一次科学的自我探索,是大学生制定职业生涯规划的前提。

第一节　兴趣探索

一、兴趣的内涵

(一) 兴趣的概念

兴趣是指一个人积极认识某种事物或从事某项活动的心理倾向。比如，有些乐迷一听到音乐就会想跟着哼唱，也想要去学习唱歌，对音乐类的活动特别迷恋，这就是对音乐感兴趣。也有一些足球爱好者，喜欢踢足球，每逢有足球比赛直播就特别兴奋，这就是对足球有兴趣。人的兴趣多种多样、各具特色。在实践活动中，兴趣能使人们工作目标明确，积极主动，从而能自觉克服各种艰难困苦，获取工作的最大成就，同时能在活动过程中不断体验成功的愉悦。

兴趣是基于精神需求或者物质需求而对某个事物或某项活动充满热情，想要积极探索这个事物或者从事这项活动。兴趣会激发个人的欲望，主动性较强。兴趣与人们的认识和情感相关联，它的产生一定是基于对事物和活动认识的基础之上，与此同时也产生了一定的情感。认识越深刻，情感越丰富，兴趣则越浓厚。人们对于感兴趣的事物或活动给予优先的关注和积极的探索。兴趣不止停留在对事物表面的关心，往往是由于获得某一方面的知识或者参与这种活动而使人在情绪上得到满足所产生的一种反应。例如摄影，有的人对摄影很入迷，认为摄影既可以陶冶情操，又能记录生活，而且拍的越多，技术越成熟，作品越好，就会投入越多的情感专注，还会引申到学习后期制作，以呈现更加完美的摄影作品，于是这样就会将其发展成为一种特长。兴趣是特长的前提，特长是兴趣的发展和行动，特长不仅是对事物优先注意和向往的心情，而且表现在某种实际行动中。兴趣是受社会性制约的，不同年龄、不同环境、不同阶级、不同职业、不同文化层次的人，兴趣都不一样。

(二) 兴趣的分类

1. 直接兴趣和间接兴趣

直接兴趣，是指对认识事物或从事活动本身感兴趣。例如，某个同学想象力丰富，富于创造性，喜欢制作各种模型，在制作过程中他全神贯注，表现出浓厚的兴趣。

间接兴趣，是指对认识事物或从事活动的结果感兴趣。直接兴趣注重过程本身，而间接兴趣则注重结果。例如，某个同学业余喜欢绘画，每当完成一幅画，他都会对自己取得的成果表现出极大的兴趣。

直接兴趣和间接兴趣是相互联系、相互促进的。如果没有直接兴趣，制作各种模型的过程就很乏味、枯燥；而没有间接兴趣的支持，也就没有目标，过程就很难持久下去。

因此，只有把直接兴趣和间接兴趣有机结合起来，才能充分发挥一个人的积极性和创造性，才能持之以恒，目标明确，取得成功。

2. 专业兴趣、生活兴趣、职业兴趣

专业兴趣是指对一门学科、一门技能或一个专门事情的兴趣，多数指大学生对所学专业的兴趣，也包括对自己钻研的第二专业的兴趣。

生活兴趣是指我们通常说的健身、摄影、书法等兴趣爱好，是提高生活品质、让生命多元化发展的助力器。专业兴趣和生活兴趣可以是一致的。

职业兴趣是指对某个具体工作或者职业的兴趣。职业兴趣与专业兴趣重合得越多，工作的满意度就越高，职业发展也就越顺利；职业兴趣与生活兴趣重合得越多，生活的幸福度也就越高。

3. 物质兴趣和精神兴趣

物质兴趣主要指人们对舒适的物质生活(如衣、食、住、行方面)的兴趣和追求。

精神兴趣主要指人们对精神生活(如学习、研究、文学艺术、知识)的兴趣和追求。

职-场-宝-典

职业兴趣

职业兴趣是在生涯实践过程中逐渐发生和发展起来的，与一个人的性格特征、能力素质、实践活动、客观环境有密切的关系。因此，职业兴趣的培养，首先在于了解和利用这些因素。职业兴趣的发展往往从发现职业某个"有趣"的点开始，逐渐培养出对工作的兴趣，进而将兴趣与奋斗目标和工作志向相结合，使其发展成为志趣，从而使人坚守某种职业，并为之尽心尽力。

(三) 兴趣在职业活动中的作用

1. 兴趣是成功的起点

获得诺贝尔物理奖的华人丁肇中曾经说过："兴趣比天才重要。"如果一个人选择的职业与自己的兴趣相吻合，那么他的主动性将会得到充分发挥，就会产生一种动力，自动工作、自动学习、自动钻研，即使十分疲倦和辛劳，也总是兴致勃勃，心情愉快；即使困难重重也绝不灰心丧气，而是能想尽办法，百折不挠地去克服它，甚至废寝忘食，如醉如痴，并有可能收获意外的惊人发现。如果一个兴趣与职业不相符合，那么他的工作始终是被动的，有些是应付的心态，当然也就不会有所建树。

古今中外的著名科学家、文学家、艺术家，往往是在强烈的兴趣推动下，经过探索和追求而取得成功的。爱迪生就是个很好的例子，他几乎每天都在实验室里辛苦工作十几小时，在那里吃饭、睡觉，但丝毫不以为苦，"我一生中从未间断过一天的工作"。他宣称："我每天其乐无穷。"达尔文、爱因斯坦、李四光、陈景润等著名科学家获得巨大成就的最初动力也来自兴趣。可以说，谁找到自己感兴趣的职业，谁就有可能踏上成功的道路。

2.兴趣可以激发人们积极地进行探索和创造

兴趣是一种强大的精神力量，它可以使人们全神贯注地获得知识，积极热情、富有创造性地开展工作。当一个人对某事物感兴趣时，就会激发他对该事物的求知欲和探索热情，促使他充分调动整个身心的积极性，使情绪饱满，智能和体能进入最佳状态，最大限度地施展才华，挖掘潜力，发挥他的主动性和创造性。反之，"牛不喝水强按头"是不会取得好的效果的，当然也就不可能充分发挥一个人的聪明才智。

3.兴趣可以增强人的职业适应性

兴趣可以通过工作动机促进能力的发挥，兴趣和能力的合理结合可以大大提高工作效率。研究资料表明，如果一个人对工作有兴趣，就能发挥全部才能的 80% ~ 90%，且能长时间地保持高效率而不感到疲劳；相反，如果对工作不感兴趣，就只能发挥其全部才能的 20% ~ 30%，也容易感到疲劳、厌倦。

二、发现兴趣

（一）"心流"理论

美国芝加哥大学心理学教授米哈里花了 30 多年的时间对几百位各行各业的人进行了访谈，研究是什么东西真正令人感到幸福和满足。他发现，和人们通常想象的不同，不是在人们很放松、什么事也不做（比如看电视）的时候，而是人们专心致志地从事某种活动，甚至忘我地完全沉浸在这种活动中的时候，他们感到最为幸福和满足。米哈里将这种状态称之为"flow"（心流）。而这种幸福感和满足感的来源，就是兴趣。因此，如果你发现了一件能让自己进入"心流"状态的事情，可以把这件事归类到自己的兴趣范围里面。

（二）区分兴趣和特长

自己擅长的事情，不一定就是自己的兴趣所在。一个钢琴弹得很好的学生，也许根本对钢琴不感兴趣，甚至充满仇恨，他之所以钢琴弹得很好，是因为他的妈妈逼着他学习钢琴。因此，要发现自己的兴趣，首先应该把兴趣和特长分开。根据"心流"理论，我们可以问自己几个问题：对于某件事，我是否十分渴望重复它？我是否能愉快、顺利、成功地完成这个任务？我是不是对这件事有一定的期望？我是否愿意学习并能很快地学会它？这件事是否总能让我满足？我是否由衷地从心里喜爱它，而不是仅仅表现出喜爱？我的人生中最快乐的体验是否都有这件事的影子？当这样问自己时，需要注意不要把父母的期望、社会的主流观点等融入自己的答案。

(三) 开阔视野

找到兴趣的最佳方法是开阔视野，尽可能接触众多的领域。生活中有很多"有趣"的事情。有很多社会、家人、朋友认为"重要"的事情，是不是自己感兴趣的？这只有亲身体验后才会知道。

尽力开阔视野，不但能从中得到教益，而且也能找到自己的兴趣所在。大学为我们的发展提供了一个自由的舞台。在大学里面，我们可以通过图书馆、互联网、专题讲座接触不同的专业领域、专家老师，探索自己的兴趣所在；也可以通过参加各种职业实践有意识地去培养和发展兴趣，为事业的成功创造条件。

案-例-链-接

中国科学院院士、结构生物学家、清华大学教授施一公，在与清华大学研究生新生的座谈讲话中提到了他自己对专业的兴趣。他在上大学的时候，也没有想好，也非常迷茫，这种迷茫一直持续到博士后完成，那之后他才隐约知道自己要做什么，才下定了决心。他说："我是在博士毕业半年之后才开始培养兴趣的，现在我的兴趣极其浓厚，可以废寝忘食没日没夜地干，觉得乐在其中。我觉得兴趣是可以培养的，不是说你天生就有，也不是说你听一个讲座突然灵机一动就对一件事感兴趣了，我觉得都不是这样的。"

三、兴趣与职业的匹配

兴趣是最好的老师，也是促使我们在某一领域追求成功的驱动力。从事一项自己喜欢的职业，职业生涯就会变得更有趣、更有意义，也更容易获得职业满意与成功，很多成功的事例都证明了这一点。被世人视为球王的贝利曾说过："我热爱足球，足球就是我的生命！"正是对足球的热爱才使贝利步入足坛，把踢球作为他终身的职业目标，也正是足球给他带来了无穷的乐趣、荣誉和财富。因此，在选择职业时，大学生应该明确自己的兴趣类型，寻找与此兴趣类型相匹配的职业。表 3-1 列出了 12 种兴趣类型以及与之相适应的职业供参考。

根据分类，一种兴趣类型可以对应许多种职业，同时绝大多数的职业也都与几种兴趣类型的特点相近，而每个人往往又同时具有其中几种类型的特点。假如你要成为一名护士，那你就应有愿与人打交道(类型 2)、愿热心助人(类型 6)、愿做具体工作(类型 12)这 3 方面的兴趣类型；如果你对其中的某一方面缺乏兴趣，那就应努力培养和发展这方面的兴趣，以适应护士职业的要求，否则，还是选择更适合你兴趣类型的职业为好。

表 3-1　兴趣类型与相适应的职业

序号	兴趣类型	特点	适应职业
1	喜欢与工具打交道	这类人喜欢使用工具、器具进行劳动的活动，而不喜欢从事与人或动物打交道的职业	修理工、木匠、建筑工、裁缝等
2	喜欢与人接触	这类人喜欢与他人接触的工作，他喜欢销售、采访、传递信息一类的活动	记者、营业员、邮递员、推销员等
3	喜欢从事文字符号类工作	这类人喜欢与文字、数学、表格等打交道的职业	会计、出纳、校对员、打字员、档案管理员、图书管理员等
4	喜欢地理地质类的职业	这类人喜欢在野外工作	勘探工、钻井工、地质勘探人员等
5	喜欢生物、化学和农业类职业	这类人喜欢实验性的工作	农技员、化验员、饲养员等
6	喜欢从事社会福利和助人的工作	这类人乐于助人，试图改善他人的状况，喜欢独自与人接触	医生、律师、教师、护士、咨询人员等
7	喜欢行政和管理的工作	这类人喜欢管理人员的工作，愿意作别人的思想工作，他们在各个行业中起着重要的作用	辅导员、行政管理人员等
8	喜欢研究人的行为	这类人喜欢谈论涉及人的主题，他们喜欢研究人的行为举止和心理状态	心理学工作者，哲学、人类学研究者等
9	喜欢从事科学技术事业	这类人喜欢科技工作类活动	建筑师、工程技术人员等
10	喜欢从事想象的和创造性的工作	这类人喜欢需要有想象力和创造力的工作，喜欢创造新的式样和方法	演员、作家、创造人员、设计人员、画家等
11	喜欢从事操作机器的技术工作	这类人喜欢运用一定的技术，制造产品或完成其他任务	驾驶员、飞行员、海员、机床工等
12	喜欢从事具体的工作	这类人喜欢制作能看得见、摸得着的产品，希望很快看到自己的成果，他们从完成的产品中得到自我满足	厨师、园林工、农民、理发师等

第二节 能力探索

一、能力的内涵

(一)能力的概念

所谓能力,是指顺利完成某一活动所必需的主观条件。能力是直接影响活动效率,并使活动顺利完成的个性心理特征。能力总是和人完成一定的活动联系在一起,离开了具体活动既不能表现人的能力,也不能发展人的能力。能力的发展随年龄增长而变化,具有一定的规律性。能力的分类方法很多,按照其表现范围可分为一般能力和特殊能力。

一般能力是指从事任何活动所必须具备的能力,如观察能力、记忆能力、抽象概括能力、想象能力、创造能力、注意能力等,通常也叫智力,是能力中最主要的部分。体现于职业活动中的一般能力主要有:言语能力、数学能力、逻辑推理能力、空间关系能力、机械能力等。

特殊能力是指在完成某种特殊职业或专业活动所必须具备的能力,如数学计算能力、音乐绘画能力等能力均属于特殊能力。人们从事任何一项专业性活动既需要一般能力,也需要某些特殊能力。特殊能力以一般能力为基础,但又不同于一般能力,是某些职业的必备能力。如高水平画家、服装设计师等就需要特殊的色彩选择与搭配能力。

(二)能力的分类

在日常生活中,我们也许会把技能与能力混淆,但在心理学角度,这两者是有区别的。技能是指经过后天学习和练习培养而形成的能力,如阅读能力、人际交往能力、表达能力等。现实生活中,个人的能力水平往往是能力和技能两方面的结果。对个人技能的认识,建立在对技能分类的了解上。辛迪·梵和理查德·鲍尔斯(Sidney Fine & Richard Bolles)将技能分为以下 3 种类型。

1. 知识技能

知识技能是指那些需要通过教育或者培训才能获得的特别的知识或技能,也就是个人所学习的科目、所获得的知识,知识技能不可迁移。

知识技能并非只有通过正式的专业教育才能获得,除了学校课程外,课外培训、专业会议、讲座、研讨会、自学、资格认证考试等都可以帮助个人获得知识技能,此外,很多公司也为新员工提供相关的上岗培训。

2. 自我管理技能

自我管理技能常被看作是个性品质而非技能,因为它们被用来描述或说明人具有的某些特性。例如,是勇于创新还是循规蹈矩、是认真还是敷衍了事、是否对工作有热情、是否自信等。

各种人格特质或特征可以有自我管理技能可适用。这些技能常常被看作是正面的、积极的,因为你利用它来建设性地应对周围的环境。自我管理技能无论是一个人先天具有的还是后天习得的,都需要练习。他们可以从非工作(生活)领域迁移转换到工作领域,也就是说,耐心、负责、热情、敏捷这些并不是通过专门课程学习的,而是在日常生活中随时随地培养的。我们在描述个人的自我管理技能时通常是以形容词或副词的形式出现的,如学术性强的、活跃的、胆大的、考虑周到的、深思熟虑的等。

3.可迁移技能

可迁移技能(或称通用技能)就是一个人会做的事,比如教学、组织、说服、设计、安装、帮助、计算、考查、分析等。可迁移技能也是个人最能持续运用和最能够依靠的技能。

随着信息时代的到来,新技术的发展日新月异,知识的更新换代不断加快,意味着个体需要不断学习新知识才能跟上时代的发展。正因如此,当今的时代越来越强调"终身学习"。学习能力(可迁移技能)已经比拿到某个专业的硕士文凭(知识技能)更为重要。

二、发现能力

(一)STAR 清单法

在能力探索的时候,可以回忆一下自己的过往曾经遇到过什么样的难题,自己是怎样克服解决的,成功了还是失败了。通过这些问题的回忆与总结,就能够清晰地发现自己到底拥有什么样的技能,这就是"STAR 清单法"。"STAR 清单法"可以帮助我们梳理和明晰自己的能力,其主要从以下四个方面思考:你曾经面临什么问题?(situation)你承担了什么任务、责任?(tasks)你采取了什么行动来解决问题?(action)你的行动取得了什么样的有益结果?(result)。

(二)书写成就故事

书写成就故事是非常行之有效的能力探索方法。回忆一下自己取得的成就,也就是那些自己做过的、自认为比较成功或者感觉很不错的事情。这些事情不一定是工作上或学业上的,可以是课外活动、家庭生活中发生的。这些成就也不一定都是惊天动地的大事,它可能只是一次很小的胜利,譬如筹划了一次同学聚会、为家人出谋划策、修理好某个电器装置、及时地帮助他人等。只要它们符合以下两条标准,就可以被视为"成就":一是你喜欢做这件事时所体验到的感受;二是你为完成这件事所带来的结果感到自豪。

(三) 了解他人的赞许

这种方式也比较容易操作。通过回忆或平时留意来自他人的赞扬,可以了解自己的能力。比如,我们可能会听到别人对自己的称赞:"你真的很聪明而且用功,每次考试成绩都很好""你真是乐于帮助别人""你的歌唱得真好"等,这些称赞直接表明了他人对你的能力与成绩的认可与赞扬。

我们也可以通过与周围的人的交流来发现自己从未发现的能力。比如有个同学一直认为自己的学习成绩不好,从来没有考到 90 分以上,自己也不像其他同学那样多才多艺。但是,在一次班委选举时,同学们却一致选举他担任班干部。后来,他与同学交流时才发现,大家觉得他平时乐于帮助别人,动手能力和组织能力很强,同学的东西坏了都是他帮忙修好的,每次班里组织活动他都积极参加,还能调动其他同学的积极性。通过这次交流,这位同学对自己的能力也有了深入的认识。

三、能力与职业的匹配

能力是求职者开启职业大门的钥匙。我国近代职业教育的倡导者黄炎培先生说:"一个人职业和才能相当不相当,相差很大。用经济眼光看,要是相当,不晓得增加多少效能,要是不相当,不晓得埋没了多少人才。就个人而论,相当,不晓得有多少快乐;不相当,不晓得有多少怨苦。"大学生只有选准了与自己能力倾向相吻合的职业才能如鱼得水,否则,就会影响职业活动的效率。

(一) 能力与职业能力

能力是指一个人顺利完成某种活动所必须具备的心理特征。人与人之间存在着能力类型差异和水平差异。能力类型差异表现在个体能力发展方向的差异、能力发展早晚的差异。能力水平差异指能力有 4 级:能力低下、能力一般、才能、天才。

职业能力是在职业活动中发展起来的,直接影响职业活动效率,使职业活动得以顺利完成的心理特征。职业能力一方面要在职业活动中形成和发展,并在职业活动中表现出来;另一方面,从事某种职业又必须以一定的能力为前提。社会分工的发展,使得人们从事的职业领域日益扩大,因而具体的职业能力模式是非常丰富的。

美国的一般能力倾向测验(GABT)鉴定了 9 种能力。分别为:一般学习能力、言语能力、数理能力、判断能力、图形知觉能力、符号知觉能力、运动协调能力、手指灵活度、手腕灵巧度。该测验可帮助确定在 8 大类 32 小类职业领域内的职业能力,被认为是职业指导中较好的测验。

而加拿大《职业人类词典》则把职业能力分为 11 个方面。包括智力和 10 个基本的特殊能力,其中前 9 种能力可以看出很明显地受美国 GABT 的影响。这 11 种能力都与一定的职业类型相适应。

（二）职业能力与相关职业

职业能力分为一般职业能力和特殊职业能力。

1. 一般职业能力

一般职业能力指人们从事不同职业活动所必需的共有能力（智力、智慧）。一般职业能力包括观察能力、记忆能力、想象能力、思维能力、注意能力等。

2. 特殊职业能力

特殊职业能力指从事某种特殊职业所必须具备的能力（特长、专业能力）。特殊职业能力包括一般学习能力、语言表达能力、算术能力、空间判断能力、形态知觉能力、事务能力、动作协调能力、颜色分辨能力等。

（1）学习能力又称智力，它是指人的认识、理解客观事物并运用知识、经验等解决问题的能力。包括记忆能力、观察能力、注意能力，其核心是逻辑思维能力。一般学习能力是人在学习、工作、日常生活中必须具备、广泛使用的能力，职业或专业的水平越高，对人的一般学习能力的要求越高。

（2）语言表达能力，是指对词及其含义的理解和使用能力，对词、句子、段落、篇章的理解能力，以及善于清楚而正确地表达自己的观点和向别人介绍信息的能力。包括语言文字的理解能力和口头表达能力。不同的职业对人的语言能力要求不相同。例如，教师、营销员、公关人员等必须具备较好的语言表达能力。

（3）算术能力，是指迅速而准确地运算的能力。大部分职业都要求工作者有一定的算术能力，但不同的职业对人的算术能力要求的程度不同。例如会计、出纳、统计、建筑师等职业，对工作者的算术能力要求较高；而法官、律师、护士等职业对人的算术能力要求则一般；演员、话务员、厨师、理发师等职业对算术的能力要求相对就较低了。

（4）空间判断能力，是指能看懂几何图形、识别物体在空间运动中的联系、解决几何问题的能力。如果一个人爱好平面几何及立体几何并且学得很好，通常这个人的空间判断能力就比较强；与图纸、工程、建筑有关的职业，牙科医生、内外科医生等职业，对空间判断能力的要求较高；对裁缝、电工、无线电修理等工作来说，也要求具有一定的空间判断能力才能胜任。

（5）形态知觉能力，是指对物体或图像的有关细节的知觉能力。如对于图形的阴暗、线的长宽作出视觉的区别和比较，能看出其细微的差异。对于生物学家、建筑师、测量员、制图员、农业技术员、医生、药剂师、画家等来说，需要较强的形态知觉能力；而对于历史学家、政治家、社会服务工作者、普通办公室职员来说，形态知觉能力的要求不高。

（6）事务能力，是指对言语或表格式的材料的细节的知觉能力，发现错字或正确地校对数字的能力等。像设计、经济、记账、出纳、办公室、打字等工作，都必须具备一定的事务能力。

（7）动作协调能力，是指能迅速准确和协调地做出精确的动作和运动反应的能力。对于驾驶员、飞行员、牙科医生、外科医生、雕刻家、运动员、舞蹈家来说，这种能力是非常重要的。

（8）颜色分辨能力，是指观察或识别相似或相异色彩，或对相同色彩明暗效果的感知能力。包括识别特殊色彩、识别调和色或对比色以及正确配色的能力。

（三）如何实现能力与职业的匹配

不同的职业对能力有不同的要求，每个人都有自己的优势和劣势。首先应注意的是能力与职业相匹配。如有的人擅长形象思维，有的人擅长逻辑思维，还有的人擅长具体行动思维。如果根据思维能力类型来选择职业，则形象思维的人比较适合从事文学艺术方面的工作，逻辑思维的人比较适合从事哲学、数学等理论性强的工作，具体行动思维的人比较适合从事机械修理方面的工作。如果不考虑能力类型，而让其从事职业与能力不匹配的工作，效果就不会好。

随着生产力的日益提高，社会分工越来越细，各种职业都对人们提出了越来越高的要求。例如，一名合格市场营销策划师必须具有12项职业能力（表3-2）。

表3-2 营销策划人员应具备的职业能力

职业能力	能力描述	职业能力	能力描述
1.主动性	旺盛的求知欲和强烈的好奇心	7.自信心	深信自己所做的事情的价值，一往无前，不达目的的誓不罢休
2.存疑性	对一切现存的事情不盲从，敢怀疑	8.坚持力	创意的完成需要百折不挠、锲而不舍的毅力和意志；确定目标后，就向着它坚定地走下去
3.洞察力	富有直觉，对环境有敏锐的感受力，对信息有准确的判断力	9.兼容并包	策划人必须理解别人提出的创意，领会其创新的地方，并加以借鉴，以激活自己的思维，开发出更新更有效的方案和构想
4.变通性	思路通畅，善于举一反三，闻一知十，触类旁通	10.想象力	它有利于揭开创造的序幕，缺乏想象力的人是当不了策划家的
5.独立性	较少的依赖性，不轻易附和他人，使自己的创意成功实施	11.严密性	需要严格的逻辑分析能力，才能使灵感的火花变成现实的财富
6.独创性	不管有多少现成的好方法，策划人都必须有独出心裁的见解，与众不同的方法，要勇于弃旧图新，别开生面，要永远相信答案总比问题多	12.勇气	从事各类策划，尤其是营销策划，经常需要不惜冒险犯难。在营销策划过程中，所面对的往往是常人无法忍受的市场困境，要有大无畏的勇气

从以上这些条件可以看出，现在职业对人的要求越来越高，一个人要想在各方面都

有很强的能力，是不太可能的。因此在选择职业时，大学生应该充分了解自己的优势所在，选择能运用其优势能力的职业。大学生在了解了自己能力大小，并知道了这种能力在哪方面表现得更突出之后，再做出选择，往往会避免大的失误，这就是我们所说的扬长避短。

职业能力是一个人能否胜任工作的基本条件，强大的职业能力，是职业生活的有力支柱。一个只知道用微笑取悦顾客、缺少高水平的服务技能的服务员，不是一个好服务员；一个虽然爱学生，但不能卓有成效地向学生传授知识的教师，不是一个好教师；一个徒有救人之心、而无救人之术的医生，不是一个好医生。在今日校园中，外语热、电脑热此起彼伏，目的都是提高职业能力，为敲开职业大门做准备。"不怕无人用，只怕艺不精"，良好的职业能力，使大学生大有用武之地。

第三节　个性探索

一、个性的内涵

个性是一个人区别于他人的，在不同环境中表现出来的、相对稳定的、影响人的外显性和内隐性行为模式的心理特征的总和，个性主要包括气质和性格等。每个人都有与众不同的特性，个性与职业的最佳匹配使得我们成为更有效的工作者。因此，大学毕业生在择业时正确认识自己的个性类型是十分重要的。

(一)气质的概念及类型

1.气质的概念

气质是指人们心理活动的速度、强度、稳定性和灵活性等方面的心理特征，是神经类型特征在人的行为上的表现。

2.气质的类型

单一类型的人极少，大多数人属于混合型，但有所侧重。气质对人的职业有一定的影响，正确认识和对待气质，发挥某种气质的积极作用，避免消极作用，对选择职业、胜任工作和取得成就都有很大的帮助。气质的特点，将在很大程度上反映出一个人是否适宜从事某种职业，如果大学生了解自己的气质特点，将为他们选择职业提供重要参考。希波克拉底(Hippocrates)将气质分为4类：

(1)胆汁质。胆汁质的人属兴奋型，精力旺盛，为人热忱，态度直率，在克服困难上有不可遏制和坚忍不拔的劲头。但往往考虑不周全、性急、易于爆发狂热而不能自制。其工作特点带有明显的周期性，能以极大的热情投入工作，克服前进中的困难，他们很适宜从事开拓性的工作。但如果对工作失去信心，情绪顿转为沮丧，疲惫不堪。具有这种气质的人适合从事困难较大的工作。如导游、推销员、主持人、演讲者、外事接待人员、演员、督察等。

（2）多血质。多血质的人有很高的灵活性，善于交际，很易适应新环境，在集体中容易处事，朝气蓬勃，机智敏锐，对新鲜事物敏感，他们宜从事反应迅速而敏捷的工作和多样化、多变的工作。这种人对什么都感兴趣，但情感易变，如果事业上不顺利，其热情可能烟消云散，由于这种人机智敏感，在从事多样化和多变的工作时，成绩卓越。他们很适应做反应迅速而敏感的工作，而且适合的工作最广，如：外交官、驾驶员、纺织工人、服务人员、医生、律师、运动员、新闻记者、演员、检票员、军人、公安干警等。

（3）黏液质。黏液质的人是安详、平稳、坚定和顽强的实际劳动者。他们埋头苦干，不被无关的事情所分心，态度持重，交际适度。其不足是有些事情不够灵活，不善于转移自己的注意力。惰性使他因循守旧。这种气质的人最适宜从事有条理的、冷静的和持久的工作，如外科医生、法官、管理人员、出纳员、播音员、话务员、会计、调解员等。

（4）抑郁质。抑郁质的人孤僻、敏感、多愁善感，犹豫不决、优柔寡断，但他们细心、谨慎、感受能力强，在友好团结的集体中，能与其他人融洽相处。这种人比较适合做要求细致的工作，如文字处理、排版、检验员、登录员、化验员、雕刻工作者、刺绣工作者、保管员、机要秘书等。

需要说明的是，气质并无好坏之分，任何一种气质都有其积极和消极的方面，气质并不决定一个人的社会价值和成就的大小。

气-质-类-型-自-测

气质类型无好坏之分，气质并不决定一个人的社会价值和成就的大小，我们也不能据此就把人区分为优劣、好坏，因为气质类型并不是人品的标签。任何一种气质类型在此一种情况下可能是具有积极意义的，而在另一种情况下则可能是具有消极意义的。据有关专家研究，俄国四位著名的文学家就分别属于4种气质类型：如普希金属于热情、奔放的胆汁质型，赫尔岑属于活泼好动的多血质型，克雷洛夫属于稳重、寡言的黏液质型，果戈理则属于深沉、孤独的抑郁质型。现实生活中，纯粹属于某一气质类型的人也不多，多数人是几种气质兼而有之混合型。决定人行为的实际能力是性格特点，而性格是后天形成的，是可以锻炼改造的，只要扬长避短，每一种气质类型的人都可以在大部分职业中有所作为。所以，在选择职业时，同学们可根据自己的气质特点来选择合适的职业。大家可以扫描右侧二维码完成"陈会昌六十气质量表"，测一测自己的气质类型。

气质类型自测

（二）性格的概念及特征

1. 性格的概念

性格是一个人独特的心理特征的总和。性格这个词最早是由著名的古希腊哲学家提奥夫拉斯塔首先提出来的，指的是人的特征、标志、属性、特性等。现代心理学家对性格的定义各不相同，其中比较一致的看法是："性格是一个人相对稳定的对现实的态度以及与之相应的习惯化的行为方式。"性格是个性的主要组成部分。近年来，国外用人单位在选人时出现一种新观念，即认为性格比能力重要，如果一个人能力不足，可通过培训提高，一年不行两年、两年不行三年，总可以培养出来。但一个人的性格不好，却很难改变，正所谓"山能移，性难改"。所以，这些单位在招聘新人时，将性格的测试放在首位，当性格与职业相吻合时，再对其能力进行考查。

2. 性格的特征

日常生活中的人群，性格特征千差万别，有人沉稳、谦逊、自信；有人活泼、好动、易冲动；有人直率、善交际；有人果断、勇敢、有韧性；有人孤傲、羞怯、不善言辞。在人际交往过程中有内向的，也有外向的；在情绪特征类型中，有稳定型的，也有激动型的；在适应工作方面，有的人积极进取，也有的人消极被动；在意志表现上有果断和优柔寡断之分。

要想认识自己的性格，就必须把握自己性格的基本特征，一般可以从4个方面来考察：

（1）性格的态度特征

性格的特征首先表现在个体对社会、对集体、对他人以及对自己的态度上。包括富于同情心、善交际、为人正直、直率、谦虚、自信，或者与此相对立的冷漠、孤僻、自傲、拘谨、虚伪、自卑、羞怯等；在对劳动和工作的态度方面，相对立的有勤劳和懒惰、有无责任心、认真仔细或粗心马虎、有创新精神和墨守成规。

（2）性格的意志特征

性格的意志特征，即人在自己行为的自觉调节方式和水平方面的个人特点。如独立性、目的性、组织性、纪律性与冲动性、盲目性、散漫性；主动性、自制力、坚韧性、恒心与见异思迁、虎头蛇尾；镇定、果断、勇敢、顽强与优柔寡断、鲁莽、怯懦等。

（3）性格的情绪特征

性格的情绪特征是个体依据客观事物对人的不同意义而产生对该事物的不同态度，包括坚定性、乐观性，情绪的内外倾向性和波动性。一个人的情绪特征会影响他的全部活动。当情绪对个体活动的影响或个体对情绪的控制有某种稳定的、经常表现的特点时，就构成性格的情绪周期。

（4）性格的理智特征

个体表现在感知、记忆、思维和想象等方面的特点和个体差异叫做性格的理智特征。这些差异表现在感知特点上，可以分为被动直觉型和主动观察型、详细罗列型和概括型、粗略型和精细型。在记忆方面可表现为直观形象性或抽象形象性。在思维方面则可表现为思想深刻或肤浅、思维的稳定或不稳定型、善于独立思考或回避问题。在想象方面则可表现为现实感或脱离实际，内容广阔或狭窄等。

二、气质与职业选择

气质特别表现在情绪产生的快慢，情绪体验的强弱，情绪心态的稳定性和持久性，情绪变化的幅度以及言语、动作的速度等方面。它使人的全部活动都染上某种特殊的色彩。具有某种气质的人，常常在不同内容的活动中，都会表现出相同的心理活动特点。因此，为了指导职业选择，将职业气质分为 12 种类型（表 3-3）。这 12 种气质类型及相应的职业分别是：

表 3-3　气质类型与职业匹配表

气质类型	气质类型描述	适应的职业
变化型	这类人在新的、意外的活动或工作环境中感到愉快，他们喜欢工作内容经常有些变化，在有压力的情况下完成工作往往很出色，追求多样化的工作，善于将注意力从一件事情转移到另一件事情上	记者、推销员、采购员、演员、公安司法人员等
重复型	这类人适合反复做同样的工作，他们喜欢按照一个机械的、别人安排好的计划或进度办事，爱好重复的、有计划的、有标准的工作	纺织工、印刷工、装配工、电影放映员、机床工等
服从型	这类人喜欢按别人的指示办事，不愿自己独立做出决策，而喜欢让他人对自己的工作负责任	秘书、办公室职员、打字员、翻译人员等
独立型	这类人喜欢计划自己的活动和指导别人的活动，他们在独立地负有职责的工作中感到愉快，喜欢对将来发生的事情做出决定	厂长、经理、各种管理人员、律师、医生、电影制片人等
协作型	这类人在与人协作工作时感到愉快，善于让别人按其意愿来办事，希望得到同事的认可	社会工作者、咨询人员等
劝说型	这类人喜欢设法使别人同意他的观点，一般通过谈话或写作来达到目的。他们对别人的反应有较强的判断力，且善于影响他人的态度、观点和判断	思想政治工作者、宣传工作者、作家、教师等
机智型	这类人在紧张危险的情况下能很好地执行任务，面对突发事件，能主动控制局面、镇定自如	驾驶员、飞行员、消防员、救生员、潜水员等
经验决策型	这类人喜欢根据自己的经验作出判断。当别人犹豫不决时，他们能当机立断做出决定。他们喜欢那些服从直接经验或知觉的事情。必要时，他们会用直接经验和直觉来解决问题	采购员、股票经纪人、个体摊贩等

续表3-3

气质类型	气质类型描述	适应的职业
事实决策型	这类人喜欢根据事实做出判断,喜欢根据充分的证据来下结论,喜欢用调查、测验、统计数据说明问题	自然科学研究者、大学教师、化验员、检验员等
自我表现型	这类人在能表现自己和个性的工作环境中感到愉快。他们根据自己的感情做出选择,通过自己的工作表达自己的理想	演员、诗人、音乐家、画家等文艺工作者
孤独型	这类人喜欢单独工作,不愿与人接触	杂志编辑、校对、排版、雕刻等
严谨型	这类人喜欢注意细节的精确,他们按一套规则和步骤将工作尽可能做得完善。他们倾向于严格、认真地工作,以便保质保量地完成任务	会计、记账员、出纳员、统计员、档案管理员等

值得注意的是气质和职业之间是有一定的适应性关系的,而在现实中大学生的气质类型不一定能恰好符合职业要求,这时候该考虑的不是改变气质或改变职业,而是应当调整自己,使自己的气质与职业更加协调。

三、性格与职业的匹配

性格与人们职业生涯有密切关系。古语云:"播种行为,收获习惯;播种习惯,收获性格;播种性格,收获命运。"

(一)性格与职业选择

职业心理学研究表明,性格影响着一个人对职业的适应性,一定的性格适合从事一定的职业,同时,不同的职业对人也有不同的性格要求。因此,大学毕业生在考虑或选择职业时,应根据自己的性格来选择与个人性格相适应的职业,对组织而言,则应该根据职业要求挑选相应性格的人。人们通常将人的性格分为外向型和内向型。一般来说,外向型的人更适应与人接触的职业,比如管理人员、记者、教师、政治家、推销员等;内向型的人更适合有计划、稳定且与人接触少的职业,比如会计师、统计员、资料管理员、技术人员、科学家等。当然,在实际生活中,纯粹的外向或内向的人是很少的,绝大多数人是混合型。此外,个人的性格类型到底是先天的还是后天形成的,这在学术界上仍有争议。外向与内向是相对而言的,没有一个确切的标准。因此,我们不能轻易地给自己的性格类型做结论,还应通过咨询和心理测评工具来确认自己的性格类型。

(二)MBTI性格探索

在众多心理测评工具中,MBTI(Myers-Briggs Type Indicator)属于信度、效度都较高的心理测评工具。目前,MBTI被广泛地应用于自我探索、职业发展、人才选拔、团队建设、管理培训中。

1. MBTI 的四个维度

MBTI 是一种迫选型、自我报告式的性格测试问卷，用以衡量和描述人们在获取信息、作出决策和生活取向等方面的偏好。偏好是类型理论中的核心概念。它可以被理解为"最自然、轻松地去做"。这些偏好并无优劣之分，却形成了人与人之间的不同。它们各自识别了一些人类正常和有价值的行为，也可能成为误解和偏见的来源。MBTI 用四维度偏好二分法来评估一个人的类型偏好，每个维度偏好二分法均由两极组成，具体见表 3-4 所示。

表 3-4　MBTI 维度解释

你更喜欢将自己的注意力集中于何处？你从何处获得活力？E-I 维度	
外向 extroversion（E）	**内向 introversion（I）**
注意力和能量主要指向外部世界的人和从事，而从与人交往和行动从中得力。	注意力和能量集中于自己的内心世界对思想、回忆和情感的反思中得到活力。
·关注外部环境 ·喜欢用谈话的方式进行沟通 ·通过谈话形成自己的意见 ·用实际操作或讨论的方式能学得最好 ·兴趣广泛 ·好与人交往，善于表达 ·先行动，后思考 ·在工作和人际关系中都很积极主动	·关注自己的内心世界 ·更愿意用书面方式沟通 ·通过思考形成自己的意见 ·用思考或在头脑中"练习"的方式学得最好，兴趣专注 ·安静而显得内向 ·先思考，后行动 ·当情境或事件对他们具有重要意义时会采取主动
你如何获取信息？　S—N 维度	
感觉 sensing（S）	**直觉 intuition（N）**
用自己的五官来获取信息。喜欢收集实实在在的、确实已出现的信息。对于周围所发生事件观察入微，特别关注现实。	通过想象、无意识等超越感觉的方式来获取信息。喜欢看整个事件的全貌关注事实之间的关联。想要抓住事件的模式，特别善于发现新的可能性。
·着眼于当前的实际情况 ·现实、具体 ·关注真实的、实际存在的事物 ·观察敏锐，并能记住细节 ·经过仔细周详的推理一步步得出结论 ·通过实际运用来理解抽象的思维和理论 ·相信自己的经验	·着眼于未来的可能 ·富于想象力和创造性 ·关注数据所代表的模式和意义 ·当细节与某一模式相关时才能够记得 ·靠直觉很快得出结论 ·希望在应用理论之前先能对之进行澄清 ·相信自己的灵感

续表3-4

你是如何做决定的？ T—F 维度	
思考 thinking（T）	**情感 feeling（F）**
通过分析某一行动或选择的逻辑后果来做出决定。会将自己从情境中分离出来，对事件的正反两方面进行客观地分析。从分析和确认事件中的错误并解决问题中获得活力。目标是要找到一个能应用于所有相似情境的标准或原则。	喜欢考虑对自己和他人来说什么是重要的。会在头脑中将自己放在情境所牵涉的所有人的位置上并试图理解别人的感受，然后在此基础上根据自己的价值判断做出决定。从对他人表示赞赏和支持中获得活力。目标是创造和谐的氛围，把每一个人都当作一个独特的个体来对待。
·喜欢分析 ·运用因果推理 ·以逻辑的方式解决问题 ·寻求一个合乎真理的客观标准 ·爱讲理的 ·可能显得不近人情 ·公平意味着每个人都能得到平等的待遇	·善于体贴他人、感同身受 ·受个人价值观的引导 ·衡量决定对他人产生的后果和影响 ·寻求和谐的气氛和积极的人际交往 ·富于同情心 ·可能会显得心肠太软 ·公平意味着每个人都被作为独特的个体来对待
你如何与外部世界打交道？ J—P 维度	
判断 judging（J）	**知觉 perceiving（P）**
喜欢以一种灵活、自然的方式生活，更愿意去体验和理解生活而不是去控制它，详细的计划或最后决定会使他们感到被束缚。愿意对新的信息和选择保持开放，直到最后一分钟。足智多谋，善于调节自己适应当前场合需要，并从中获得能量。	喜欢将事情管理得井井有条，过一种有计划的、井然有序的生活。喜欢做出决定，完成后继续下面的工作，生活通常会比较有规划、有秩序，喜欢把事情敲定下来。照计划和日程安排办事对他们来说很重要。从完成任务中获得能量。
·有计划的 ·喜欢组织管理自己的生活 ·有系统有计划 ·按部就班 ·爱制定短期和长期计划 ·喜欢把事情落实敲定 ·力图避免最后一分钟才做决定或完成任务的压力	·自然的 ·灵活 ·随意 ·开放 ·适应，改变方向 ·不喜欢把事情确定下来，以留有改变的可能性 ·最后一分钟的压力会使他们感到精力充沛

在 MBTI 测评结果中，每个维度上一个人只能是一种偏好，如一个人是内倾的就不可能是外倾的，是知觉型的就不会是判断型的。但是，这并不代表一个人是内倾的就没有丝毫外倾的特征，这就好像右利手的人不代表他的左手是完全没用处的，有很多时候

需要左右手配合。性格也是如此，一个人如果是内倾，就意味着在绝大多数情况下其自然反应是内倾的，但也会有外倾的时候。在特别的情况下，甚至可能主要表现为外倾。所以，不要绝对地看待测评的结果。下面我们将对上述四个维度的含义进行具体地阐述，以帮助同学们更好地理解。

【内倾(I)—外倾(E)维度】该维度用以表示个体心理能量的获得途径和与外界相互作用的程度，即个体的注意力较多地指向外部的客观环境还是内部的概念建构和思想观念。外倾型个体需要通过经历来了解世界，所以他们更喜欢大量的活动，并偏好于通过谈话的方式来思考，在语言的交流中对信息予以加工。而内倾型个体倾向于在头脑内安静地思考以加工信息，并从而获得能量，因此他们的许多活动是精神性的。外倾型个体经常先行动后思考，而内倾型个体经常耽于思考而缺乏行动。

在工作中，和人打交道的事情往往让外倾者更有活力，安静独处的时间则令内倾者更好地发挥才能。讨论问题时，外倾者通常首先发言，而且观点很多；内倾者则一般在深思熟虑后才发表意见且内容深刻。内倾者常不能抢在第一时间发表意见往往给人留下的印象是没有什么想法。这会让一些内倾者感到自己缺乏表现的能力，进而缺乏自信。其实，这只是不同的性格有不同的行为方式而已。这也提醒讨论的组织者，适当地给发言者多留些时间，也许会让讨论更有收获。需要提醒的是，MBTI中所讲的内倾和外倾不同于我们日常所说的"内向"和"外向"。在习惯中，人们认为外向的人善于和人打交道，能言善辩；内向的人不善言辞，缺乏交际能力。MBTI中所谈的外倾、内倾是以能量朝向角度来区分的，内倾者并非不能说，只是他们谈话的内容更多朝向内心而已。例如，内倾者不愿意和不同的人打交道，但不代表他们人际关系能力差。所以，在进行内倾、外倾探索时，应当注意区别这些不同。

【感觉(S)—直觉(N)维度】该维度又称之为非理性维度或知觉维度，表示个体在收集信息时注意的指向，即倾向于通过各种感官去注意现实的、直接的、实际的、可观察的事件还是对事件将来的各种可能性和事件背后隐含的意义及符号和理论感兴趣。感觉型的个体倾向于接受能够衡量或有证据的任何事物，关注真实而有形的事件。他们相信感官能告诉他们关于外界的准确信息，也相信自己的经验。他们关心某一刻发生的所有的事情。而直觉型的个体则习惯于通过所谓的第六感来获取信息，他们更注重事情的含义、象征意义和潜在意义。他们重视想象力，更喜欢新的问题和可能性。感觉型的个体具有实际意识，而直觉型个体则更具有改革意识。感觉(S)—直觉(N)维度在问题解决过程中发挥着重要作用。

现实生活中，感觉型和直觉型的人区别也很明显。比如说，对某人的印象，感觉型的人往往能够说出他的相貌、衣着，如长脸还是圆脸、戴没戴眼镜等；而直觉型的人更多说出的是对这个人的感觉，比如诚恳、热情等。如果你让一个感觉型的人给你指路，他会说得非常详细，走大约多少米，或者多长时间，在有个什么标志的地方应该怎么转弯，然后再怎么走，等等；而直觉型的人只会告诉你要朝哪个方向，走一会儿就到了。两者倾向的不同造成了他们在工作上可能的冲突。感觉型的人更关注事情的细节和事实，如应用类的工作；而直觉型的人更喜欢新的问题和可能性，如理论类的工作。感觉型的人可能会觉得直觉型的人太富幻想、不切实际，而直觉型的人则会认为感觉型的人太保守、抵触革新。其实两者在工作中各有所长，可以很好地配合。直觉型的人因为较重远景和全貌，适于做策划的工作；感觉型的人注重细节和现实，适于做实施执行的工作。

【思维（T）—情感（F）维度】该维度又称之为理性维度或判断维度。该维度用于表示个体在做决定时采用什么系统，即做决定和下结论的方法，是客观的逻辑推理还是主观的情感。情感型的个体期望自己的情感与他人保持一致，他们坚信自己的价值观，并习惯于用心灵来做决定。需要说明的是，此维度的"情感"并不等于"情绪化"，它也可以是符合逻辑的，只是依据不同而已。而思维型的个体通过对情境客观的、非个人的逻辑分析来做决定，他们注重因果关系并寻求事实的客观尺度，因此较少受个人感情的影响。

在工作中，情感型的人很看重所做事情的价值是否符合自己的价值观，愿意追求心灵层面的东西，他们更喜欢和谐的工作环境并乐意为人服务。思考型的人讲究逻辑性，他们更喜欢分析、解决问题，尤其愿意和概念、数字或者具体事物打交道，找到客观的标准和原则是他们的乐趣。

【判断（J）—知觉（P）维度】该维度用以描述个体与外界发生关系的过程中是如何做决定的。这一维度是一种态度维度。判断型的态度意味着这样的人会通过思考和情感去组织、计划和调控自己的生活。而知觉型的态度意味着这样的人倾向于用感觉和直觉的方式去对事物做决定，他们的态度通常是灵活的、开放的。判断型的人喜欢将事情管理得井井有条，习惯过一种井然有序的生活。当他们做决定时，他们会做明确的计划，并考虑不同的观点。而知觉型的人喜欢顺其自然、随意地处理问题，他们愿意保持开放的思想。

在工作中，知觉型的人可能会接太多的事情却难以完成任务，但往往能够抓住机会。对他们来说，面对新的环境或情境去适应和理解它远比管理它要来得有趣；而判断型的人常拘泥于计划和秩序，如果计划被打乱会非常烦躁。在他们眼中，有系统的工作和秩序是最重要的。

2. 16 种 MBTI 性格类型

上文对 MBTI 的各个维度做了单独的介绍，但这并不等于可以从单个维度去理解人。人的性格非常复杂，每个维度都会彼此影响。因此，将四个维度结合起来，是正确理解一个人的方法。在 MBTI 四个维度中的两极正好组合成 16 种性格类型。这 16 种 MBTI 性格类型及其特点见表 3-5。

表 3-5 16 种 MBTI 性格类型

ISTJ	ISFJ	INFJ	INTJ
·沉静、认真 ·贯彻始终、得人依赖而取得成功 ·讲求实际，注重事实，能够合情合理地决定应做的事情，且能坚定不移地把它完成，不会因外界事物而分散精神 ·以做事有次序、有条理为乐——不论在工作上、家庭上或者生活上 ·重视传统和忠诚	·沉静、友善、谨慎 ·有责任感，能坚定不移地承担责任 ·做事贯彻始终、不辞辛劳和准确无误 ·忠诚、细心，替人着想，往往记着自己所重视的人的种种微小事情，关心别人的感受 ·努力创造一个有秩序的、和谐的工作和家居环境	·探索意念、人际关系和物质拥有欲的意义和它们之间的关系 ·希望了解什么可以激发人们的动力，对别人有洞察力 ·尽责，能够履行他们坚持的价值观念 ·有一个清晰的理念以谋取大众的最佳利益 ·能够有条理地、果断地去实践他们的理念	·具有创意，并有很大的冲劲去实践他们的理念和达到目标 ·能够很快地掌握事情发展的规律，从而想出长远的发展方向 ·一旦作出承诺，便会有条理地开展工作，直到完成为止 ·有怀疑精神、独立自主 ·总是保持高水准的工作表现，无论为自己或为他人
ISTP	**ISFP**	**INFP**	**INTP**
·容忍、有弹性，是冷静的观察者，但当有问题出现，便迅速行动，找出可行的解决方法 ·能够分析哪些东西可以使事情进行顺利，又能够从大量资料中，找出实际问题的重心 ·很重视事件的前因后果，能够以理性的原则把事实组织起来，重视效率	·沉静、友善、敏感和仁慈 ·欣赏目前和他们周遭所发生的事情 ·喜欢有自己的空间，做事又能把握自己的时间 ·忠于自己所重视的人 ·不喜欢争论和冲突，不会强迫别人接受自己的意见或价值观	·理想主义者，忠于自己的价值观及自己所重视的人 ·外在的生活与内在价值观配合 ·有好奇心，很快看到事情的可能与否，能够加速对理念的实践 ·试图了解别人、协助别人发展潜能 ·适应力强、有弹性，如果和他们的价值观没有抵触往往能包容他人	·对任何感兴趣的事物，都要探索一个合理的解释 ·喜欢理论和抽象的事情。喜欢理念思维多于社交活动 ·沉静、满足、有弹性、适应能力强 ·在他们感兴趣的范畴内，会专注而深入地解决问题 ·有怀疑精神，有时喜欢批评，常常善于分析
ESTP	**ESFP**	**ENFP**	**ENTP**
·有弹性、容忍 ·讲求实际，专注即时的效益 ·对理论和概念上的解释感到不耐烦，希望以积极的行动去解决问题 ·专注于"此时此地"，喜欢主动与别人交往 ·喜欢物质享受的生活方式 ·能够通过实践达到最佳的学习效果	·外向、友善、包容 ·热爱生命，喜欢物质享受 ·喜欢与别人共事，与别人一起学习新技能可以达到最佳的学习效果 ·在工作上，注重现实的情况 ·富有灵活性、即兴性，使工作富有趣味性 ·易接受新朋友和适应新环境。	·热情而热心，富于想象力，认为生活总是充满很多可能性 ·能够很快地找出事件和资料之间的关联性，而且有信心地依照他们所看到的模式去做 ·很需要别人的肯定，又乐于欣赏和支持别人 ·即兴而富于弹性，非常信赖自己的临场表现和流畅的语言能力	·思维敏捷、机灵，能激励他人，警觉性高，勇于发言 ·能随机应变地去应付新的和富于挑战性的问题 ·善于引出在概念上可能发生的问题，然后很有策略地加以分析 ·善于洞察别人 ·对日常例行事务感到厌倦，甚少以相同方法处理同一事情，能够灵活地处理接二连三的新事物

续表3-5

ESTJ	ESFJ	ENFJ	ENTJ
·讲求实际，注重现实，注重事实 ·果断，能很快作出实际可行的决定 ·能够安排计划和组织人员以完成工作，尽可能以最有效率的方法达到目的 ·能够注意日常例行工作细节 ·有一套清晰的逻辑标准，会系统严格地遵照执行，同时也希望别人跟着去做 ·会以强硬态度去执行计划	·有爱心、责任心及合作意识，渴望和谐的环境，而且有决心营造这样的环境 ·喜欢与别人共事以能准确地、准时地完成工作 ·忠诚，即使在细微的事情上也如此 ·能够发现别人在日常生活中的需要而努力提供帮助 ·渴望别人赞赏和欣赏他们所作的贡献	·温情、有同情心、反应敏捷和有责任感 ·高度关注别人的情绪、需要和动机 ·能够看到每个人的潜质，并帮助别人发挥自己的潜能 ·能够积极地协助个人和组织的成长 ·忠诚，对赞美和批评都能很快地作出回应 ·社交活跃，在一组人当中能够惠及别人，有启发人的领导才能	·坦率、果断、乐于做领导者 ·善于发现不合逻辑和缺乏效率的程序和政策，从而制订一个能够顾及全面的制度去解决一些组织上的问题 ·喜欢有长远的计划和目标 ·往往是博学多闻的，喜欢追求知识又能把知识传给别人 ·能够有力地提出自己的主张

3. MBTI 与职业的匹配

根据 MBTI 划分的性格类型及其特点，可以帮助测评者了解自己的职业倾向。有研究数据表明，S-N、T-F 两种维度的组合 ST、SF、NF、NT 与职业的选择更为相关。

ST 型的人更关注通过实效和实际的方式应用详细资料，如商业领域。例如，一位 ST 型的心理咨询硕士将会成为心理测评和应用方面的专家。

SF 型的人喜欢通过实践的方式帮助别人，如健康护理和教育领域。例如，一位 SF 型的心理咨询硕士将关注自己的管理、督导技能，以发展和促进同事之间有效的工作关系。

NF 型的人希望能通过在宗教、咨询、艺术等领域的工作来帮助人们。例如，一位 NF 型的心理咨询硕士将成为临床专家来帮助人们成长、发展，学习如何更好地了解自己和他人。

NT 型的人更关注理论框架，如科学、技术和管理，喜欢挑战。例如，一个 NT 型的心理咨询硕士将运用他的战略重点和管理技巧，成为人力资源领域的管理者。

工作安全感则受 IJ、IP、EP、EJ 的影响最大。

其中 EJ 类型的人最易有工作安全感，而 IP 类型的人常常在工作中对组织、未来等缺乏安全感。当然，如表 3-6 所示，16 种 MBTI 性格类型各有其职业倾向。其中，职业倾向的描述都是从大的类别描述的，从中理解自己的职业倾向时，请不要陷入类别名称的描述，而更重要的是要看到这一类别工作的特点。因为在现实的工作世界中，工作名称千变万化，即使相同名称的职位也可能因不同公司而要求各异，所以只有知晓适合自己性格类型的工作特点才能灵活地运用这一理论帮助自己选择工作。

表 3-6　16 种 MBTI 性格类型的职业倾向

ISTJ	ISTJ	INFJ	INTJ
·管理者 ·行政管理 ·执法者 ·会计 　　或者其他能够让他们利用自己的经验和对细节的注意完成任务的职业	·教育 ·健康护理（包括生理、心理） ·宗教服务 　　或者其他能够让他们运用自己的经验亲力亲为帮助别人的职业（这种帮助是协助或辅助性的）	·宗教 ·咨询服务（包括个人、社会、心理等） ·教学、教导 ·艺术 　　或者其他能够促进他们情感、智力或精神发展的职业	·科学或技术领域 ·计算机 ·法律 　　或者其他能够让他们运用智力创造和技术知识去构思、分析和完成任务的职业
ISFP	**ISFP**	**INFP**	**INFP**
·熟练工种 ·技术领域 ·农业 ·执法者 ·军人 　　或者其他能够让他们动手操作、分析数据或事情的职业	·健康护理（包括生理、心理） ·商业 ·执法者 　　或者其他能够让他们运用友善、专注于细节的相关服务的职业	·咨询服务（包括个人、社会、心理等） ·写作 ·艺术 　　或者其他能够让他们运用创造和集中于他们的价值观的职业	·科学或技术领域 　　或者其他能够让他们基于自己的专业技术知识独立、客观分析问题的职业
ESTP	**ESTP**	**ENFP**	**ENFP**
·市场 ·熟练工种 ·商业 ·执法者 ·应用技术 　　或者其他能够让他们利用行动关注必要细节的职业	·健康护理（包括生理、心理） ·教学、教导 ·教练 ·儿童保育 ·熟练工种 或者其他能够让他们利用外向的天性和热情去帮助那些有实际需要的人们的职业	·咨询服务（包括个人、社会、心理等） ·教学、教导 ·宗教 ·艺术 　　或者其他能够让他们利用创造和交流去帮助促进他人成长的职业	·科学 ·管理者 ·技术 ·艺术 　　或者其他能够让他们有机会不断承担新挑战的工作
ESTJ	**ESFJ**	**ENFJ**	**ENTJ**
·管理者 ·行政管理 ·执法者 　　或者其他能够让他们运用对事实的逻辑和组织完成任务的职业	·教育 ·健康护理（包括生理、心理） ·宗教 　　或者其他能够让他们运用个人关怀为他人提供服务的职业	·宗教 ·艺术 ·教学、教导 　　或者其他能够让他们帮助别人在情感、智力和精神上成长的职业	·管理者 ·领导者 　　或者其他能够让他们用实际分析、战略计划和组织完成任务的职业

在运用 MBTI 性格类型时，我们应该注意，每个偏好、每个类型没有哪种是更好的，也没有哪种是更坏的，更没有对错之分。每种类型都是独特的，会在适合的环境中发挥自己的特点。认识自己的性格类型，可以让你更好地了解自己，理解自己的行为特点，根据自己的特点学习、工作和解决问题，但这并不意味着它可以成为约束你不做某事或不选择某种事业的借口。世界上没有百分之百适合某种性格的职业，也没有百分之百不适合某种性格的职业，懂得用己所长、整合资源，才是问题解决之道。性格认识旨在帮助我们更好地了解自己的行为和做事特点，理解他人为何与自己不同。评价的标准不止一个，人与环境的互动也很复杂，很难用某个标准来评价。所以，请注意不要在工作中因性格类型而固化地看待甚至歧视某些人。

性-格-自-测

MBTI 是由美国的心理学家 Katherine Cook Briggss 和他的女儿 Isabel Briggs Myers 根据瑞士著名的心理学家 Carl G. Jung 的心理类型理论以及他们对于人类性格差异的长期观察和研究编制的，目前已经成为权威的心理测评工具。MBTI 原题较多，精简版的测试题，共 48 道题，同学们可以扫描右则二维码模拟测试一下，并将测试结果对照结果解释，看看自己具有什么样的性格特征以及职业倾向。

MBTI 职业性格测试

4. 探索性格的其他方法

"不识庐山真面目，只缘身在此山中。"我们眼中的"自己"，常和别人眼中的"自己"有一些甚至是很大的差距。陷于"自己"这座山，一个人对自己的认识常常是有局限的。因此，对自己性格的了解，不要局限于借助 MBTI 或其他的性格测评。你身边有很好的资源来帮助你认识自己，不仅在性格方面，在兴趣、能力等方面也是如此。当你疑惑你的 MBTI 类型有些描述与你不符合时，或许借助身边的资源可以更好地认清你是谁。

性-格-自-测

中国现代心理研究所以美国兰德公司（战略研究所）拟制的一套心理测试题为蓝本，根据中国人的心理特点适当改造后形成了一套性格心理测试题，目前已被我国一些著名企业，如联想、长虹、海尔等公司作为对员工心理测试的重要辅助工具。这套性格心理测试题，共 15 道题，同学们可以扫描右侧二维码模拟测试一下，并将测试结果对照结果解释，看看自己具有什么样的性格特征及职业倾向。

兰德公司性格
心理测试

第四节　价值观探索

一、价值观的内涵

(一)价值观与职业价值观

1. 价值观

价值观是人们对事物能否满足主体需要所做出的评价,是我们判断对错、对事物重要性所做的评估。通俗地说,价值观是人生中各种事物重要程度的排序。抗日战争时期,面对日军的屠刀,有人选择了逃跑(生存是他们最重要的价值观),有人选择了当汉奸(荣华富贵是他们最重要的价值观),有人选择了坚决抵抗甚至献出生命(爱国大义是他们最重要的价值观)。选择坚决抵抗的人,当然也有生存的价值需求,但他们没有选择逃跑,还要冒着被日军杀死的风险,说明爱国大义的价值比生存的价值排序更加靠前。

如果说兴趣代表了是否"喜欢"做某事,能力代表了是否"可以"做某事,价值观就代表了是否"愿意"做某事。如果你所做的事情与你的价值观一致,你就会发现,即使在最困难的时刻,你也能紧紧咬住长远的目标不放松,竭尽全力做出最大的努力,甚至可以牺牲自己的生命。

价值观是从出生开始,在成长背景、家庭环境、学习经验、传统观念、人生阅历甚至社会风气的影响下逐步形成的,具有相对的稳定性和持久性。

2. 职业价值观

职业价值观是价值观在职业选择领域的延伸或具体化,是指人们对职业满足个人或社会某种需要所做出的评价。俗话说"人各有志",职业价值观是个人对某项职业的认识、希望、愿望、向往、追求和态度。职业价值观是一种具有明确的目的性、自觉性和坚定性的职业选择的态度和行为,对个人的职业目标和择业动机起着决定性的作用,反映了个人在工作中所寻找的是什么、需要的是什么、用什么样的标准来判断工作的"好"与"坏"等。

各类职业在人们心目中的声望地位也有好坏高低之别,这些评价形成了人的职业价值观,并影响着人们对就业方向和具体职业岗位的选择。

(二)职业价值观的分类

根据不同的划分标准,人们对价值观的种类划分也不同。美国心理学家洛特克(Milton Rokeach)在其所著《人类价值观的本质》一书中,提出13种价值观:成就感、审美追求、挑战、健康、收入与财富、独立性、爱、家庭与人际关系、道德感、欢乐、权利、安全感、自我成长和社会交往。我国学者阚雅玲将职业价值观分为如下 12 类：

1. 收入与财富

工作能够明显有效地改变自己的财务状况，将薪酬作为选择工作的重要依据。工作的目的或动力主要来源于对收入和财富的追求，并以此改善生活质量，显示自己的身份和地位

2. 兴趣特长

以自己的兴趣和特长作为选择职业最重要的因素，能够扬长避短、趋利避害、择我所爱、爱我所选，可以从工作中得到乐趣、得到成就感。在很多时候，会拒绝做自己不喜欢、不擅长的工作。

3. 权力地位

有较高的权力欲望，希望能够影响或控制他人，使他人照着自己的意思去行动；认为有较高的权力地位会受到他人尊重，从中可以得到较强的成就感和满足感。

4. 自由独立

在工作中能有弹性，不想受太多的约束，可以充分掌握自己的时间和行动，自由度高，不想与太多人发生工作关系，既不想治人也不想被治于人。

5. 自我成长

工作能够给予受培训和锻炼的机会，使自己的经验与阅历能够在一定的时间内得以丰富和提高。

6. 自我实现

工作能够提供平台和机会，使自己的专业和能力得以全面运用和施展，实现自身价值。

7. 人际关系

将工作单位的人际关系看得非常重要，渴望能够在一个和谐、友好甚至被关爱的环境工作。

8. 身心健康

工作能够免于危险、过度劳累，免于焦虑、紧张和恐惧，使自己的身心健康不受影响。

9. 环境舒适

工作环境舒适宜人。

10. 工作稳定

工作相对稳定，不必担心经常出现裁员和辞退现象，免于经常奔波找工作。

11. 社会需要

能够根据组织和社会的需要响应某一号召，为集体和社会作出贡献。

12. 追求新意

希望工作的内容经常变换，使工作和生活显得丰富多彩，不单调枯燥。

二、澄清自我价值观

20 世纪 60 年代，美国心理学家、教育家路易斯·拉斯教授在对传统的价值观教育法进行研究分析的基础上提出的一种新的价值观教育法——价值观澄清法。该方法提出两个主要观点：第一，教师、咨询专家、父母或组织者决不能企图对青年人直接劝导和慢慢灌输自己的价值观，因为这将会妨碍青年人正在发展的那些真正属于他们自己的价值观；第二，价值观教育者的任务仅仅是为个体价值观的选择和确认提供一种情境或机会。因此，只有引导大学生形成适应社会发展的正确价值观才能使他们沿着正确的发展方向实现其个人的职业理想，达到自我发展和职业发展的相互促进。

(一) 价值观澄清法的运用步骤

第一，选择一个负载价值或道德的主题，比如一个与友谊、家庭、健康、工作、爱情、兴趣或政治等有关的主题。主题既可以由教师、父母或组织者来选择，也可以由学生来选择。

第二，教师、咨询专家、父母或组织者要把所选择的主题向其他参加者介绍，帮助并促使参加者理解、思考和讨论这个主题。

第三，在讨论期间，教师、咨询专家、父母或组织者要保证关于主题讨论的所有观点都得到同样的尊重，活动场所要始终充满一种心理上的安全气氛。

第四，活动的组织者要鼓励学生和其他参加者在讨论主题时，运用七个专门的"价值步骤"。

(二) 价值步骤

价值观澄清法认为，任何一种观念、态度、兴趣或信念要真正变为一个人的价值观，必须经历七个步骤：①自由的选择，②从各种不同的途径中选择，③对各种途径的后果再做选择，④重视和珍惜所做出的选择，⑤公开表示自己的选择，⑥根据自己的选择采取行动；⑦重复根据自己的选择所采取的行动。因此，在运用价值观澄清法时，必须依据七个专门的"价值步骤"开展讨论。

第一，你是否是自主地选择了这项价值，没有任何人和任何方面把它强加给你？

第二，它是你从众多的价值观中挑选出来的吗？

第三，它是你在思考了所做选择的结果或后果后被挑选出来的吗？

第四，它是你珍视的价值观吗？你是否为你选择的这一价值观而感到高兴？

第五，你是否愿意公开地向其他人声明你的选择或者在别人面前公开地为它辩护？

第六，你是否能做一些与你选择的价值观有关的事情？

第七，你是否能与你的价值观保持一致的行为模式？

案-例-链-接

　　小王是北京某高校土建类专业的毕业生，毕业时拿到了三家企业的 offer，一个是北京的某高新技术企业，薪资很高，但是专业不对口；一个是天津的设计院，专业对口，待遇也不错；还有一个在家乡，需要去一线的建筑公司，专业对口，最关键的是小王的家乡近几年发展迅速，需要大量的土建类人才，政府制定了相关的人才引进政策，未来的发展会很好。经过几天的思考，小王最终决定回家乡工作，因为他觉得建设家乡，到自己能够发光发热的地方去才是最重要的。

　　我们在职业抉择的过程中会受到太多因素的干扰，大城市的诱惑、薪资待遇的差别、父母的期待与愿望等，很容易让我们迷失自己的方向。上述案例中，价值观在小王的职业抉择过程中起着决定性的作用。因此，只有澄清自己的价值观，想清楚自己最想要的是什么，才能在职业抉择的过程中坚守自己的理想。

三、价值观与职业选择

　　对于大学生而言，正确的职业价值观能够引导大学生不断完善自己的个人能力并不断培养自己的个人才干，适应时代的发展和职场的需求。

（一）树立正确的职业理想

　　引导大学生形成正确的职业价值观，可以促进大学生树立正确的职业理想和合理的职业期望。大学生根据自己的实际情况，如个人追求、个人能力素质、岗位需求、未来发展等设定职业理想，明确职业目标并制定科学的、具体的可实施方案。

（二）确立正确的职业价值取向

　　职业价值取向涉及职业的社会地位、地域倾向、行业的选择、价值目标、工作条件选择等方面。正确的职业价值取向应强调自我价值和社会价值的协调与统一。引导大学生形成正确的职业价值观可以提高大学生自我认知和职业认知的能力，确立正确的职业价值取向。

（三）制定合理的职业选择

　　合理的职业选择是大学生高效提升个人能力的导航仪。引导大学生形成正确的职业价值观可以增强其自主择业和竞争择业的意识，提升大学生的求职能力与社会适应能力。大学生的应结合自身的兴趣、专业、能力素质等选择职业方向。

（四）获得准确的职业评价

　　引导大学生形成正确的职业价值观，有助于大学生建立对自己和职业的正确认识和客观评价，把自己的兴趣、能力同企业的需求结合起来，形成稳定的职业态度和良好的择业动机，推动职业生涯的发展。

第四章
职业探索

本章知识图谱

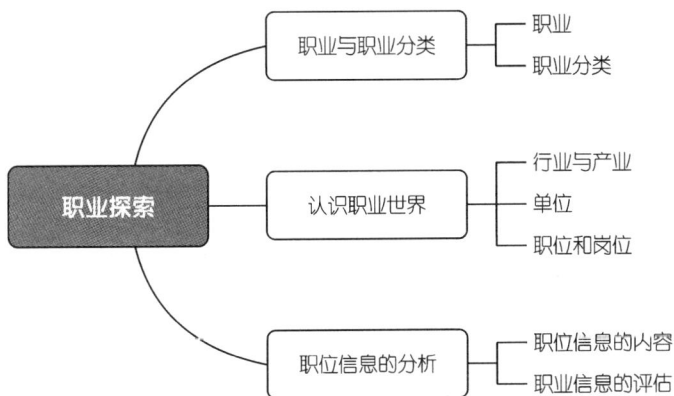

```
                    ┌─ 职业与职业分类 ─┬─ 职业
                    │                 └─ 职业分类
                    │
                    │                  ┌─ 行业与产业
职业探索 ───────────┼─ 认识职业世界 ──┼─ 单位
                    │                  └─ 职位和岗位
                    │
                    │                  ┌─ 职位信息的内容
                    └─ 职位信息的分析 ─┴─ 职业信息的评估
```

　　职业是一种社会历史现象，是人类社会发展到一定阶段的产物。现代意义上的职业，是社会分工的产物，是一种专业化的社会劳动岗位。对于求职者来说，职业是其实现理想的桥梁，对职业的了解和准确认知，将直接影响到大学生职业理想的规划和求职标准的制定。

第一节　职业与职业分类

一、职业

（一）职业的定义

1. 职业性质说

美国社会学家塞尔兹认为，职业是一个人为了不断取得个人收入而连续从事的具体市场价值的特殊活动，这种活动决定着从业者的社会地位。他认为职业范畴的构成有三要素，即技术性、经济性和社会性。

日本劳动问题专家保谷六郎认为，职业是有劳动能力的人为了生活所得而发挥个人能力，向社会作贡献的连续活动。

2. 职业关系说

美国社会学家泰勒在《职业社会学》中指出，职业的社会学概念，可以解释为一套成为模式的与特殊工作经验有关的人群关系。这种成为模式的工作关系的结合，促进了职业结构的发展和职业意识形态的显现。

教育家、哲学家杜威概括为，职业不是别的，是可以从中得到利益的一种活动。

我国管理专家杜明认为，职业可定义为"是参与社会分工，利用专门知识、技能为社会创造物质财富、精神财富，获得合理报酬作为物质生活来源，并满足精神需求的工作"。

（二）职业的特征

职业是参与社会分工，利用专门的知识和技能，为社会创造物质财富和精神财富，通过工作换取物质保障和财富分配，获得社会地位及认可的一种劳动方式和渠道。对职业具有基础性、广泛性、同一性、差异性、层次性、时代性等特征。

1. 基础性

职业是个人和社会存在、发展的基础，因为职业给人们解决了生活的经济来源问题。人们为了生存，必须从事职业活动，人们的各种社会活动，人文活动，大多建立在职业的基础上，"衣食足而知荣辱"，有了职业生活，才有其他一切社会活动的基础。进一步看，人类社会的各种文明，大多建立在职业分工、分化、分类，即职业范畴进步的基础上。人类有了农业，就有了农民，就能够利用自然界提供长久的生存资料；人类有了工业、机器大工业，就有了工人，就能够创造品种丰富的、数量巨大的，甚至是无穷尽的生活资料和生产资料；人类有了第三产业，就有了各种服务性劳动者和管理人员、科学家、艺术家等脑力劳动者，使得人类社会更加丰富多彩。

2.广泛性

职业问题涉及社会的大部分成员，也涉及社会、经济、心理、教育、技术、政治、伦理等许多领域，因而它具有的广泛性就一个人而言，生活的方方面面，都与职业发生着联系。基于职业范畴的广泛性，诸多的学科如社会学、经济学、管理学、心理学、教育学、政治学、各种工程技术学科、生理学、语义学等，都把职业问题作为自己的研究对象。

3.同一性

某一类别的职业内部，其劳动条件、工作对象、生产工具、操作内容都相近。由于环境的同一，人们就会形成统一的行为模式，有共同的语言习惯和道德规范。正是基于职业的同一性，才形成了诸如行业工会（教育工会、铁路工会）、行业联合体等社会组织。不同的职业间也有同一性，如岗位的基本固定，工作时间的固定，劳动报酬等方面基本是同一的。

4.差异性

不同职业间存在着很大的差异，劳动条件、工作对象、劳动性质等都不相同。不同的职业有不同的个人行为模式，有不同的道德规范。随着劳动分工的细化，科学技术的进步，经济体制的改革，新的职业（证券业、经纪人等）还会不断产生，各种职业间的差异也会不断变化。

5.层次性

包括各类职业间的层次和各个职业类型内部的层次。从社会需要的角度来看，职业并没有高低贵贱之分，但是，现实生活中由于对从事职业的素质要求不同以及人们对职业的看法或舆论的评价不同，职业便有了层次之分。这种职业评价的层次性，根源于不同职业的体力、脑力付出不同和工作复杂程度的不同，以及工作的轻松性、教育资格条件、在工作组织权力结构的地位、工作的自主权、收入水平、社会声望等方面的差别。

不同职业的这些差别，本身就是一种客观存在而非按照人的主观意愿形成。因此，承认和运用职业的层次性，是非常重要的。当一个社会只注重总体而忽略作为其基本要素的个人，以"服从社会需要"来抹杀职业的层次性，是违背客观实际的。当社会重视个人时，必然承认职业的层次性，承认职业存在地位高低的区别，也就应当通过给人们创造平等竞争、自由择业的机会，促进人的向上流动，进而促进社会的健康发展。

6.时代性

职业的时代性有两个含义：一是职业随着时代的变化而变化，一部分新职业产生，替代一部分过时的职业；二是每一个社会都有自己的"时尚"，它表现为该社会中人们所热衷的职业。个人与时代精神的关系，往往也反映在人的职业取向上。如我国曾出现过"当兵热""国有企业热"到"下海热""大学热""外资企业热"再到"考研热""出国热""考公务员热"等。

二、职业分类

职业分类，就是根据一定的分类原则、标准和方法，对各种社会职业进行全面、系统的划分和归类，一方面是根据职业活动工作特征的相异程度进行职业的划分；另一方面是根据职业或职业特征的相同程度进行职业的归类。

(一)西方国家的职业分类

经济学家萨·莱维坦(Sar Levitan)和克利福德·约翰逊(Clifford Johnson)认为，职业产生于公众对商品和服务的需要。当人们渴望乘坐汽车时，汽车业诞生了，由此也带来了钢铁业、石油业的蓬勃发展，很多新兴的职业随之产生。因此，职业是根据工作的内在属性——职业活动的工作特征来确定的，当从事某一新类型职业活动的人达到一定数量后，换句话说，当社会对某种类型的产品或服务达到一定数量时，我们就可以给这个类型命名为一个新职业。一个人可能不从属于某个组织，比如自由职业者，但他一定属于某个职业。因此，职业属性是一份工作的第一属性，所在单位才是第二属性。

对职业分类最早予以重视的是英国、美国等西方发达国家。最初的职业分类是作为人口统计的一项基础性工作，英国在 1841 年将职业分为 431 种。美国早在 1820 年的人口普查中就列出了职业统计项目。1850 年美国进行了专门的职业普查，划分了 15 大行业、323 种职业，1860 年增加到 584 种，1980 年版《美国百科全书》认为，美国当时的职业有 25000 种。法国自 1982 年以来采用了新的分类方法，将职业分为 8 个大类、24 个小类、42 个详细类别。

西方发达国家一般将职业分为三种类型。

1.按照脑力劳动和体力劳动的性质、层次分类

美国的职业分类方法是把工作人员分为白领工作人员和蓝领工作人员两大类。白领工作人员包括专业性和技术性的工作从事者，农场以外的经理和行政管理人员、销售人员、办公室人员。蓝领工作人员包括手工业及类似工人、非运输性的技工、农场以外的工人、服务性行业工人。这种分类方法虽然概括简要，但明显地表现出职业的等级性。

2.按心理的个别差异分类

根据美国著名职业指导家霍兰德创立的"人格职业"类型匹配理论，把人格类型划分为六种：现实型、研究型、艺术型、社会型、企业型和常规型。与之相对的有六种职业类型。

3.依据各个职业的主要职责或"从事的工作"分类

按照国际劳工组织在 20 世纪 40 年代末开始组织许多国家的有关专家和国际组织，共同编写职业分类的工具书《国际标准职业分类》进行分类。

(二)我国的职业分类

我国在职业分类领域虽然尚处于起步阶段，与发达国家相比有一定的差距，但发展

速度很快。1995 年 2 月，劳动部、国家统计局、国家技术监督局联合成立了"国家职业分类大典和职业资格工作委员会"，组织了上千名专家学者，历时近 4 年，于 1998 年底完成了《中华人民共和国职业分类大典》(简称《分类大典》)的编写，1999 年正式颁布。《分类大典》将我国职业的总体结构分为大类、中类、小类和细类(职业)4 个层次，依次体现由粗到细的职业类别。细类作为我国职业分类结构中最基本的类别，即职业。

2021 年 4 月由人力资源社会保障部、国家市场监督管理总局、国家统计局联合组织对《分类大典》进行了第二次全面修订。新版《分类大典》包括大类 8 个、中类 79 个、小类 449 个、细类(职业)1636 个。新版《分类大典》的一个亮点，就是首次标注了数字职业(共标注数字职业 97 个)。标注数字职业是我国职业分类的重大创新，对推动数字经济、数字技术发展以及提升全民数字素养，具有重要意义。

职-场-宝-典

公务员职业并非人人适合

又是一年国家公务员招考，"铁饭碗"的强劲魅力一如既往吸引了数十万"粉丝"投身到报考的热潮中。虽然这其中能顺利过关斩将笑到最后的人只是千分之一甚至是万分之一，但仍不乏一些人在失败后矢志不渝地继续复习以待下一次的报考。

在大多数人心目中，公务员是个好职业，工作环境好、体面、收入稳定，有助于建立较好的人际关系。某些具有一定实权部门的公务员，还能够为自己或亲朋办理某些事情带来很大的方便。因此，报考公务员常常成为许多即将大学毕业的学生的第一选择。然而，大部分学生没有切实地思考一下，自己的兴趣、能力、个性、价值观等，是否与公务员的职业发展现状及职业要求相吻合，没有认认真真地问过自己，自己究竟是否适合做公务员呢？

跨专业就业也能闯出一片广阔天地

张华在大学学的是财会专业，在一个招聘摊位前，他看中了一家国内著名的太阳能热水器代理公司提供的职位——营销员，但公司要求应聘者是市场营销专业毕业。张华决定碰碰运气，他问招聘人员公司为何只招聘市场营销专业的学生。招聘人员告诉他，公司要扩大业务，需要有市场开拓能力的学生。张华随即表示自己具备市场开拓能力，并列举了自己曾在某电动车厂实习时，参与开拓市场并取得不俗成绩的经历。张华的自我介绍和专业水准使招聘人员对他很满意。最后他顺利通过了面试，谋到了这个理想的职位。

在应聘过程中，很多应届大学毕业生一看到和自己专业不对口的职业岗位，往往扭头就走。在观念开放、人才流动频繁的现代社会，跨行求职已不是什么新鲜事，就业的压力迫使越来越多的大学生分析职业特点与自己的兴趣爱好，选择跨专业求职，从事与自己所学专业不相关的工作。

第二节　认识职业世界

一、行业和产业

(一)行业

行业是指从事相同性质活动的所有单位集合,如各级各类学校构成了教育行业,各种软件公司、网络公司构成了信息传输、软件和信息技术服务行业,各个建筑公司构成了建筑行业等。

工业革命以后,社会分工越来越细,行业间的交叉融合也越来越多,行业成为以生产要素组合为特征的各类经济活动的代名词,人们开始从人类经济活动的技术特点对行业进行划分。通常而言,根据生产力三要素(劳动者、劳动对象、劳动资料)不同排列组合的特点,可以对行业进行划分。我国于1984年颁布的《国民经济行业分类和代码》,把我国国民经济分为13个门类,1994年进行了修订,2017年颁布了新的《国民经济行业分类》国家标准。新标准将国民经济行业划分为门类、大类、中类和小类4级,共有20个行业门类(表4-1),97个大类,473个中类,1381个小类。

表4-1　国民经济行业门类

门类代码	类别名称	门类代码	类别名称	门类代码	类别名称	门类代码	类别名称
A	农、林、牧、渔、业	F	交通运输、仓储和邮政业	K	房地产业	P	教育
B	采矿业	G	批发、零售业	L	租赁和商务服务业	Q	卫生、社会工作
C	制造业	H	住宿和餐饮业	M	科学研究和技术服务业	R	文化、体育和娱乐业
D	电力、热力、燃气及水生产和供应业;	I	信息传输、软件和信息技术服务业	N	水利、环境和公共设施管理业	S	公共管理、社会保障和社会组织
E	建筑业	J	金融业	O	居民服务、修理和其他服务业	T	国际组织

职-场-宝-典

了解行业的方法

要了解一个行业,可以尝试从以下6个方面调查:

(1)行业现状及发展趋势(发展阶段、政策扶持力度、前景);

(2)行业人才需求情况(供求关系);

(3)形势和重大事件对行业的影响(外在环境);

(4)行业标杆企业的动向(晴雨表);

(5)行业的从业资质(入行要求,知识技能,证书);

(6)行业薪酬走向(收入水平)。

可以通过行业的权威网站了解国际、国内、行业政策信息;搜索并阅读权威媒体发布的行业发展报告了解以上信息;找到行业内的校友,通过他们了解行业信息,并尝试参加行业展会,展会是认识行业内有实力的竞争对手、产品、专家的好机会。

(二)产业

产业是行业的集合,是对经济活动最基本的描述。产业是根据社会生产活动发生的顺序对其进行划分,一般分为3个大类:第一产业、第二产业、第三产业。产品直接取自自然界的部门称为第一产业,对初级产品进行再加工的部门称为第二产业,为生产和消费提供各种服务的部门称为第三产业。虽然三类产业的划分是国际通用方式,但三类产业的范围却不尽相同,随着经济的发展,各国的划分也在不断变化。2003年,我国对三类产业的范围划分进行了调整:第一产业包括农、林、牧、渔业;第二产业包括采矿业,制造业,电力、燃气及水的生产和供应业,建筑业;第三产业包括除第一、二产业以外的其他行业。

在我国,第三产业在整个经济结构中的比重远低于发达国家,我国作为"世界工厂",制造业仍旧是支柱产业,但长期来看,第三产业的发展将是我国经济发展的中心所在,将是未来劳动力需求最大的产业。

二、单位

单位,也称组织,是为了达到特定的目标而特意建构的社会单位。公司、军队、学校、医院、教会、监狱都属于组织;部族、班级、民族、家庭不属于组织。

(一)单位的类型

我国的单位一般可以分为以下4种类型:

1.企业单位

从事生产经营和社会服务等经济活动,具有法人资格,实行独立核算的营利性组织，是国民经济的基本单位。企业单位尽管有着多种多样的目标，比如承担社会责任、保障员工的安全与福利、顾客的肯定等，但所有企业都有着一个核心的目标，那就是合法地获取盈利。一个不盈利的企业没有生存的意义。无论是提供有形的产品，还是无形的服务，企业都是为了追求更高的利润。

在我国，根据所有制性质，可以将企业分为 5 类：全民所有制企业、集体所有制企业、私营(个体)企业、混合所有制企业(中外合资经营企业、中外合作经营企业)和外商独资企业。

2.事业单位

事业单位是指受国家行政机关领导，没有生产收入，所需经费由公共财政支出，不实行经济核算，主要提供教育、科技、文化、卫生等活动非物质生产和劳务服务的社会公共组织，表现形式为组织或机构的法人实体。与企业单位相比，事业单位有以下特征：一是不以营利为目的；二是财政及其他单位拨入的资金主要不以经济利益的获取为回报。随着改革的深入，事业单位的经营管理模式也在不断变化，接受财政支持的程度也有较大差异，有些事业单位已经实行企业化管理，完全靠自收自立维持活动。可根据国家拨款占经费来源比例将其分为 3 类：全额拨款类，比如科学研究、基础教育等部门；差额补贴类，比如医疗卫生、高等教育等部门；自收自支类，比如一些文化艺术组织等。

3.社会团体

社会团体是社会上各种群众性组织的总称，包括工会、团委、妇联、青联、科协、各类学会、行业协会、各类公益性组织如红十字会、环保组织"地球村"等。社会团体不以营利为目的的，而是专注于为社会提供某种特定内容的服务，或者专注于维护本组织成员的共同利益。

4.政府单位

政府单位泛指各级党委和政府行政管理机构，不仅包括各级政府，还包括中央和地方各级党委、人大、政协、法院、检察院等管理机构。政府单位的目的也在于提供服务，但它不同于社会团体的作用，政府的目的在于为全社会成员提供更为普遍和基础的公共产品和公共服务，如基础建设、安全保障、教育环境、就业环境等。在我国，政府更重要的职能是制定社会、经济的发展目标和规划，采取措施保障国民经济健康、有效地运行，保障社会和谐、科学地发展。

(二)单位组织结构

了解组织结构，可以从组织结构的复杂性、规范性和集权程度 3 个角度来考察。

1.复杂性

复杂性是新员工对单位的第一个感受：不同的专业分工、职位名称、很多的部门、很多的层级、很多的领导等。人们常常会从两个方面来考察复杂性，水平层面的部门数和垂直方向的层级数。水平层面的部门是指单位内部的专门的职能部门，比如说人力资源部、营销部、宣传部、法律部等，职能部门越多，单位就越复杂。以学校为例，一所高中，一般只设教务处、学生(德育)处、后勤处等几个部门，而一所高校，则会有教务处、学生处、财务处、科研处、人事处、资产处、后勤处、保卫处等多个部门，因此，高校的组织结构要比中学复杂。垂直方向的层级是指从单位的最高决策层到普通员工，一共有多少个管理层级。单位的层级数与单位员工的数量有关，但不是绝对的。有些单位人员并不多，但管理层级不少，也有些单位员工很多，但是层级很少——以自我管理团队为基础组织形式的单位。

2.规范性

在许多方面，规范性对于个人都是关键的结构变量，因为规范性程度对个人的行为有很大影响。个人的谨慎程度与组织对个人行为规定的详细程度成正比。

单位的规范性程度显示了决策者对组织成员的看法。如果决策者认为组织成员有能力做判断、有能力进行自我控制，那么规范性程度就会较低；如果决策者认为组织成员没有自我决策能力，他们的行为需要大量的规则来指导，那么规范性程度就会提高。规范性程度反映了单位对成员个人的控制，比如不同的单位以及同一单位不同部门对人们何时上班的规定会大不相同。在规范性程度高的单位，最规范的表现是规定员工必须在上午8点或9点钟坐在办公桌旁，否则扣除一定的工资，相反，则是不要求员工什么时候必须在岗，只要完成任务就行。

规范性程度高对单位更有利还是规范性程度低更有利，这是一个程度的问题。如果单位给员工的自由过少，员工会感到受压抑、异化和"官僚化"，会为遵守规则而遵守规则，长期下来，单位会缺乏活力，降低应对危机的能力，如有些管理人员为避免犯错误而不作为；但如果给予员工过多的自由，员工的行为可能会变得反复无常、与组织意图无关，甚至违法乱纪。一般说来，研发部门的规范性程度较低，而生产部门和财务部门的规范性程度较高；等级越高，规范性程度越低。

3.集权程度

集权指组织内部权力的配置，组织中央参与决策的群体数目越大，层次越多，集权程度就越低。单位的集权程度某种程度上反映了组织对其员工的人性假设：高度集权表明组织认为应该对员工严密控制，低度集权则表明组织认为员工可以自己管理自己。

(三)组织文化及类型

很多学生对组织文化感到迷茫和不可捉摸，不知道如何去了解一家单位的组织文化，或者以为那些钉在墙上的制度、被装裱起来的"企业组织文化介绍"就是组织文化。

通俗地说，组织文化是指由单位的战略目标所决定的，被广大员工内心认同的价值观，并在行为上表现出来的行为方式。比如麦当劳要长期保持自己在快餐领域的领头羊地位，需要给客人以品质稳定、高效、清洁、热情、友好的消费体验，因此，所有的员工都要自觉严格遵循标准化的操作流程、保持热情友好的服务态度、不停歇地清理地面、桌面和用具。那种由多数管理者和员工都认同的价值观和遵循类似行为方式的文化称为强文化，只有少部分人认同的价值观和遵循类似行为方式的文化称为弱文化。一般来说，拥有强文化的组织拥有更为强大的战斗力和生命力，因为大家都认同一致的目标，拥有一致的行动，可能产生整合的力量，匹配这种文化的员工在其中会感觉如鱼得水，对组织产生很强的承诺感；而与此种文化相冲突的员工则会感觉格格不入，最后要么自己改变适应文化，要么离开。

根据组织的关注点和控制倾向，可以将组织文化分为4类：

1. 科层组织文化

科层组织文化是指重视正式化、规则、标准操作程序和等级协调的组织文化。它关注单位所提供的产品或服务的可靠性、高效率和稳定性，这一般是政府机构应持有的组织文化类型。这种组织文化里，各种行为规则一般都是正式的，员工的任务、职责、工作流程和方法都有较为明确的定义，要按"规定"办事。

2. 团队型文化

每个员工都高度认同单位和同事，有较高的自我管理水平，能自愿为同事和单位付出额外劳动，相信自己对单位的忠诚一定会得到单位的长期肯定，对单位有很强的自豪感和归属感。而单位也能以员工为本，照顾员工的长期发展，也关心员工的工作外生活，为员工提供全面、优质的福利待遇。

3. 创新型文化

高度的冒险、富有动力和创造力是创新型文化的特征。每个员工的首创性、新变革性都会受到赞扬和鼓励，墨守成规、怕犯错误、谨小慎微是被这种文化所拒绝的。这要求新员工有积极乐观的品质、进取精神和开拓精神。很多中小企业或者高科技企业拥有此类组织文化。

4. 市场型文化

在基础的目标这种文化里，员工和单位的关系是契约关系，员工被赋予一个具体可测量的目标，比如以财会或市场为基础的目标——销售额、利润率、市场占有率等，单位要在这些目标完成后给予相应的回报。单位并不承诺契约之外的回报，如长期雇用或者晋升，员工也对单位表示忠诚。双方的关系就是市场关系。

三、职位和岗位

（一）职位

职位是指因组织发展需要或相关规定而设立的一系列具体的任务或工作行为。每个职位都有相应的职责。所谓职责，是指为履行一定的组织职能或完成工作使命，所负责的范围和承担的一系列工作任务，以及完成这些工作任务所需承担的相应责任。

职位和组织内部的工作人员不一定一一对应。现在很多单位，特别是国家事业单位，存在一人多职的现象，例如大学里面的"双肩挑"干部，也有可能存在设定了某个职位但暂时没有人来担任的情况。同时，某个职位也可以出现有很多个人来承担的情况，以足球队为例，球员可以分为前锋、中场、后卫和守门员四大类型，除了守门员是一人外，其余的每个类型都可以有多个队员上场，即使是守门员，也可以存在替补队员的设置。

（二）岗位

岗位是组织要求个体完成的一项或多项责任以及为此赋予个体的权力的总和。与职位不同，岗位通常与人对应，只能由一个人担任，而职位则是一个或若干个岗位的共性体现，例如某飞机制造企业生产部门的操作员是一个职位，这个职位会由很多个岗位的员工来担任。

每个岗位都有其具体的岗位职责，岗位职责可以说是职位职责的具体细化。岗位职责指一个岗位所要求的需要去完成的工作内容以及应当承担的责任范围，是责任、权力和义务的统一体。每个人都应该认识到：有多大的权力就应该承担多大的责任，有多大的权力和责任就应该尽多大的义务，要充分认识自己岗位职责的内涵，以便把握好自己的定位。岗位职责大体上包括岗位名称、岗位级别、直接上司、管理对象、职责提要、具体职责、任职条件、岗位权力等方面。

第三节 职位信息的分析

一、职位信息的内容

职业信息的数量和质量对于我们大学生的就业政策来说具有非常重要的意义。"天下三百六十行，总有一行适合你"，可是怎么知道哪一行适合自己呢？有很多学生对于将来从事什么职业感到很迷茫，原因就在于他们对于职业毫无概念。因此，我们需要了解一些有关职业的基本信息。

（一）工作内容

工作内容是最为关键的部分。在进入某个职位后，我该做什么（对象、任务）、怎么做（工作时独立、连续还是协作完成的，采用什么设备）、做到什么程度（责任），这些都是需要明确知道的（表4-2）。不同的职位工作内容各不相同，如果对自己所在的职位的工作内容都知之甚少，那根本无法胜任这份工作，更不用提将来的发展了。

表 4-2　职位工作内容

工作内容	工作对象			该职位工作的直接对象以及为了完成岗位职责所需的其他活动对象
	任务、责任			该职位工作需要做什么、达到什么状态
	所用设备			该职位工作所借助的仪器、工具等
	工作强度	工作时间	上下班	该职位工作的上下班时间
			加班	该职位工作平均每周需要加班的时间或频率
			节假日	该职位工作影响节假日休息的程度
			出差	该职位工作需要出差的频率和时间长度
		工作量		该职位工作任务的饱满程度

例如，单位的信息技术主管，这个职位的主要任务包括4点(图4-1)：

图 4-1　信息技术主管主要任务

(二)工作环境

工作环境包括物理环境和社会环境两部分。对于大学生而言，工作环境，尤其是社会环境的好坏，直接影响到工作去留的问题(表4-3)。社会环境包括人际关系、工作气氛、学习氛围以及上级的管理方式与风格等。比如欧美企业一向以宽松的工作气氛而著称，而日资企业和我国的台资企业则相反，上下等级相当分明。对自己性格的审视有助于我们进一步了解自己适合什么样的工作环境，比如外倾型的个体比内倾型的个体更适合积极主动的工作氛围，而富有想象力和创造力的员工在自由宽松的管理方式下更有可能发挥他的优势和长处。在职场中，性格和工作环境的匹配越来越受人重视。我们大学生在求职路上尤其需要仔细考虑这两者的匹配关系，以期求得较大的工作满意度。

表4-3 工作环境

工作环境	物理环境	工作设施	该职位工作场所的办公设备、办公用品、设施等
		工作空间	该职位工作场所的照明、空气、温度以及户外作业所占的时间比例等
	社会环境	人际关系	该职位工作场所的人际氛围、同事间的关系等
		工作气氛	该职位工作场所员工的工作积极性、主动性、配合度等
		学习氛围	该职位工作场所员工的学习主动性，谋求再培训、再发展的积极性
		上级的管理方式与风格	该职位上级的领导风格、管理方式及严格程度等

(三) 入职条件

不同的职位都有其特定的条件要求，比如说麻醉医师不仅要求医生执照，还有对麻醉专科的职业技能要求。一个职位所要求的条件，一般受到以下3方面因素影响。

1. 教育程度

教育程度是指从事该工作所必须具备的学历和专业水平。比如说你将来的志向是在高校从事教学科研工作，那么你应当具备硕士以上的学历。

2. 资格、水平及经验

有些职业除了要求正式的学位学历外，还要求具备一定的职业资格，获得能够证明专业水平的证书，或者具备一定的工作经验。

3. 性格和能力要求

一个羞于在人前发表意见的人可能并不胜任推销员职位，但可能是个很好的文职人员。不同的职位有不同的性格和能力方面的要求，这对于我们大学生在选择职业和求职过程中也是一个需要参考的方面。值得一提的是聘用过程中专业技能可能更被看中，因为如果连从事领域的专门技能都不具备，那么无法胜任这份工作，落聘的可能性很大。但是随着工作的长期发展，个人的一般能力和内在素质将会起到举足轻重的作用。比如说外科医生如果不具备有关解剖等外科手术的专业技能就无法担任这份工作，但是，一般能力，比如说手指的灵巧性和手臂的稳定性，在很大程度上决定了这位医生将来能否成为一位优秀的外科专家。

(四) 工作报酬

关注工作报酬无可厚非，但不少大学生由于不了解报酬系统的构成，使得自己的关注点往往仅限于薪酬，片面地将薪酬等同于报酬，等同于工作的全部回报，容易使得自己对关乎切身利益的因素做出片面的判断。因此，作为职位信息的一个重要组成部分，我们首先需要了解有关工作报酬的基本知识。

报酬是指员工用时间、劳动努力获得的一切回报，主要包括物质报酬(表4-4)和非物质报酬。

表4-4 物质报酬内容

类型	组成方式	具体内容
货币报酬	工资	基本工资、计时工资、计件工资、职务工资
	奖金	超时奖、绩效奖、建议奖、特殊贡献奖、佣金、红利、职务奖、节约奖等
	津贴	住房津贴等
非货币报酬	生活福利	法律顾问、心理咨询、托儿所、子女教育费、搬迁津贴等
	个人福利	养老金、储蓄、辞退金、住房津贴、交通费、工作午餐等
	社会福利	医疗保险、失业保险、养老保险、伤残保险、生育保险等
	有偿假期	培训、病假、事假、公休、节假日、工作间休息、旅游等

而非物质报酬包括了乐趣、自信和成就感内容。现代人越来越重视非物质报酬。经济学有一个著名的"雷诺尔雪山效应"，就是非物质报酬的典型。"雷诺尔雪山效应"指的是这样一种现象：在美国各地大学教授的收入逐步趋同的形势下，只有一个地方例外，平均比别的地区低20%。究其原因，就在于附近有座雷诺尔雪山，气候宜人，风景秀丽，在这儿工作生活的价值就相当于其工资收入的20%。又比如说，如果有一份薪酬不高但成就感强的工作和另一份薪酬丰厚但缺乏挑战的工作摆在眼前任你挑选，你会选择什么？对于不同的职业价值选项，你愿意出的最高价格分别是多少？仔细思考一下，这代表了你的职业价值观——你真正想从工作中得到什么。如果你想要的是成就感，那么在进行工作选择的时候就要寻找一份有一定成长空间的职业，而不是盲目地随大流，用薪资报酬判断一切。

二、职业信息的评估

职业信息从获得方式来说，可以分为两大类，一类是间接信息，这些信息存在于各种媒体中，可以通过各种媒体来获得；另一类是直接信息，就是通过直接与该职业建立关系，亲身感受，获得第一手资料。经过漫长的搜索，当我们终于收集到有关职业的所有相关信息之后，我们怎么对这些信息进行评估？对职业信息的评估可以分为对客观信息的评估和对主观体验的评估两方面。我们在评估职业信息的时候要综合两方面的考虑，做出理性决策。

(一)客观信息——P. L. A. C. E 法

1. 职位或职务(position)

职位或职务包括该职位的经常性任务、所需担负的责任、工作层次等。

2. 工作地点(location)

工作地点包括地理位置、环境状况、室内或户外、都市或乡村、工作地点的变化、安全性等。

3. 升迁状况(advancement)

升迁状况包括工作的升迁路径、升迁速度、工作稳定性、工作保障等。

4. 雇用条件(condition of employment)

雇佣条件包括薪水、福利、进修机会、工作时间、休假情形及特殊雇用规定等。

5. 雇用要求(entry requirements)

雇佣条件包括所需的教育程度、专业认证、培训、经验、能力、人格特质、品德修养等。

(二)主观体验

对于职业的评估，不仅要有许多客观的标准来衡量，也要考虑到自己的一些主观标准，比如自己目前的状况、个人的主观感受等。

1. 个人从工作中获得的满意感

个体的目前状况，包括个人的基本技能水平、学历层次、工作经验、各种能力素质程度等，也包括个人目前的工作和机会。每种工作都会有优点和缺点，对每个人来说也一定有其利弊。在职业的搜索中，我们需要理智地将自己和各种职业加以对比和分析，作出清醒的选择，避免简单的喜新厌旧。因此，客观地衡量职业，就需要全面地看到它与个人目前状况的利弊关系。问一问：我的情况适不适合选择这个职业？目前的时机是否适合我选择这个职业？我的选择会给我带来什么？我的适应期限多长时间是可以接受？

2. 身边重要的人的感受

除了我们个人的特点和需求对职业的评估起作用之外，我们身边的重要的人也是我们衡量职业的不可忽视的标准。这里的重要他人是指和你的生活联系密切，对你心灵和精力影响巨大的人。他们往往是你最近的亲人，比如说父母、夫妻、孩子。

作为生活的重要组成部分，他们在你的生命中有着不可替代的角色。正因为这种重要性，你的任何选择也必须包含对他们的考虑。因此，在评估一项职业时，你需要考虑到你身边的重要的人会如何看这个职业，这个职业会不会影响你与他们的相处时间或相互关系，这个职业会不会给他们的正常生活带来压力（比如演员）。对这些问题的充分思考将有力地降低你在未来职业中的焦虑。

(三) 评估职业信息的标准

如何判断所寻找的职业信息是"好"信息呢？我们可以通过以下标准进行评估。

1. 信息的及时性

进入21世纪，我们发现，不变的真理就是"变化"，而且变化速度之快常常超出人们的想象。在这样快速变化的世界中，我们所要寻找的有关职业的信息必须是最新的信息。当我们关注那些提供职业信息的网站时，一定要注意了解网站是否及时更新，对那些不能及时更新信息的网站所提供的信息要在心中画一个问号。你还要关注各个行业部门的年度报告、政府的相关政策和法规，电视和报纸新闻也是帮助我们获得适时性信息的重要途径。

2. 信息的客观性和全面性

用人单位的招聘信息通常是用人单位自己拟订的。相对而言，这样的信息常常对企业优势的方面强调会比较多，以便可以获得高水平的人才。因此，只看用人单位的广告是远远不够的。通过访谈从事某个职业的个人所获得的信息也比较带有人为的色彩，如果一个人在自己的工作中感觉良好，可能会夸大该职业的有利方面，而忽视不利的方面。如果是对自己的职业不满意，则可能出现相反的情况，夸大职业中不利的方面。为克服这种认识的偏见，最好访谈两个以上从事某种职业不同年限的人，对于他们所提供的各种信息进行综合判定。

为保证所获得信息的相对客观，应该注意多渠道、多途径收集信息，不仅从招聘广告中寻找信息，访谈相关的人员，还可以注意有关的报道及相应的研究。了解职业信息的时候，还要注意信息的不同方面，切忌只了解自己想知道的方面，而忽略了其他方面。比如，只了解某个职业薪水的高低和升迁的状况，而不了解该职业所要承担的责任、经常性的任务、工作环境及可能的生活方式。

3. 信息的准确性与可靠性

判断信息的准确性与可靠性是一个非常艰巨的任务，或者说是不太容易完成的任务。准确的信息应该是全面、客观的信息，而且是适时的信息。同时，信息的发布要来自比较权威性的机构。

职-场-宝-典

如何在实习期不错过招聘信息

大三上学期，小胡要在外地实习并完成毕业论文，而此时正是用人单位发布就业信息、陆续来学校招聘的高峰期，如何才能保证两个月的实习期中不错过招聘信息？

小胡首先去了班主任老师家里，拜托班主任如有合适单位，请帮忙推荐，并留下了两份就业推荐表。然后专门到了辅导员老师的办公室，谈了自己的求职想法，留下了自己的简历和联系方式。接着，他又走访了要好的低年级朋友，拜托师弟留意学校就业信息，将有关重要信息及时告诉他。他还在学校就业网等网站上查询了有关政策和各地招聘会的情况，并做好记录。这样，小胡才安心地到外地实习去了。实习期间，班主任老师向用人单位投送了小胡的材料，并较详细地介绍了他的基本情况；院系的老师也积极向用人单位推荐；好友为他提供了几条重要线索；同时，根据网站的消息，他还参加了实习所在地的人才交流会。

这样，小胡尽管人在外地实习，却比有些在学校的同学消息还灵通，选择的机会颇多，做到了实习、求职两不误。

上述案例中的小胡显然在把握招聘信息上处理得非常好，虽然求职关键时期人在外地实习，但他做了充分的准备，使信息渠道畅通无阻，赢得了很多机会。毕业生应和学校多互动，常关注就业信息网站，充分利用各种资源。

资-讯-链-接

职业信息的主要来源

全国大学生就业公共服务立体化平台 www.ncss.org.cn

国家职业资格工作网 www.osta.org.cn

中国人事考试网 www.cpta.com.cn

大学生志愿服务西部计划 xibu.youth.cn

中国人力资源市场网 www.chrm.gov.cn

应届生求职网 www.yingjiesheng.com

中华英才网校园招聘频道 campus.chinahr.com

前程无忧 www.51job.com

智联招聘网 www.zhaopin.com

英才网联 www.800hr.com

注：同学们在争取就业机会时，请仔细甄别招聘信息，提高安全意识，防止欺诈。

自-我-测-评

瑞文推理测验

瑞文推理测验(Raven's Progressive Matrices，RPM)，简称瑞文测验，是由英国心理学家瑞文(J. c. Raven)于1938年设计的一种非文字智力测验。同学们可以扫描右侧二维码进行测验。

瑞文推理测验

瑞文推理测验智力水平分级标准：

(1)测验标准分数在总分95%以上，为高水平智力；

(2)测验标准分数在总分75%~95%之间，为良好水平智力；

(3)测验标准分数在总分25%~75%之间，为中等水平智力；

(4)测验标准分数在总分5%~25%之间，为中下水平智力。

第五章
职业决策

本章知识图谱

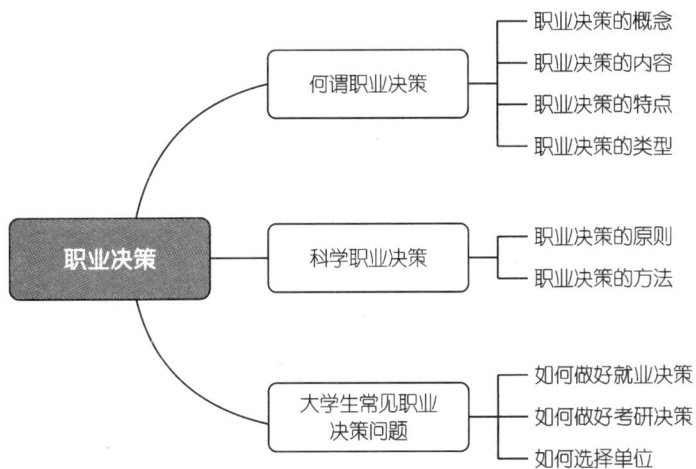

职业决策

- 何谓职业决策
  - 职业决策的概念
  - 职业决策的内容
  - 职业决策的特点
  - 职业决策的类型
- 科学职业决策
  - 职业决策的原则
  - 职业决策的方法
- 大学生常见职业决策问题
  - 如何做好就业决策
  - 如何做好考研决策
  - 如何选择单位

　　大学生都渴望拥有完美的职业生涯，但现实生活并不总是尽如人意，存在大量的不确定性，我们需要不断做出选择和决策。正是这些你在职业生涯中的选择和决策塑造了你的人生，决定了你的成败。因此，学会科学的决策方法，并采取适当的行动，是职业生涯发展道路上必须掌握的能力。

第一节 何谓职业决策

一、职业决策的概念

所谓的职业决策，是指我们在职业生涯发展中，面临各种职业选择时所做出的决策。也可以把职业决策理解为职业生涯范畴内的决策。一般情况下，我们会认为自己所做的职业决策是有利于自身职业发展的。

(一)职业决策是一个复杂的认知过程

职业决策不仅是一个即时的职业选择行为，也是一个动态的决策过程。决策者需要收集有关自我和职业环境的信息，并在多项选择之间权衡利弊，以达成其最大的价值。

(二)职业决策是个性因素和职业因素的统一

在市场经济条件下，不同的人有不同的择业目标，不同的社会岗位对不同的求职者进行选拔。这就要求在职业决策时，要充分考虑到决策者的性格、兴趣、气质、能力和价值观等个人信息，同时也必须面临社会、职业和教育等各方面的选择。这样才可以在综合自我认知和社会认知的基础上，利用职业决策的知识和技能，对个性因素和职业因素进行优化，制定出个人的职业决策。

(三)职业决策是理想到现实的转化

在谋划未来的时候，我们都会树立自己的职业理想。然而，"理想很丰满，现实很骨感"。理想和现实之间往往存在着一定的差距。作为职业决策者，要在职业理想和客观现实之间做出一定的妥协。当客观现实不能满足职业理想时，必须打破幻想，承认现实，降低要求，从而在自我反思之后，真正解决"我与职业"的关系，科学、客观、合理地完成职业决策的调适过程。

二、职业决策的内容

经过自我探索和职业世界探索，进入大学的后期后，大学生需要进行的职业决策将越来越多，越来越具体(图5-1)。

(一)选择并确定职业方向

在完成自我探索形成科学的自我认知，完成职业世界探索形成科学的环境认知和评估的基础上，综合考虑个人理想与客观现实，对若干个可行的职业发展方向进行比较评估，做出职业方向选择。同时要做好备选方案的选择和确定工作，做到战略坚定，战术灵活。

不管选择怎样的职业方向，都应尽量做到符合实际、方案最优。

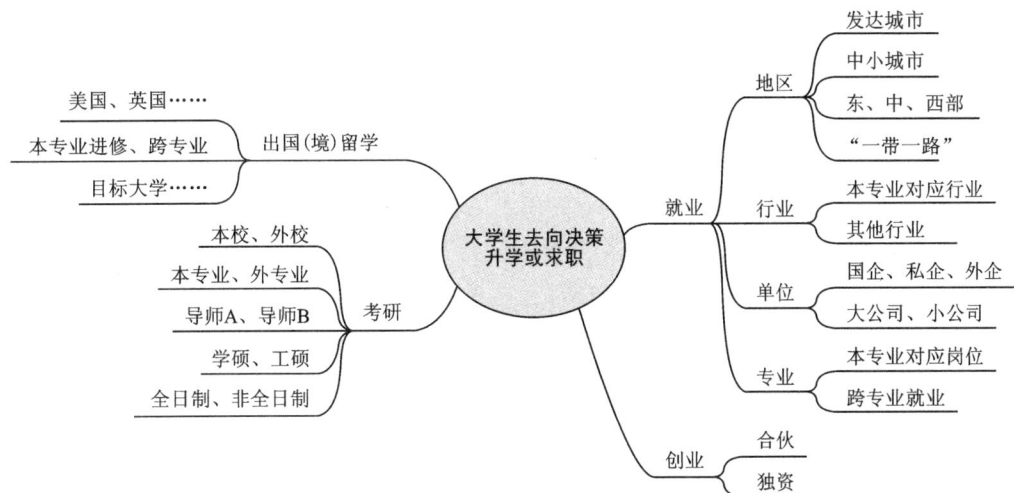

图 5-1　职业决策

(二) 确定不同阶段的职业目标

确定职业方向后，要为自己选择的职业方向确定不同阶段的职业目标，包括最终目标、长期目标、中期目标和短期目标，并针对不同阶段目标制订相应的行动方案。通过阶段性地实现这些目标来促进职业生涯的长远发展。

(三) 明确职业规划与发展的要素

明确实现未来职业发展目标过程中需要解决的问题、可使用的资源支持、面临的困难以及要执行的事项，从而在对内部条件和外部环境进行综合评估的基础上做出决策，尤其要对职业发展路线做出周密、严谨及科学的设计。

三、职业决策的特点

(一) 选择性

职业生涯是学会选择和舍得放弃的过程，每个决策情境都会面临两个及以上的选择可能，决策者必须选择其一。每个人的心理反应都不尽相同，每个决策都有优点和不足，每条路径都有机遇和挑战，能否化险为夷，最终成功，主要取决于个体的决策能力和努力程度。

(二) 倾向性

职业决策是倾向于保守路线，还是冒险路线？前者的决策变化幅度小，风险较低；后者的决策往往需要壮士断腕的决心，放手一搏，风险大，但有可能回报也大。

这主要取决于个人的风险偏好和性格。

(三) 不确定性

职业决策的魅力就在于没有标准答案来衡量对与错。决策通常都是在不确定的情况下做出的，每个不确定性都会引发下一个不确定性，每个选项都有利有弊，个体要根据综合判断来选择自己认为最优的那一项。

四、职业决策的类型

职业决策类型是人们在做决策时表现出来的行为偏好和心理倾向，反映了个体在决策的过程中习惯的反应模式，是个人关于决策行为的个性特征在职业决策过程中的体现。目前比较常用的决策分类是由斯科特和布鲁斯提出的，分为五种类型：理智型、直觉型、依赖性、逃避型和自发型。对职业决策类型的了解有助于我们更好地分析自己决策的优缺点，成为理性和高效的决策者。

下面以一个案例进行说明。

某个大学自动化专业毕业生小马在求职时获得了 3 个企业的录取函，其中一个是老牌国企，解决户口，做技术研发岗，但公司偏重硬件产品开发，可能无法充分发挥其专业技能；一个是互联网行业知名企业，有可能解决户口，公司待遇中上，专业对口；一个是外商独资企业，不解决户口，薪酬可观，专业基本对口。小马该如何决策？

(一) 理智型

如果一个人是理智型决策者，他在决策时会深思熟虑，先收集信息，然后系统地评价待选方案，经过理性的反复思考，才做出最终的决策。理智型决策者追求决策风险最小、决策方案最优，其缺点是常常由于收集的信息过多，分析能力有限，片面追求利益的最大化，往往难以做出决策。

如果小马是理智型决策者，他会上网查询三家企业的发展现状、企业规模、企业文化等，联系在三个公司工作的师兄师姐了解情况，甚至会多次到学校就业指导部门咨询。他可能最终做出了适合自己的选择，也可能依然很难做出最后的决策。

(二) 直觉型

如果一个人是直觉型决策者，他在决策时会主要根据直觉和感觉做决定，喜欢在有限时间快速做出决策。直觉型决策者会非常相信个人的直觉，其缺点是这类决策以个人直觉为基础，缺乏理性的信息分析，容易失误，从而丧失决策信心。

如果小马是直觉型决策者，他会因为互联网行业发展非常迅速、非常符合自己的预期，而在拿到互联网行业知名企业的录取函时第一时间与其签约。但他有可能会在实习阶段，发现互联网行业的实际情况与自己想象的不一样，或者因不适应企业的高强度工作而后悔。

(三) 依赖型

如果一个人是依赖型决策者，他在决策时会咨询他人以寻求指导，希望他人帮助自己完成决策。依赖型决策者往往不愿意或者不能承受独立做决策的责任，愿意放弃决策的主导权而变成一个决策的执行者。而很多时候，他执行的这个决策并不能让他满意。

如果小马是依赖型决策者，他会将这三个企业的信息告诉父母，希望他的父母帮助他选择一个企业，而他只要管好毕业的事情即可。进入父母帮助他选择的企业后，他能够完成日常的工作，但这种完成任务的被动式的工作状态，是不容易取得职业成功的。

（四）逃避型

如果一个人是逃避型决策者，他在决策时会因为害怕做出错误的决策而尽量拖延或逃避。依赖型决策者往往同时存在逃避型决策风格。

如果小马是逃避型决策者，他会避免和老师同学谈论这几个企业，将注意力转移到写论文、打游戏等其他事情中，听到同学谈论自己如何做出职业选择时往往会觉得不安。

（五）自发型

如果一个人是自发型决策者，他在决策时往往不能容忍决策的不确定性以及由此带来的焦虑情绪，认为有必要尽快完成决策过程，希望能够快速做出决定。自发型决策者很容易做出不理智的冲动决策。

如果小马是自发型决策者，他可能会因为老牌国企的 HR 在面试时问的一个问题不太尊重自己而直接选择放弃老牌国企，也可能会因为觉得比来比去太麻烦而直接选择能确定解决户口的老牌国企。

第二节　科学职业决策

一、职业决策的原则

在职业决策过程中，人职匹配是关键。要做到人职匹配，必须从实际情况出发进行职业生涯决策，实事求是，知己知彼，科学地做出决策。它必须遵循四个原则：择己所爱、择己所能、择世所需、择己所利。

（一）择己所爱

兴趣是最好的老师。调查表明，兴趣和成功的概率有着明显的正相关性。因为一个对所从事职业感兴趣的人，往往能够发挥其才能的 80% 甚至 90% 以上，且能够保持长时间的高效率。而对所从事职业不感兴趣的人，则只能发挥其才能的 20%~30%，且容易精疲力竭。在职业生涯决策时，要遵从个人的价值观和兴趣，考虑自己的特点，择己所爱，才能从职业中体会到人生的价值和意义，得到更多的职业乐趣和生活幸福感。

（二）择己所能

能力是人职匹配的基本因素。任何职业都要求从业者掌握一定的技能，具备一定的能力。但一个人一生中不能将所有的技能全部掌握。因此，职业生涯决策要考虑自身的能力、性格等的匹配问题，择己所能，扬长避短，尽量选择自己的能力、潜能与所从事的工作冲突较少、并具有一定挑战性的优势行业。

（三）择世所需

择世所需就是指生涯决策必须遵循社会的发展规律，适应社会人才结构的需求。社会变化日新月异，特别是大数据、人工智能等的发展带来了社会需求的不断变化，所以，抉择者不仅要了解当前的社会职业需求状况，更要善于预测未来行业或者职业发展的方向。目光要长远，要使自己的自我定位有一定的远见。

（四）择己所利

职业是个人谋生的手段和谋取幸福的路径，生涯决策的目的之一就是追求职业选择的预期收益的最大化。这是人职匹配的价值取向。在个人利益和集体利益不冲突的合理范围内，追求利益（包括物质利益和精神利益）的最大化，实现幸福的最大化是正常的选择。明智的决策者会从一个社会人的角度出发，由收入、社会地位、成就感和工作付出等变量组成的函数中找到一个最大值。

二、职业决策的方法

职业生涯的发展充满了不确定性因素，即使我们已经开展了自我探索和职业探索，掌握了自己的特质和外部职业世界的信息，也未必能够做出科学合理的职业决策。因此，我们还需要掌握一些科学的职业决策方法，帮助自己做出合理的决策。

（一）决策平衡单法

决策平衡单法经常被应用于问题解决和职业咨询中，主要用于协助个体有系统地分析每一个可能的选项，判断分别执行各选项的利弊得失，然后依据其在利弊得失上的加权计分排定各个选项的优先顺序，以执行最优先或偏好的选项。通过使用决策平衡单，可以清晰地把多种选择进行量化排序，为职业生涯决策提供量上的参考依据。需要注意的是，平衡单内的所有因素和权重设定只适用于个体内的比较，不能对不同决策者进行比较。一般情况下，运用决策平衡单法有如下步骤：

1.建立决策平衡单

（1）参考表5-1建立决策平衡单，列出可选的职业选项，一般是有待深入考量的潜在职业选项2~3个。

（2）在"考虑项目"一列中，根据个体关注的内容，选择性地填入需要考虑的影响因素。影响因素可从个人物质方面的得失、他人物质方面的得失、个人精神方面的得失、他人精神方面的得失四个维度来考虑。

2.判断各个选项的利弊得失

（1）对每个影响因素确定其评估权重，从1~5中选择一个整数分配权重，填入表格中权重值一栏。一项因素的重要性越大，它的权重就越高，5为最高权重，表示"非常重要"，3代表"一般"，而1代表"最不重要"。对自我需求和价值观的准确了解，是给出权重的前提。

(2)对每个职业选项下属的每个影响因素给出一个原始分，计分范围为-5~+5之间，其中"+5"表示"考虑因素在该职业选项中得到完全的满足"；0表示"不知道或无法确定"；而"-5"表示"考虑因素完全未能得到满足"。选择一个整数填入表格中相应的位置。

(3)对所有选项的全部因素给分完毕后，对分数进行审核，可以进行二次调整和修改。

3.计算得分

(1)把每个因素的原始分与其权重值相乘所得的分数即为加权分。注意分数有正负分。

(2)把每个选项的加权分相加即为该选项的总分。

(3)对所有总分进行比较和排序。

4.选择与反思

(1)确定每个选项的优先级，分数最高者为最优。

(2)反思如下的问题：这个结果是否使原来比较模糊的选择变得清晰？有没有遗漏什么重要的因素？是否认可这个结果？如果不太认可这个结果，原因是什么？是否需要重新调整以上因素的权重？

(3)有必要的话，可以再适当调整平衡单，直到认可评估结果。

表 5-1　决策平衡单

考虑项目		权重	职业选项一		职业选项二	
			原始分	加权分	原始分	加权分
个人物质方面的得失	1.经济收入					
	2.工作强度					
	3.晋升机会					
	4.工作环境					
	5.休闲时间					
	6.健康影响					
他人物质方面的得失	1.家庭收入					
	2.家庭地位					
	3.与家人相处时间					
	4.家属福利					

续表5-1

考虑项目		权重	职业选项一		职业选项二	
			原始分	加权分	原始分	加权分
个人精神方面的得失	1. 成就感					
	2. 归属感					
	3. 挑战性					
	4. 社会地位					
	5. 兴趣的满足					
他人精神方面的得失	1. 父母					
	2. 配偶					
	3. 师长					
	4. 其他					

职-场-宝-典

决策平衡单法应用

小亮是某高职院校大二商务英语专业的学生,已通过计算机一级和大学英语四级考试,正在积极准备大学英语六级和人力资源专业专升本的考试。他在校担任班级团支书,同时参加学生会工作,还积极参加学校的各项比赛和活动,如挑战杯、商务英语大赛等。在自我盘点中,小亮明确了自己的职业兴趣适合社会型、企业型的职业,他自信、充满活力、做事严谨。结合自我认知和环境探索的结果,小亮利用决策平衡单(表5-2)对自己的目标职业以及两个有可能从事的职业做了决策分析。

表5-2 小亮的决策平衡单

考虑项目		权重	人力资源管理		行政职员		英语培训员工	
			原始分	加权分	原始分	加权分	原始分	加权分
个人物质方面的得失	1. 经济收入	3	4	12	4	12	4	12
	2. 工作强度	3	3	9	4	12	4	12
	3. 晋升机会	2	3	6	4	8	4	8
	4. 休闲时间	2	-2	-4	3	6	3	6
	5. 稳定性	1	1	1	2	2	2	2

续表5-2

考虑项目		权重	人力资源管理		行政职员		英语培训员工	
			原始分	加权分	原始分	加权分	原始分	加权分
他人物质方面的得失	1. 家庭收入	3	4	12	2	6	2	6
	2. 家属福利	2	3	6	3	6	1	2
	3. 与家人相处时间	2	−2	−4	−1	−2	2	4
个人精神方面的得失	1. 施展空间	5	4	20	2	10	−2	−10
	2. 归属感	5	5	25	3	15	3	15
	3. 长远发展	5	5	25	3	15	3	15
他人精神方面的得失	1. 父母	3	3	9	3	9	3	9
	2. 朋友	2	−1	−2	1	2	1	2
	3. 师长	1	2	2	5	5	1	1
总分			117		106		84	

【决策结果】根据决策平衡单的分析结果，对外贸公司人力资源管理、行政职员及英语培训员工三个选择机会进行了计算，其中人力资源管理占据最高分，与小亮的职业目标相吻合。

(二)CASVE循环分析法

CASVE循环分析法是一个非常有用的决策技术，无论解决个人职业规划问题还是解决团体问题，它都非常有用。学习并掌握CASVE循环分析法能够帮助我们用系统的方法思考决策的过程，成为一个有效率的决策者。CASVE循环分析法认为一个良好的决策需要经历五个步骤，即沟通(communication)、分析(analysis)、综合(synthesis)、评估(valuing)和执行(execution)。这五个步骤构成一个决策循环(图5-2)。

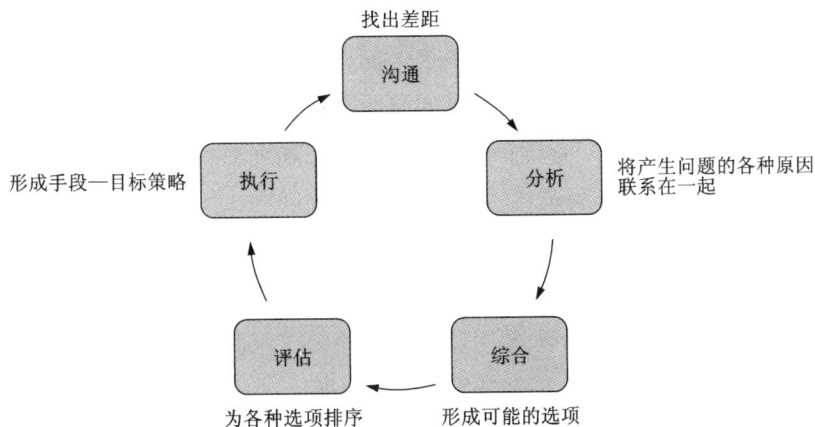

图5-2　CASVE循环

1. 沟通

沟通是决策的开始。个人发现理想与现状存在一定的差距，意识到问题的存在和自己的需要。沟通包括内部信息交流和外部信息交流：内部信息交流，是指关于自身身心状态的信息交流，比如在毕业找工作的时候，我们可能会感到焦虑、抑郁、心神不宁等，在生理上有疲倦、头疼、失眠等反应，这些身心状态信号提醒你需要采取行动解决就业问题。外部信息交流，是指关于外部职业世界的信息交流，比如同学们都开始准备简历或者参加用人单位的招聘活动，就给了我们一个外部信息，即我们也需要开始准备找工作了。通过信息交流和外部信息交流，我们才能意识到自己需要解决某些问题并对这些问题有整体的认识。沟通阶段需要回答的两个最基本的问题：此刻我正在思考并感觉到的自己的职业选择是什么？我对职业咨询结果所抱的希望是什么？如果没有意识到自己的需要，就不可能有后面的步骤。

2. 分析

这一步是对自我探索和职业探索所获得的信息进行分析，将问题的各个组成部分联系起来，对现状进行评估，从而更好地把握现实状态和理想状态之间的差距。首先，分析问题产生的原因并对问题做出反省，避免冲动、盲目行事。比如需要问一些问题："为什么我有这样的感受？""我需要做些什么才能解决这个问题？""做出选择的压力从何而来？"其次，检查自我知识和职业知识领域，改善并提高自己在兴趣、价值观、技能、职业、学习机会、工作组织、行业类型等方面的知识水平。最后，考虑和分析可能影响职业决策的积极或消极的想法。

3. 综合

根据分析阶段所得出的信息，形成解决方法的可能选项，并进一步收集相关信息，确认自己的选择。形成解决方法的可能选项时，一般先把选择范围扩展开来，然后再逐步缩小，最终确定3~5个最可能的选项，这个先扩大后缩小的过程非常重要。

我们对自我的各方面有了很多了解，每一个方面又分别对应着不同职业。我们首先把这些职业都列出来，就会得到一个范围很广的选择列表。然后选取其中的交集，就能得到缩小的职业选择范围，把最可能从事的职业限定为3~5个。最后，可以问自己"假如我有这3~5个选择，是否可以解决问题，消除现实和理想状态的差距？"如果可以，就进入评估阶段选出最适合的选择，如果还是不能解决问题，就需要重新回到分析阶段以了解更多信息。

需要注意的是，不要在没做探索之前就匆忙决定，这样会将自己的选择面限制得很窄。在生涯规划中，要先扩展个人的职业前景清单，打开视野，充分地看待自己所拥有的可能性，在收集信息的基础上适当压缩，做出选择。

4. 评估

这一步是对综合过程得出的3~5个选项进行具体的评估，如这个选择的可行性以及这个选择对自己和他人的影响，并进行排序，从而得出最终的选择。评估过程的第一步可以问三个问题：对个人而言，哪个选择是最好的；对我生活中重要的人，如父母亲友而言，哪个选择是最好的；对所处的环境而言，哪个选择是最好的。通过评估过程可以得出有些选择是对个人和社会都有利的。评估过程的第二步就是进行排序。能够最好地消除现实与理想状态之间的差距的那个选择被排在第一位，次好的选择排在第二位，以此类推。此时，好的决策者会选出一个最佳方案。然而，有时第一选择会因为某些原因而不能成功实现，决策者必须转向排在后面的那些选择，所以排第二、第三位的选择也是恰当的备选方案。

5.执行

执行，是整个循环的最后一步，也是确保决策有效的最重要的部分。没有执行过程，任何决策和目标都不可能实现。这一步要将思考和选择转换为行动。首先要制订详细的、符合实际的行动计划，然后认真实施计划，并解决执行过程中出现的各种问题，达到既定目标。

在执行阶段之后，生涯决策者又回到沟通阶段，以确定已经选取的选择是不是最好的，是否能最有效地消除理想与现实间的差距。如果问题解决，那么原先在沟通阶段体验到的消极情绪就会转化为积极的情绪。如果仍然是消极的，那么就需要再次进入CASVE 循环。

职-场-宝-典

CASVE 循环分析法应用

小马是一名英语专业的大一女生，最近一段时间觉得很烦。英语专业在她的大学里面不属于核心专业群，但因为她的专业是调剂的，所以她并不是很喜欢。特别是在学习过一段时间后，她了解到她所在学校的英语专业未来的就业去向跟自己希望从事的职业差别较大，而且考研成功的概率也很低。她很想换个专业，但又担心换的专业自己也不喜欢。对此，她很难做出决定，心情烦躁，睡眠也不好。

那么，小马可以如何利用CASVE 循环分析法帮助自己做出合理的决策呢？

(1)沟通，意识到需要做选择：经过一段时间的大学生活，小马逐渐意识到自己并不喜欢自己目前的专业。她发现自己对学校的法学专业更感兴趣，并希望将来毕业后从事这方面的工作。

(2)分析，了解自己和可能的选择项：小马学习基础好，态度认真，入学后一直能够完成对本专业的学习，成绩在专业中排名很靠前，学有余力的时候还参加很多其他学校或校内其他学院的课程学习；同时，基于对自己的了解和对法学专业的了解，以及对自己未来发展的思考，通过广泛咨询，小马收集整理出可以转换法学专业的几种途径：

①退学重考。②校内申请调整。③辅修第二学位/旁听其他专业课程。④通过考研改变专业。⑤一边读本专业，一边考取法学专业从业的资格证书，毕业后投入与法学专业相关的工作。

（3）综合，分析并压缩选项清单：综合考虑自己的年龄、为了考大学已经付出的努力和退学重考存在高考发挥失常的风险，小马放弃了退学重考大学的想法；通过咨询学长了解到，在读期间考取一些证书虽然有一定作用，但毕竟不是真正的学历，且法学类证书很多人都可以考，含金量并不高，因此小马放弃了这个选项；考研是未来3年之后的事情，不确定性太高，她觉得风险太大，放弃了考研。

（4）评估，做出适合自己的选择：小马咨询了自己的辅导员，并到学校就业指导中心预约咨询，在老师的帮助下，她利用决策平衡单分析剩余的两个选项，最终确定了校内申请调整的决定。

（5）执行，采取行动，落实选择：做出决策后，小马马上登录校园网，下载了申请表格，按照规定将学校所要求的成绩单、申请表等相关材料准备齐全，通过学院报给了学校上级部门，最终结果令人欣慰，由于小马的学习基础好，她的申请通过了。

第三节　大学生常见职业决策问题

一、如何做好就业决策

毕业后的选择有多种(图5-3)，那么，大学生如何做好就业决策呢？

关于毕业的选择，你准备好了吗？

图5-3　就业选择

(一)全方位地认识、分析自我

只有清楚自己的兴趣、爱好、性格、气质等特点,才能够做出适合自己的职业选择。

(1)征求和自己熟悉的人的意见。多利用些时间和父母、朋友、老师和同学谈心,听一听他们眼里的你。当然,要注意这些意见并不一定完全符合真实的你,需要把每个人的看法总结归纳出来,才是你的基本特征。

(2)阅读关于探索兴趣、爱好、性格等的书籍,了解一些基本的专业知识,明白不同性格、气质的人的特点以及优劣势,掌握相关名词和称谓。同时也可以对照着书本内容进行自我探索,对自己的性格、气质等做初步的分析和认识。

(3)借助科学的测评工具认识自己。可以利用就业信息网上的职业测评工具对自己进行职业测评,作为认识自我的参考。

要特别注意,不管是哪种方法,都只能作为认识自己的参考,不可以盲目相信,随意贴标签。

(二)从实际出发,选择职业方向

了解和认识自己以后,把自己所有的特征集中起来,对比分析,然后确定自己真正的兴趣。然后再寻求适合自己这种兴趣去向的职业,把它们列出来,一一分析对比,将自己最想从事的职业作为重点目标和对象,其次是自己比较喜欢的、有些喜欢的……

如此排列下来,有利于将来的职业选择。

(三)收集、分析职业信息

选择好了发展方向,接下来就是进一步地收集职业信息,了解该职业的具体情况,从而分析自己是否适合。虽然我们置身于信息的海洋中,但是要获取自己设定的目标的信息,仍需要我们主动地通过各种途径去搜集、整理。常言道,"条条大路通罗马",搜集信息没有可以遵循的标准和规则,只要能得到有效的职业信息即可。

根据搜集资料的方式可以分为静态的资料收集、动态的资料收集两种。

1.静态的资料收集

(1)阅读名人传记。如果确定了自己想从事的职业,就可以了解下该职业最有成就和建树的人,查阅关于介绍他们真实生活和工作的传记。传记更加翔实,更接近于真实的情况,也能提供更有效的职业信息。

(2)利用就业信息。把自己感兴趣的职业信息搜集、整理起来,形成一个该职业当前最基本的资料。这些来自招聘单位的信息,最能反映该职业时下的行情,有很大的帮助和参考作用。

(3)参加职业指导报告会。参加职业指导报告会,可以迅速增加自己的职业信息量,而且这种信息的质量一般也是比较高的,因此只要有机会就应该去参加。

（4）通过亲戚、朋友搜集职业信息。利用人际关系，包括亲戚、朋友、同学等各种关系，帮助留意、打听有关职业信息。

（5）媒体的报道。观看人物访谈、纪实片、专题报道、新闻采访、专家评说等，从中了解从事这些职业的人的生活情况、工作情况（这些人一般都比较典型，具有代表性）。

2. 动态的资料收集

（1）访谈生涯人物。联系一个在你目标行业领域就业的师兄师姐，对其进行采访，了解该岗位的实际工作情况。

（2）参加各种形式的招聘会和面试。积极参加自己喜欢的职业的招聘，创造机会和招聘人员面对面地沟通，了解该行业情况、职业要求等。

（四）制订计划，付诸实践

当通过各种途径搜集到职业信息并进行归类分析后，你会发现你的职业目标变得越来越清晰。你知道哪些职业是你期望的，哪些是不能满足你的需求的。

针对自己的职业目标，制订求职规划和职业发展计划。计划制订后，虽然在现实中可能会遇到各种情况，自己的想法也可能会发生变化，但是你只能根据具体情况不断完善自己的计划，而不能半途而废，让自己陷入一片混乱中。

二、如何做好考研决策

（一）考研要有良好的动机

考研之前首先要想明白这样一个问题：为什么要读研？如果是为了逃避就业或将来找一份好工作，读研并不是最优选择。读研的本质无关功利，而是为了在专业领域达到更高的知识水平，获得更广阔的专业视野。如果我们真的对某一专业有浓厚的兴趣，未来希望从事该领域内专业性较高的工作，自身也具备较强的学习与研究能力，那么读研就是一个很好的选择。

1. 需要审慎考虑的考研动机

研究生是否比本科生就业好？请对有工作经验的本科生和同届毕业的研究生进行比较，看到底哪个符合你认为的好。

2. 值得鼓励的考研动机

比如说未来期望的职业有学历要求（如高校教师必须有硕士学位）；喜欢学术科研（搞学术，有兴趣、有创新才能做好）。

3.需要认真考虑各项因素(表5-3)

表5-3 应考虑的各项因素

考虑因素	自我评价
经济因素	你的家庭能再支持你三年吗?
专业兴趣	你对报考专业有兴趣吗?
就业前景	你真的了解所报考专业的就业形势吗?
课程基础	你对报考专业有足够的知识积累吗?
其他因素	你爱的人会等你读完研究生吗?
鉴定结论	你是在求学进取还是在逃避现实?

(二)考研要兼顾就业

考研时也是求职的高峰期,可以在准备考研的时候参加一场学校大型双选会(一般为11月下旬),参加两次感兴趣的专场招聘会。在考研前签订一份三方协议,如果考研失败,也不会失去求职的最佳时机。

如果考研成功,可以和用人单位协商,一般而言,用人单位是能够理解这种情况的。只要取得用人单位开具的退函,就可以顺利读研。

三、如何选择单位

职-场-宝-典

好工作是研究出来的,没有准备就是准备失败!

选择单位的关键问题:①这份工作是否能发挥我的核心竞争力? ②我的岗位是否承担单位的核心业务? ③单位的品牌、待遇如何? ④谁来领导我? 我能从他们身上学到什么? ⑤是否有顺畅的学习和晋升渠道?

(一)选择单位时应考虑的八个方面

1.行业决定了未来的职业方向

了解行业概况、发展趋势、知名企业、行业薪酬、核心岗位、校招职位。

不要被"夕阳产业(行业)"这些词给吓到;每个行业都有"牛企"和"牛人";只要肯付出,"低位进入"也许机会更多。

2.第一个单位决定了未来的起点

了解组织概况、组织架构、企业文化、行业地位及竞争情况、薪酬福利水平、核心业务、校招职位、职业发展、内部员工声音。

大单位：规范严谨但等级严格；可受到规范训练；跳槽时有个好背景。

小单位：务实灵活但压力很大；锻炼机会多，有机会成为多面手。

无论进入哪个单位，努力付出都有回报！

3. 工作岗位决定了具体职业方向

掌握了解和评价岗位的 PLACE 法则。

P：职务要求。包括该职位的经常性任务、所需担负的责任、工作层次等。

L：工作地点。包括地理位置、环境状况、室内或户外、工作地点的变化及安全性等。

A：升迁状况。包括工作的升迁路径、升迁速度、工作稳定性、工作保障等。

C：雇用状况。包括薪水、福利、进修机会、工作时间、休假情形及特殊雇用规定等。

E：雇用条件。包括所需的教育程度、培训认证、经验能力、人格特质、品德修养等。

4. 个人发展目标是职业决策最关键的因素

什么价值对你是最重要的？你从目标职业中会获得这些吗？

你 2~3 年的短期目标是什么？你 5~10 年的长期目标是什么？

这些目标是否与你考虑的职业相契合？

你工作的单位能否为你的职业发展目标提供支持？

5. 工作中能否发挥你的核心竞争力是将来职业发展的关键基础

你最擅长用什么技能解决问题（自己在哪些方面最有核心竞争力）？

你当前的工作能否最大程度发挥你的技能？（只有选择最能发挥个人核心竞争力的工作，未来的职业发展才会更加顺畅。）

你是否有获得新技能的机会？

什么是核心竞争力？（你大学所学的专业、取得的成绩等。）

专业对口的说法，其实有一定的道理。如果不想从事本专业的工作，请先找到除本专业之外的你的核心竞争力，理智地想一想再做决定。

6. 薪酬福利要全面、长远看待

你想挣多少钱？你需要挣多少钱？你希望有哪些福利待遇？（图5-4）

不能只看眼前。要对比分析当前薪酬和几年以后的薪酬（可咨询校友）。

刚毕业的阶段是奋斗期，不要贪图安逸和轻松。

外在条件可以影响一个人的发展，当生活压力大的时候，部分人往往趋于保守，事业发展也会受到影响。

考虑什么因素？如房价、离父母远近(将来的赡养问题)、生活压力……

回家乡就业，这个可以考虑!

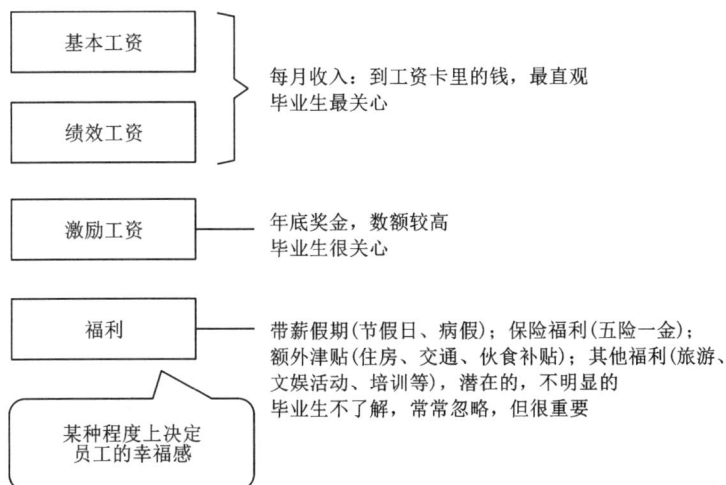

图5-4 薪酬福利因素

7. 户口地域等选择不绝对，要综合考虑

如果你很在乎"户口"，想想到底为什么。是理性思考的结果，还是受别人的影响?

工作所在地的城市生活成本你了解吗？能承受吗?

个人的发展离不开单位的支持，单位的重视和良好的制度是其保障。对此应如何判断？校友在单位的发展情况良好、校董或校友企业招聘、单位对本校毕业生非常重视……

有很多校友的单位，是一个不错的选择!

8. 没有一份职业是完美的，自己才是"主角"

如何看待家人或朋友的期望?

需要知道，自己人生的剧本，不是父母的续集，不是子女的前传，更不是朋友们的外篇。意见不一致时，应加强沟通，一起分析，用发展的目光看待、解决问题。

(二)关于跨专业就业的建议

想要跨专业就业？不想从事本专业相关的工作?

如果要放弃自己大学所学的专业，从事其他领域的职业，就意味着放弃了自己的最大竞争优势。当然，并不是说不从事本专业相关的工作，就一定没有好的发展。求职时，应在理性思考所学专业、自身能力素质、求职意向和未来职业发展关系的基础上，做出合理的决策。

不能基于模糊的概念或他人的某种说法，就做出"不想从事本专业相关的工作"的决定。

到专业相关领域就业，不是说到专业完全对应的领域就业，而是这个工作岗位能够用到所学的专业知识，能够发挥自己的专业优势。

能力由天赋和技能组成，其中技能包含三个方面(表5-4)。

表5-4 技能分类

分类	来源	内容	体现
专业知识技能	专业学习	专业课程学习、专业课题实验、参加专业类研讨会等	学习成绩单、论文、专利、企业项目等
	其他学习	培训班、辅修课程、自学	资格证书、成果和作品
通用技能	即你会做什么。如写作能力、动手能力、学习能力、创新能力、人际沟通能力等。通用能力来源于专业训练(如在学习大学专业知识时，学习、写作、创新等能力得到培养)、社会实践、就业实习、社团活动等		
自我管理技能	即你所具有的特征和品质。如有耐心、有责任心、踏实肯干等，其来源于日常意志品质的磨炼		

因此，可以说不存在什么"跨专业就业"的情况，用人单位招聘时会对你的专业能力进行考核，考核合格后，才会录用你。

基于以上理解，求职时，大家应该考虑的问题是："我的专业优势到底是什么"，只有弄清楚了这个问题，才能在求职时少走弯路，才能在进入用人单位后获得好的发展。

106

实训项目
我的生涯我做主

项目一 树立职业理想

知识储备

职业理想指人们对未来职业表现出来的一种强烈的追求和向往，是人们对未来职业生活的构想和规划。

任何人的职业理想必然要受到社会环境、社会现实的制约。社会发展的需要是职业理想的客观依据，凡是符合社会发展需要和人民利益的职业理想，都是高尚、正确的，并具有现实的可行性，大学生的职业理想更应把个人志向与社会需要有机地结合起来。

职业理想在人们职业生涯设计过程中起着调节和指南作用。一个人选择什么样的职业，以及为什么选择某种职业，通常都是以其职业理想为出发点的。大学生树立职业理想的过程，便是在心中进行职业生涯设计的过程。一旦在心中有了自己理想的目标，便要去规划自己的学习和实践，并为获得自己认为理想的职业而去做各种准备。

生涯体验

一、我的职业理想

请仔细回忆自己在不同年龄段因受重要的人或事件的影响而产生的职业理想，并认真填写下列表格。

年龄	影响个体职业理想的人或事件	职业理想

二、我的职业目标

职业理想形成后，每个人都应当尽快确定自己的职业目标，例如打算成为哪方面的人才、打算在哪个领域成才等。请运用决策平衡单法对自己的职业理想做决策分析，以确定自己的职业目标。

考虑项目	权重	职业选项一		职业选项二	
		原始分	加权分	原始分	加权分
个人物质方面的得失					
他人物质方面的得失					
个人精神方面的得失					
他人精神方面的得失					
总分					

决策结果：＿＿＿＿＿＿＿＿＿＿＿＿＿＿＿＿＿＿＿＿＿＿＿＿＿＿＿＿＿＿＿＿＿＿＿＿
＿＿＿
＿＿＿

项目二　正确评估自我

● 知识储备

自我评估就是对自己做全面分析,通过各种方式进行自我分析、认识自己、了解自己,也就是职业生涯规划要素中的"知己"。

只有正确、全面认识自我,才能对自己的职业生涯目标做出最佳选择。在职业生涯规划这个过程中,大学生正确评估自我是不可缺少的一个步骤,是职业生涯规划的基础,关系到职业生涯的成功与否。

一个有效的职业生涯设计,必须是在充分且正确地认识自身的条件与相关环境的基础上进行的。对自我及环境的了解越透彻,越能做好职业生涯设计。因为职业生涯设计的目的不只是协助你实现个人目标,更重要的是帮助你真正了解自己。

在自我评估中,要通过科学认知的方法和手段,对自己的职业兴趣、个性、能力价值观等进行全面认识,清楚自己的优势与特长、劣势与不足。自我分析要客观、冷静,不能以点代面,既要看到自己的优点,又要面对自己的缺点,只有这样,才能避免设计中的盲目性,达到设计高度适宜。

● 生涯体验

我的职业倾向性

霍兰德认为,个人具有最强偏好的三种兴趣越相似,相容性就越强,个人在选择时所面临的内在冲突和犹豫就会越少。霍兰德专门编制了《霍兰德人职六类型表》《霍兰德职业代码字典》(详见本书附录),可以帮助个人对自己的兴趣类型和职业类型的匹配度进行评估。

1.请将自己最想做的三种工作按顺序写下来。

_____

_____

2.下面列举了一些十分具体的活动。这些活动无所谓好坏,如果你愿意参加,就请在答题卷相应题号的"选项"一栏内画"√"。答题时,不必考虑过去是否做过或是否擅长这种活动,只根据你的兴趣直接判断即可。请务必做完每一个题目,并统计"√"的数量。

实用型（R）		艺术型（A）		研究型（I）	
题目	选项	题目	选项	题目	选项
1. 装配修理电器或玩具		1. 素描、制图或绘画		1. 读科技图书和杂志	
2. 修理自行车		2. 参加话剧、戏曲表演		2. 在实验室工作	
3. 用木头做东西		3. 设计家具、布置房间		3. 改良水果品种，培育新的水果	
4. 开汽车或摩托车		4. 学习乐器、参加乐队		4. 调查了解土和金属等物质的成分	
5. 用机器做东西		5. 欣赏音乐或戏剧		5. 研究自己选择的特殊问题	
6. 参加木工技术学习班		6. 看小说、读剧本		6. 解算术题或数学游戏	
7. 参加制图描图学习班		7. 从事摄影创作		7. 物理课	
8. 驾驶卡车或拖拉机		8. 写诗或吟诗		8. 化学课	
9. 参加机械和电气学习班		9. 进艺术（美术、音乐）培训班		9. 几何课	
10. 装配修理机器		10. 练习书法		10. 生物课	
数量		数量		数量	

社会型（S）		企业型（E）		传统型（C）	
题目	选项	题目	选项	题目	选项
1. 参加学校或单位组织的正式活动		1. 说服鼓动他人		1. 整理桌面和房间	
2. 参加某个社会团体或俱乐部活动		2. 卖东西		2. 抄写文件和信件	
3. 帮助别人解决困难		3. 谈论政治		3. 写报告或公务信函	
4. 照顾儿童		4. 制订计划、参加会议		4. 检查个人收支情况	
5. 出席晚会、联欢会、茶话会		5. 以自己的意志影响别人的行为		5. 参加打字培训班	
6. 和大家一起出去郊游		6. 在社会团体中担任职务		6. 参加算盘、文秘等实务培训	
7. 想获得心理学方面的知识		7. 检查与评价别人的工作		7. 参加商业会计培训班	
8. 参加讲座或辩论会		8. 结交名流		8. 参加情报处理培训班	
9. 观看或参加体育比赛和运动会		9. 指导有某种目标的团体		9. 整理信件、报告、记录等	
10. 结交新朋友		10. 参加政治活动		10. 写商业贸易信	
数量		数量		数量	

3.下面列举了一些十分具体的活动,以确定你具备哪一方面的工作特长。如果你认为你擅长从事某一项活动,就请在答题卷相应题号的"选项"一栏内画"√"。答题时,只需考虑你过去或现在对所列活动是否擅长、胜任,不必考虑你是否喜欢这种活动。务必做完每一个题目,并统计"√"的数量。

实用型(R)		艺术型(A)		研究型(I)	
题目	选项	题目	选项	题目	选项
1.能使用电锯、电钻和锉刀等木工工具		1.能演奏乐器		1.真空管或晶体管的制作	
2.知道万用表的使用方法		2.能参加合唱团		2.能够列举三种含碳水化合物较多的食品	
3.能够修理自行车或其他机械		3.独唱或独奏		3.理解铀的裂变	
4.能够使用钻床、磨床或缝纫机		4.扮演剧中角色		4.会使用计算尺、计算机、对数表	
5.能给家具和木制品刷漆		5.能创作简单的乐曲		5.会使用显微镜	
6.能看懂建筑设计图		6.会跳舞		6.能找到星空中的三个星座	
7.能够修理简单的电气用品		7.能绘画、素描或书法		7.能独立进行调查研究	
8.能修理家具		8.能雕刻、剪彩纸或泥塑		8.能解释简单的化学现象	
9.能修收录机		9.能设计板报、服装或家具		9.理解人造卫星为什么不会落地	
10.能简单地修理水管		10.写得一手好文章		10.经常参加学术会议	
数量		数量		数量	
社会型(S)		企业型(E)		传统型(C)	
题目	选项	题目	选项	题目	选项
1.有向各种人说明解释的能力		1.担任过学生干部并且干得不错		1.会熟练地打印中文	
2.常参加社会福利活动		2.工作上能指导和监督他人		2.会用外文打字机或复印机	
3.能和大家一起友好相处地工作		3.做事充满活力和热情		3.能快速记笔记和抄写文章	
4.善于与年长者相处		4.有效地利用自身的做法调动他人		4.善于整理保管文件和资料	
5.会邀请人、招待人		5.销售能力强		5.善于从事事务性的工作	
6.能简单易懂地教育儿童		6.曾担任俱乐部或社团的负责人		6.会用算盘	
7.能安排会议等活动的顺序		7.向领导提出建议或反映意见		7.能在短时间内分类和处理大量文件	
8.善于体察人心和帮助他人		8.有开创事业的能力		8.能使用计算机	
9.帮助护理病人和伤员		9.知道怎样做能成为一个优秀的领导者		9.能收集数据	
10.安排社团组织和各种事务		10.健谈善辩		10.善于为自己或集体做财务	
数量		数量		数量	

4.下面列举了许多职业，。如果你对某项职业喜欢的话，请在答题卷相应题号的"选项"一栏中画"√"。请务必做完每一个题目，并统计"√"的数量。

实用型（R）		艺术型（A）		研究型（I）	
题目	选项	题目	选项	题目	选项
1.飞机机械师		1.乐队指挥		1.天文学者	
2.野生动物专家		2.演奏家		2.生物学者	
3.汽车维修工		3.作家		3.实验员	
4.木匠		4.摄影家		4.人类学者	
5.测量工程师		5.记者		5.动物学者	
6.话务员		6.画家、书法家		6.化学者	
7.园艺师		7.歌唱家		7.数学者	
8.公共汽车司机		8.作曲家		8.期刊编辑	
9.火车司机		9.演员		9.地质学者	
10.电工		10.节目主持人		10.物理学者	
数量		数量		数量	

社会型（S）		企业型（E）		传统型（C）	
题目	选项	题目	选项	题目	选项
1.街道、工会或妇联干部		1.厂长		1.会计	
2.小学、中学教师		2.电视制片人		2.银行出纳员	
3.精神病医生		3.公司经理		3.税收管理员	
4.婚姻介绍所工作人员		4.销售员		4.计算机操作员	
5.体育教练		5.不动产推销员		5.簿记人员	
6.福利机构负责人		6.广告部部长		6.成本核算员	
7.心理咨询员		7.体育活动主办者		7.文书档案管理员	
8.共青团干部		8.销售部部长		8.打字员	
9.导游		9.个体工商者		9.法庭书记员	
10.国家机关工作人员		10.企业管理咨询人		10.人口普查登记员	
数量		数量		数量	

5. 请将上述几个部分已经统计好的 6 种职业倾向(R 型、I 型、A 型、S 型、E 型、C 型)画"√"的数量填入下表,并做纵向累加。

测试	实用型(R)	艺术型(A)	研究型(I)	社会型(S)	企业型(E)	传统型(C)
1						
2						
3						
总分						

请将上表中的 6 种职业倾向总分按大小顺序从上至下排列:

_____型_____型_____型

_____型_____型_____型

最高得分:_____ 您的职业倾向性得分:_____ 最低得分:_____

得分最高的职业类型意味着是最适合你的职业,可参考《霍兰德人职六类型表》《霍兰德职业代码字典》提供的职业建议。如果最适合你的工作和你在第一部分所填写的理想工作不太一致,可尝试培养自己更广泛的兴趣。

项目三 生涯机会评估

知识储备

生涯机会评估主要对内、外环境进行分析,确定这些因素对自身职业生涯发展的影响。在制定个人的职业生涯规划时,要分析环境条件的特点、环境发展变化情况、自己与环境的关系、自己在这个环境中的位置、环境对自身的要求、环境给自身带来的利弊等,以此来确定生涯机会的大小,使生涯规划更具有实际意义。

对生涯机会的评估,主要从组织环境和社会环境两方面进行考察,一般来说,短期的职业生涯规划更注重对组织环境的分析,长期的职业生涯规划更注重对社会环境的分析。

一、对组织环境的了解

组织环境对个人的职业生涯有着很大的影响,当组织环境适合个人发展时,个人更易取得职业上的成功,从组织环境的内容上来看,对组织环境的了解主要包括以下 5 个方面。

1. 组织特征

组织特征包括企业的行业属性、产品的组合结构、生产的自动化程度、产品的销售方式等,它们决定了这个企业内员工的发展空间。此外,对企业的类型应给予关注:该企业是资本密集型的还是劳动密集型？自己在这样的环境中有多大的发展空间？该企业所需要的是纯技术人才还是技术创新人员或管理人员？自己是否适合这种需要？

2.组织发展战略

每个企业都有自己的发展目标，企业的活动都是围绕着企业发展这个目标而进行的，因此，对人才的需求也体现在这个方面。如果企业处在新领域的开发期，他对这个新领域的人才的需求就会增加，如果企业进行结构调整，则这个机会对某类人来说是一个难得的机遇，大学生在求职时，如果能了解到有关组织的发展战略，对选择职业是再好不过了。

3.组织文化

企业的文化是否适合自身的价值观？自己经过调整能否适应？

4.组织人力资源状况

企业中职工的年龄状况、企业的晋升制度、绩效考核制度、薪酬制度、培训制度等等，这些都是职业生涯规划时应考虑的。

5.组织的人力资源规划

大型企业的人力资源规划能使人预测到组织的人力资源需求总量和人力资源供给总量，从而能使求职者或在职员工知道自己在企业内，是否有机会或有什么样的机会，从而制定合理的职业生涯规划。

二、SWOT 分析法在大学生职业选择中的运用

1.构建 SWOT 矩阵

大学生通过与他人的比较，考察自己周围的职业环境，认清自身的优势和劣势，以及周围职业环境的机会和威胁，并根据这些因素构建个体的 SWOT(Strengths Weaknesses Opportunities Threats)矩阵。通过矩阵，可以看到自身的竞争力和发展机会，同时也能认识到自己的不足和外在威胁。

大学生在进行 SWOT 分析时，可以采取多种方法来确定自己的优势和劣势、机会与威胁。特别是个体自身的优势和劣势，这两个因素是影响和决定个人职业生涯的关键性因素，因此必须要认真、客观地对自己进行分析。一个刚毕业的大学生，其优势可能包括：①主要经历和体验。如曾经参与学校活动、社会实践、获得过的荣誉等。②教育背景。自身受教育或培训状况、在校期间有哪些专业课程方面的积累、除了专业方面的学习以外还有何种特长、参加过什么样的学校组织与学校活动、担任过何种职务等。③最成功的事件分析。通过对过去成功事件的分析，可以发现自我性格优越的一面，如坚强、果断等。

个人的劣势可能有很多方面，但最主要的两方面包括：①性格缺陷。必须对自身重要的性格缺陷有正确的认识。②以往失败的经验或能力的缺陷。在分析过程中，将那些

内部因素	S优势	指个体可控并可利用的内在积极因素： ·工作经验 ·教育背景 ·丰富的专业知识和技能 ·特定的可转移技巧（如沟通、职业道德、团队合作、领导能力等） ·人格特性（如职业道德、自我约束、承受工作压力的能力、创造性、乐观等） ·广泛的个人关系网络·在专业组织中的影响力	指个体不可控但可以利用的外部积极因素： ·就业机会增加 ·专业领域急需人才 ·专业晋升的机会 ·职业道路选择带来的独特机会 ·地理位置的优势 ·强大的关系网络	O机会	外部因素
	W劣势	指个体可控并努力改善的内在消极因素： ·缺乏工作经验 ·学习成绩差或一般 ·缺乏目标，且对自我的认识不足 ·较差的领导能力、人际交往能力、沟通能力和团队合作能力 ·较差的寻找工作的能力 ·负面的人格特性（如职业道德较差、缺乏自律、缺少工作动机、害羞、性格暴躁等）	指个体不可控但可以使其弱化的外部消极因素： ·就业机会减少 ·由同专业的大学毕业生带来的竞争 ·具有丰富技能、经验、知识的竞争者 ·名校毕业的竞争者 ·专业领域发展有限	T威胁	

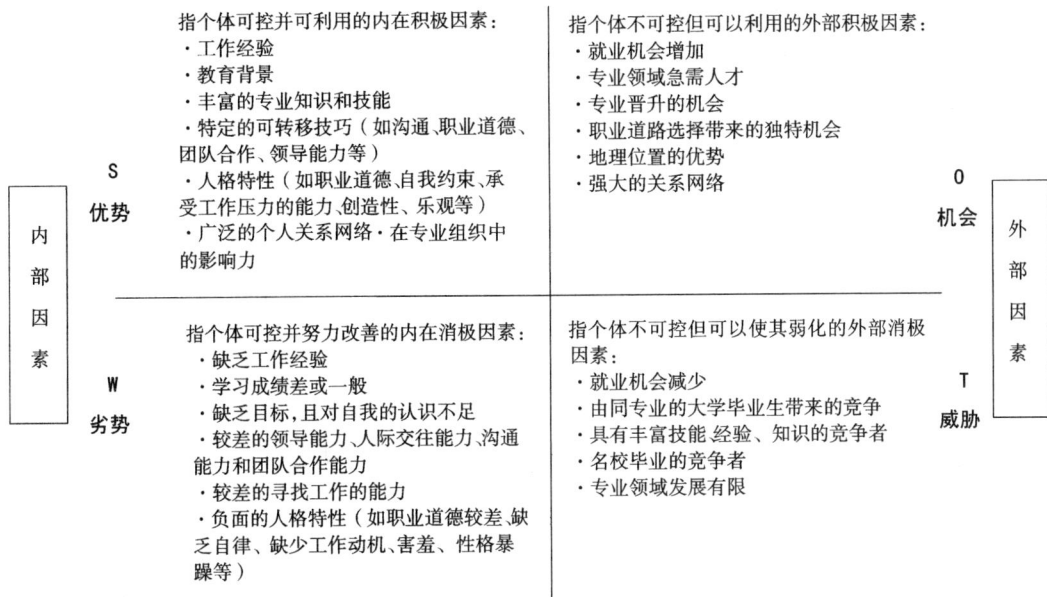

个体职业决策中的 SWOT 矩阵

对你的人生选择和长远发展有直接的、重要的、很多的、迫切的、长期的影响因素优先排列出来，而将那些间接的、次要的、少许的、不急的、短暂的影响因素排列在后面。

将以上调查和分析得出的各种因素根据轻重缓急或影响程度等排列方式，构建 SWOT 矩阵。

2.制订策略

在完成内外因素分析和 SWOT 矩阵的构造后，便可以制定出相应的策略，以发挥优势因素、克服劣势因素、利用机会因素、化解威胁因素。运用系统分析的综合分析方法，将排列的各种环境因素相互匹配起来加以组合，得出一系列适合自己的可选择对策。这些因素包括：

（1）WT(Weakness Threat)策略，即考虑劣势和威胁因素，目的是使这些因素都趋于最小。比如成绩不好，就有必要在以后更加努力学习；社交能力不强，就要多参加社会活动。

（2）WO(Weakness Opportunity)策略，即考虑劣势和机会因素，目的是努力使弱点趋于最小，使机会趋于最大。比如说虽然所在学校一般、专业偏冷，但是目前就业市场上对于复合型人才需求旺盛，如果你的综合素质足够好的话，这方面的因素对你的影响就会很小。

（3）ST(Strength Threat)策略，即考虑优势和威胁因素，目的是努力使优势因素趋于最大，使威胁因素趋于最小。

（4）SO(Strength Opportunity)策略，即考虑优势和机会因素，目的在于努力使这两个因素都趋于最大。比如说你的英语基础很好，就可以在今后继续加强这方面的优势，使它成为你各项素质中最具竞争力的要素。这应该是 4 个策略中最重要的，因为很多劣势是很难弥补的，与其着重于加长短板，还不如突出优势。

3. SWOT 分析结果的实际运用

在明确自身的优势和劣势、外在威胁和机会，并制订一系列的策略之后，就可以根据这些因素确定个体的职业发展道路。

以下是一名人力资源管理专业本科生小李(女)职业生涯规划中的 SWOT 分析，我们以此为案例，来详细阐述如何在个人职业生涯决策中运用 SWOT 分析结果。

【应用案例】原为某校专科生的小李，经过专升本考试考上了原校本科生，在校期间专业和英语成绩优秀，多次获得学校奖学金，且一直在校担任学生会主要干部，还曾多次获得校内外各种活动奖项。性格外向，交际能力较强，但容易情绪化，考虑问题不够全面，没有相关的工作经历。她的目标是在企业谋取一份人力资源管理部门的工作。

【SWOT 分析】我们首先对个案进行自身的优势和劣势分析，以及周围职业环境的机会、威胁分析，然后在这些分析结果的基础上制订出各种相关策略，整合后最终确定小李同学应该谋取一份在大中型企业(重点考虑外资企业)人力资源管理部门的工作(见下表)。

表 2-5　个体职业决策过程中 SWOT 结果的实际运用

内部因素分析 (SW) ／ 外部因素分析 (OT)	O 机会	T 威胁
	·人力资源管理逐渐受到企业的重视 ·外资企业进入，导致人力资源管理人才需求量增大	·人力资源管理在很多企业中仍然处于起步阶段，其运作很不规范 ·企业人事管理工作本身对从业人员素质的高要求 ·随着社会分工的细化，部分企业把人事管理交给专业人力资源公司进行管理
S **优势** ·专业对口，成绩优秀，学习能力较强 ·丰富的学生干部管理经历 ·思维活跃，学识较广博 ·善于与人沟通 ·英语成绩优秀	**SO** **优势机会策略** ·发挥担任学生干部的管理特长 ·发挥交际能力的特长 ·继续加强英语方面的优势，考取必要的证书	**ST** **优势威胁策略** ·强调自身对口专业的优势 ·强调学生管理工作的经历对实际工作的帮助 ·强调较强的学习能力和适应能力
W **劣势** ·学历水平不算高 ·没有相关的实际工作经验 ·比较情绪化，易受外界影响，考虑问题不够全面	**WO** **劣势机会策略** ·利用较强的学习能力 ·继续加强自己的专业学习，特别针对人力资源管理中某一领域的深入学习	**WT** **劣势威胁策略** ·考取人力资源管理专业研究生，提高学历 ·积极寻找重视员工潜能的企业 ·努力克制情绪化的影响

4.使用 SWOT 分析法应注意的问题

由于 SWOT 分析法是通过对某一时段个体的内在与外在因素的分析而作出的决策，而分析中的各个要素是动态变化的，并非一成不变。这就要求大学生在使用 SWOT 分析法时要重视信息的及时反馈，密切注意市场环境的变化，以获取最新的就业趋势信息，注意到各个因素未来的发展，并根据各种变化及时修正和调整自身的 SWOT 矩阵，从而作出更准确的职业决策。

● **生涯体验**

我的 SWOT

在充分了解自我和内外环境之后，请运用 SWOT 分析法对项目二的决策结果进行分析，并制定相应的生涯发展策略。

个体职业决策过程中 SWOT 结果的实际运用

外部因素分析（OT）／内部因素分析（SW）	O 机会	T 威胁
S 优势	**SO 优势机会策略**	**ST 优势威胁策略**
W 劣势	**WO 劣势机会策略**	**WT 劣势威胁策略**

SOWT 分析：_____

_____

_____

项目四　选择职业生涯路线

知识储备

　　职业生涯路线指一个人是确定向专业技术方向发展还是向行政管理方向发展，或其他发展方向。发展路线的不同，对个人的要求也不一样，即使在同一个职业，也分为不同的岗位。有的人适合做行政，可以向这个方向努力，成为一名优秀的管理者；有的人适合做研究，专心钻研的话可以在技术或学术上有重大突破；有的人适合经营，可以遨游商海。如果一个人错误地选择了与自身不相符合的职业生涯路线，那么，在他的职业生涯中更容易遭遇坎坷，成功难度更大。

　　典型的职业生涯路线是一个"V"形图。假定 23 岁大学毕业，从这个起点开始，我们通过对自己的能力、性格、兴趣、价值取向、特长等因素的分析，对自己的职业目标定位会将是多种多样的。比如有些定位于做工程技术、有些定位在职业经理、有些定位当老板等。在做了职业定位后，还要对自己的职业的发展定出一个路线图。下图模拟了一位毕业生的职业路线图。

　　职业生涯的选择可能不是从一而终的，中间也许会有变动，但无论如何选择均应朝向自己的职业生涯目标前进。例如，你可把你的职业生涯路线设计如下：在大学学习技术与管理知识——在政府部门锻炼自己的人际交往能力——到大企业担任中层管理员——到小公司担任高层管理员——成为大公司的高层管理员。

生涯体验

我的职业生涯"V"形图

　　1.选择自己的职业生涯路线应把握 4 条原则，择己所爱、择己所能、择己所需、择己所利。请遵循以上 4 条原则，考虑以下 3 个问题：

　　(1)我想往哪一路线发展？

_____

_____

（2）我能往哪一路线发展？

_____

（3）我需要往哪一路线发展？

_____

2.回答以上3个问题后，进行综合分析，绘制自己的最佳职业生涯路线。

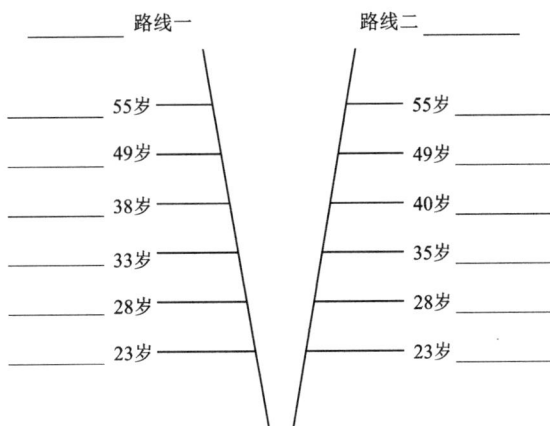

项目五　制订行动计划与措施

知识储备

　　有了明确的职业生涯路线和目标后，行动便成了关键的环节。没有行动的目标，也就谈不上事业的成功。这里所指的行动，是指落实目标的具体措施。例如，为达到目标，在工作方面，你计划采取什么措施提高你的工作效率？在业务方面，你计划学习哪些知识、掌握哪些技能提高你的业务能力？在潜能开发方面，采取什么措施开发你的潜能？这些都要有具体的计划与明确的措施。而且这些计划要特别具体，以便于定时检查。

　　职业生涯目标的实现可以用一系列的阶段来表示。我们可以根据自身的实际情况，将职业生涯目标分解为有时间规定的长期目标、中期目标、短期目标。短期目标时间一般为1年，中期目标时间为2年，长期目标时间为5年。

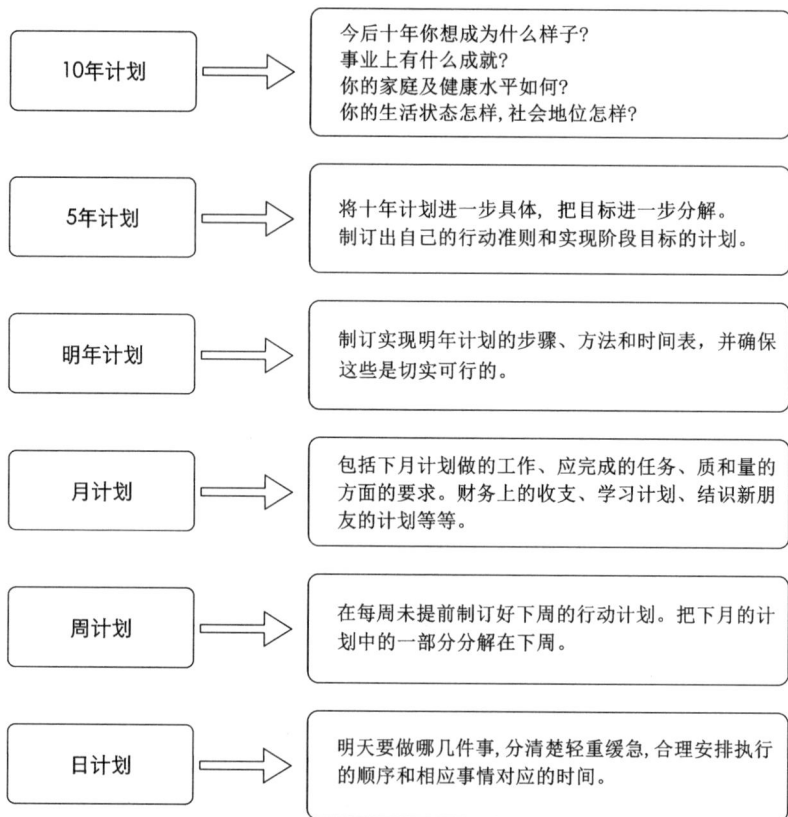

10年计划	→	今后十年你想成为什么样子？ 事业上有什么成就？ 你的家庭及健康水平如何？ 你的生活状态怎样，社会地位怎样？
5年计划	→	将十年计划进一步具体，把目标进一步分解。 制订出自己的行动准则和实现阶段目标的计划。
明年计划	→	制订实现明年计划的步骤、方法和时间表，并确保这些是切实可行的。
月计划	→	包括下月计划做的工作、应完成的任务、质和量的方面的要求。财务上的收支、学习计划、结识新朋友的计划等等。
周计划	→	在每周未提前制订好下周的行动计划。把下月的计划中的一部分分解在下周。
日计划	→	明天要做哪几件事，分清楚轻重缓急,合理安排执行的顺序和相应事情对应的时间。

行动计划

● **生涯体验**

我的职业生涯目标

请结合自己的职业生涯发展路线和行动计划，分解 5 年内的阶段目标。

长期目标：＿＿＿＿＿＿＿＿＿＿＿＿＿＿＿＿＿＿＿＿＿＿＿＿＿＿＿＿＿＿＿

目标分析：＿＿＿＿＿＿＿＿＿＿＿＿＿＿＿＿＿＿＿＿＿＿＿＿＿＿＿＿＿＿＿

＿＿＿＿＿＿＿＿＿＿＿＿＿＿＿＿＿＿＿＿＿＿＿＿＿＿＿＿＿＿＿＿＿＿＿＿

＿＿＿＿＿＿＿＿＿＿＿＿＿＿＿＿＿＿＿＿＿＿＿＿＿＿＿＿＿＿＿＿＿＿＿＿

中期目标：＿＿＿＿＿＿＿＿＿＿＿＿　达成时间：＿＿＿＿＿＿＿＿＿＿＿＿＿

目标分析：＿＿＿＿＿＿＿＿＿＿＿＿＿＿＿＿＿＿＿＿＿＿＿＿＿＿＿＿＿＿＿

＿＿＿＿＿＿＿＿＿＿＿＿＿＿＿＿＿＿＿＿＿＿＿＿＿＿＿＿＿＿＿＿＿＿＿＿

＿＿＿＿＿＿＿＿＿＿＿＿＿＿＿＿＿＿＿＿＿＿＿＿＿＿＿＿＿＿＿＿＿＿＿＿

短期目标：＿＿＿＿＿＿＿＿＿＿＿＿　达成时间：＿＿＿＿＿＿＿＿＿＿＿＿＿

目标分析：_____

_____

_____

职业目标评估：_____

_____

_____

项目六　评估与反馈

知识储备

俗话说"计划赶不上变化"，影响职业生涯规划的因素诸多，有的变化因素是可以预测的，而有的变化因素难以预测。在变化的状况下，要使职业生涯规划行之有效，就须不断地对职业生涯规划进行评估与修订。修订的内容包括：职业的重新选择、职业生涯路线的选择、人生目标的修正、实施措施与计划的变更等。

生涯规划是大学生生活与职业发展的蓝图。虽然在制订职业规划的过程中，对内在和外在、主观和客观的因素考虑了很多，但是随着时间的推移这些因素会发生变化。因此，为了确保规划的可行性和有效性，必须随时对生涯规划的内容和成效加以评估。此外，在实施的过程中，也会发现当初作规划时未曾想到的问题与执行时的困难。为保证生涯规划的效果，在每实施一段时间后，有必要对计划执行的方法作一次评估。

实施生涯规划时，必须为日后可能的计划修改预留余地，修订的依据是每次成效评估后反馈回来的信息。至于计划修订的时机，必须考虑下列3点：

第一，定期检测预定目标的达成进度；

第二，每一阶段目标达成之时，要依据实际效果修订未来阶段目标可采用的策略；

第三，客观环境改变影响到计划的执行。

同时，在修订计划时，还要不断地反省修正生涯目标，反省方案是否恰当，能否适应环境的改变，同时可以作为下轮生涯规划参考的依据。

生涯体验

我的职业生涯规划书

回顾项目一至项目五的内容，参考以下样本，撰写一份职业生涯规划书。

职业生涯规划书(样本)

个人基本信息

姓名：×× 性别：×× 年龄：×× 学校：×× 专业：××

一、我的职业目标：_____

长期目标：_____ 达成时间：_____

中期目标：_____ 达成时间：_____

短期目标：_____ 达成时间：_____

二、认识我自己

兴趣爱好：_____ 特　　长：_____

气质类型：_____ 性格倾向：_____

三、我的职业价值观

1._____

2._____

3._____

四、我的成就经历

1._____

2._____

3._____

五、我的专长

专业知识：_____

专业技能：_____

其他专长：_____

六、我对目标职业的了解程度

1.目标职业的特点：_____

2.与职业匹配的能力：_____

3.目标职业的工作内容：_____

4.目标职业的工作环境：_____

5.目标职业的薪酬待遇：_____

七、我的职业定位是

1.我的职业生涯规划理由：

(1)_____

(2)_____

(3)_____

2.我的职业生涯规划措施：

(1)_____

(2)_____

(3)_____

就业篇

第六章
提升就业能力

本章知识图谱

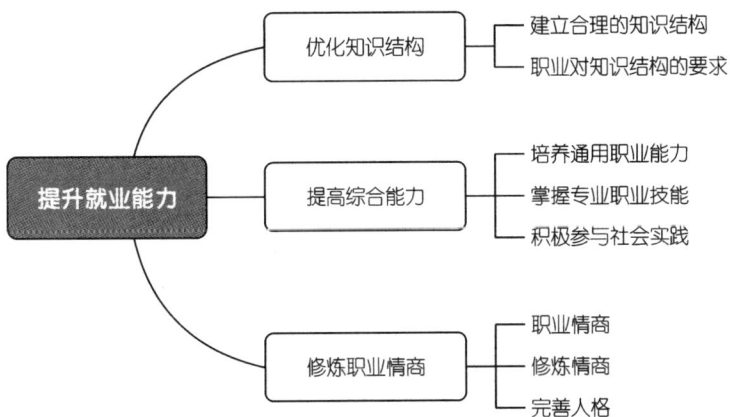

提升就业能力
- 优化知识结构
  - 建立合理的知识结构
  - 职业对知识结构的要求
- 提高综合能力
  - 培养通用职业能力
  - 掌握专业职业技能
  - 积极参与社会实践
- 修炼职业情商
  - 职业情商
  - 修炼情商
  - 完善人格

　　机会总是垂青于有准备的人。大学生就业能力的提升应该从跨入大学校门第一天就开始,并贯穿大学生活始终。这不是一件简单的事情,需要大学生通过认真的思考、不断的学习,努力优化知识结构、提高综合能力、修炼职业情商,这将关乎毕业择业时的自由度和就业岗位层次,重要的是可以有助于抓住人生当中更多稍纵即逝的发展机遇。

第一节　优化知识结构

一、建立合理的知识结构

21 世纪是知识经济的时代。知识结构是否合理、知识水平的高低是提高大学生就业竞争力的关键。它直接关系到大学生的综合素质能否有效提升，能否找到满意的工作，能否将自己规划的职业生涯蓝图变为现实。所谓合理的知识结构，就是既有精深的专门知识，又有广博的知识面，具有事业发展实际需要的最合理、最优化的知识体系。建立起合理的知识结构，培养科学的思维方式，提高自己的实用技能，以适应将来在社会上从事职业岗位的要求。知识结构是指一个人经过专门学习培训后所拥有的知识体系的构成情况与结合方式。合理的知识结构是担任现代社会职业岗位的必要条件，是人才成长的基础。现代社会的职业岗位，所需要的是知识结构合理、能根据当今社会发展和职业的具体要求将自己所学到的各类知识科学地组合起来的，适应社会要求的人才。

（一）合理的知识结构的特征

1. 有序性

合理的知识结构，一般来说必然有从低到高的、从核心到外围几个不同层次。从低到高是从基础到专业直至顶尖的目标基础知识，直至前沿科技知识，要求知识的积累由浅入深，并逐步提高；从核心到外围是指在目标确定的前提下，将那些对实现目标有决定意义的知识放在中心位置，由此构成合理的知识结构，突出核心知识的中心作用。否则知识结构杂乱无章、主次不分，很容易造成胡子眉毛一把抓，样样通、样样松，没有自己的专长，发挥不了知识的整体作用，很难在从业生涯中形成自己的优势，更谈不上成功。这里需要指出的是，我们强调知识搭配的主次有序，并不是否定外围知识作用。在具备专业特长的同时，多涉猎一些相关领域的知识，形成具有精深性和广博性的知识结构是理想的追求。

2. 整体性

一切事物都是有机的整体，知识结构与其他事物一样，是一个有机的整体，组成整体的各部分之间，都相互依赖、相互联系、相互作用、相互制约。如果知识结构只有数量的优势，而没有相互协调、配合融通，就很难产生知识结构的整体优势。知识结构本身就是发展变化的，它是动态的，而不是静止的，是随着社会的发展而发展变化的。在社会不发达的阶段，知识结构相对而言较为简单，随着社会的进步，科学技术的日新月异，人们根据社会的需要，对知识结构应经常进行调整、充实、提高。如不更新知识，就难以适应现代社会的要求。

3. 可调性

人们的知识结构应是动态的、可变的、能够根据需要经常进行定向调整，以保持最佳状态。所谓定向调整就是紧紧围绕选定的目标和积累的知识，调整自身的知识结构。爱因斯坦上大学的时候常常让同学帮助他记数学笔记而草率应付过去，没料到，他攻克广义相对论时发现自己所缺的正是数学这个武器。于是，他下苦功学习了 7 年数学，调整了自己的知识结构才取得了辉煌的成就。实践证明，合理的知识结构本身应该有一种转换能力，它能够根据变化了的客观世界和实际需要，从一个目标转向另一个目标而不断地对自身进行充实和调整。

（二）建立合理知识结构的基本原则

那么，怎样建立一个合理的知识结构呢？要建立一个适合自己发展的最佳知识结构并不是一件容易的事。因此，在确立自己的知识结构和学习新知识之前，应该掌握一些建立合理的知识结构的原则。这些原则不是一般意义上对学习者的要求，而是必须遵循的准则，离开这些原则的支撑和指导，要建立任何具有实际意义的知识结构都是不可能的。

1. 整体性原则

整体性原则体现的是知识内在的逻辑联系和必然性。在建立自己合理的知识结构时，必须从总体上来考虑知识的功能和效应，片面零散的知识、支离破碎的知识，不可能提高 个人的认识能力和解决问题的能力。知识的内在结构和体系，由浅入深，由个别到一般，这些原理都是符合学习知识的过程；而好高骛远、脱离实际地追求博大精深只能是一种幻想。用整体性原则指导自己建立合理的知识结构，就是从自己的实际出发，结合自己的整体目标，先从宏观上把握对自己发展起决定作用的知识，然后再从知识的内部融会贯通，完整掌握，而不能满足于浅尝辄止和一知半解。一种职业，一个岗位总是对从事它的人提出特定的知识要求，这些知识的本身总是一个个有机的整体，有其自身的规律和价值，越能从整体上把握，它的价值就越大。

2. 相关性原则

相关性原则体现的是知识的相互依赖、相互牵连的内在本质特点。所有的知识都不是孤立和分散的，一个学科、一门知识总是和他相邻的学科和知识有着或多或少、或深或浅的联系，从而构成了知识相互影响、相互促进的互动态势，比如语言学和文学之间，物理学和数学之间，气象学和生物学之间等。建立自己合理的知识结构，必须按照知识互相影响、互相依赖、互相促进的特征去组合、去建设，按照自己的人生目标、工作性质的相关要求学习掌握知识，而不是按照个人的喜好片面单纯地追求某一方面的知识。

3. 迁移渗透性原则

迁移渗透性原则体现的是知识的相互交叉、相互派生的特征。知识不是孤立分散的，相近相关的知识不仅可以互相促进，而且在一定情况下也可以相互转化和派生。尤其是随着新的科学方法和思维观念的出现，知识之间的相互渗透、相互迁移日益增多，交叉学科、边缘学科大量涌现，马克思预言的自然科学奔向社会科学的洪流已经成为现实，比如数学已经越来越多地渗透到多个学科领域。我们在掌握现有的相关知识的同时，还要善于将已有知识相互深透，将知识学活，用知识创新知识，使自己的知识结构变为一个不断向外扩张的体系。

4.动态性原则

动态性原则体现的是知识的发展规律，不能期望建立一个一劳永逸的知识结构。所谓"活到老，学到老"就是对知识动态性原则最通俗的注释。在信息时代，知识的更新更加频繁，一个人昨天建立的知识结构，如果今天不充实更新，它的价值就会降低。只有用动态性原则要求自己，不断在旧的知识结构中叠加新的内容，才能把握更多稍纵即逝的机会。

建立合理知识结构的 4 个原则，在具体的运用过程中并不是孤立的，是相互联系、相互作用的，是揭示了一个合理知识结构的必不可少的 4 个方面。因此，只有将 4 个原则结合起来，才能真正起到指导作用。

（三）建立和优化合理知识结构的途径

1.用理论思维的方法建构自身的知识体系

未来人才的知识结构是由未来所需要的人才的能力结构所决定的，这是知识建构中的总的指导思想。学生应当在总的指导思想下，依照未来社会的人才能力结构特征，构建自己的知识体系。既要从近期需求的角度考虑学习对自己有用的知识，又要从长远提高角度出发，进行知识的系统构建；既要学习自己有兴趣的专业知识，又要注重学习不易引起人直观兴趣的基础类知识、横向类知识、思维方法类知识。要从理论的高度认识学习的必要性和迫切性，不断发现自身知识结构方面存在的问题，采取多种形式来弥补知识结构方面存在的缺陷和不足。

2.强化知识结构的整体效应

20 世纪 80 年代以来，现代科学技术已日益呈现出既高度分化，又高度综合的特征。一方面，学科的划分越来越细；另一方面，不同学科之间的相互关联和相互渗透又越来越明显。通过各个部分知识之间的相互融合与沟通，使知识发挥整体优化功能，就显得更加重要。大学生要明确各类知识的多重功能、价值以及各种知识之间的内在联系，对实现专业培养目标有决定意义的知识，应务求精通，以发挥知识结构的整体效应。

3.优化知识结构的动态调节功能

良好的知识结构是一个动态平衡系统，其组成部分要相互协调一致，并具有动态调节功能。大学生要保持自身知识结构的最佳状态，就要紧紧围绕选定的目标不断积累并更新自己的知识，以调整和完善自己的知识结构。事实证明，一个人在学校所获取的知识是很有限的，大部分知识都要在日后的工作中根据需要，通过自学而获得。这种自学能力是根据变化了的客观形势和实际需要，通过自觉地补充、更新知识，以保证最佳的知识结构。

二、职业对知识结构的要求

（一）职业对就业者知识结构的要求

职业对就业者的知识结构要求是多方面的，不同的职业有不同的要求，但亦有其共性的要求：

1. 宽厚扎实的基础知识

基础知识是知识大树之躯干，是知识结构的根基。大学毕业生无论选择何种职业，也不管要向哪个专业方向上发展，都少不了宽厚扎实的基础知识，就像万丈高楼平地起，全靠基础来支撑。特别是随着科技和经济的高速发展，社会的产业、行业、职业结构调整的速度必然加快，大学毕业生的择业、就业已经不可能再是从一而终，职业岗位随时变动不可避免，要适应这种变化，必须有扎实宽厚的基础知识。

2. 广博精深的专业知识

大学毕业生是将要从事专业性较强的工作的高级专门人才，专业知识是知识结构的核心部分，也是科技人才知识结构的特色所在。无专业特色，也就不成其为科技人才。所谓广博精深，是指大学生对自己所要从事专业的知识和技术具有一定的深度，一定的范围，有质和量的要求，对概念体系、理论体系、研究方法、学科历史和现状、国内外最新信息等都要了解和把握。同时，对其专业邻近领域的知识也要有所了解和熟悉，善于将所学专业的领域与其他相关领域紧密联系起来。专博相济，专深博广，已成为当今人才素质的重要要求。

3. 大容量的新知识储备

现代各类职业都要求从业者的知识"程度高、内容新、实用强"。"程度高"指知识量大，面宽；"内容新"指从业者的知识结构中应以反映当今科学技术发展状况的新知识、新信息为主；"实用强"指从业者的知识在生产工作中有很强的使用价值。反映上述要求的一个很明显的例子是，目前用人单位普遍要求毕业生除了能熟练运用所学专业知识的同时还要能熟练地运用一门外语和计算机操作技术。

（二）不同的职业对就业者知识结构要求

1. 管理类职业对求职者的知识结构要求

该职业主要包括国民经济管理、企业管理、金融管理、财政管理、外贸管理、行政管理等社会工作。选择此类职业为目标的求职者，在其文化素质上除了具备上述那些共性的要求外，根据管理职业的实际需要和管理科学的发展规律，还必须很好地掌握党的方针政策知识。在其知识结构中，其管理理论和管理知识要占较大比例，应了解税务、工商、外贸的管理知识。

2.工程类职业对求职者的知识结构要求

该类职业的范围包括各行各业中从事工程技术应用工作的职位。它要求就业者在文化素质上应具备牢固地掌握所学专业的知识，具有较新的现代专业理论，熟练地掌握并能应用于实际工作中的应用技术知识及一定的管理知识。

3.科研类职业对求职者的知识结构要求

该类职业主要指基础理论研究、信息情报研究、学科应用技术研究等职业。该类对希望献身于这方面工作的求职者在文化素质上的要求为：具有丰富、坚实的专业基础知识，掌握严谨的研究方法并能运用于实际研究中，掌握大量的本专业的当代研究的前沿信息，熟练掌握本专业的各种实验方法和调查方法并能应用于实际工作中。

4.教育类职业对求职者的知识结构要求

该类职业的范围包括大学教师、中学教师及各类职业教师、干部培训教师等。由教育这一特殊职业决定，选择此类职业的就业者在文化素质上要具备以下条件：掌握辩证唯物主义和历史唯物主义的基础理论和浓厚扎实的专业知识，熟悉本专业最新研究成果及趋势，了解与本专业相近的新兴边缘学科或学科的情况，具有较高的文化素养达到真正的"博学"。此外还要掌握教育科学的有关知识，包括教育学、心理学、教育心理、教材教法等。

（三）保持动态的知识结构

随着科学技术发展速度越来越快，知识更新急剧加快，传统的学科之间的界限被打破，学科之间相互交叉、相互渗透，边缘学科、新兴学科不断涌现，学科间的联系越来越密切。学科发展出现了既高度分化又高度综合的新特点，任何一个学科都不可能脱离其他学科而单独发展。社会在发展，知识在更新，现代社会要求未来人才的知识不仅知识量大，面宽，知识结构中能反映当今科学技术发展状况的新知识、新信息，而且知识在今后的生产、工作中有很强的实用价值。一定的知识结构是求知过程中经过量变积累逐步形成的。这是一个从无序到有序、从低级形式到高级形式不断发展变化的过程。同时，具有一定知识结构的人，如果这种知识结构得不到及时的充实（或长期用非所长，或长期不能充实新知识），就会向解体的方向发展，超过一定的临界点，原有结构就遭到破坏。因此，不断追求吸收新的知识对任何人都是重要的。当今社会之所以非常重视继续教育，并把它作为终生的任务，就在于防止知识的老化，而使之不断适应社会生活与工作的需要。历史发展到我们这个时代，要求对知识的掌握具有一定的深度和广度，有量和质的要求。实践证明，大学生从学校里学来的知识，只占一生需要量的10%左右。90%的知识，需要到工作中继续学习、汲取。

当代大学生要学会鉴别知识（哪些是基础知识，哪些是应用知识，哪些是当今世界前沿知识），敢于抛弃知识（筛掉过时知识、垃圾知识），善于转化知识（把握知识点，形成量到质的转变），用智慧统帅知识才能在现实社会中靠自己的实力生活，用自己的能力赢得胜利。

第二节　提高综合能力

一、培养通用职业能力

通用职业能力，是指超越具体职业的、可迁移的能力，是任何职业要取得成功所必须具备的能力。如果把专业职业能力比作工具，那么通用职业能力就是运用工具的方法。因此，通用职业能力对我们的职业生涯发展有着极其重要的作用。我必须要重视通用职业能力的发展，以适应未来职业世界中职业更替和知识、技能更新的需要，为自身适应变化的环境、把握新的机遇奠定良好的基础。

（一）学习能力

学习本质上是学习者摄取信息的一种方式，知识和技能都可以通过后天的努力学习获得。在知识日新月异的今天，人们要想跟得上时代，要想掌握这个时代的主动权，必须不断地更新知识，掌握新的技能。可以说，学习能力是当前社会中人的核心竞争力，我们必须想方设法提升自己的学习能力。

1. 培养自主学习能力

（1）建立明确的学习目标。学习是为了致用，而不是为了学习本身，毕竟每个人的时间和精力有限，不可能学完一个专业所有的知识。因此，在学习前，我们都应该建立一个明确的学习目标，而这个目标应该与我们的职业生涯发展目标一致。职业生涯发展目标有助于学习的范围、领域和内容，明确的学习目标有助于职业生涯发展的成功。

（2）学会创造性学习。学习分为两种类型，一种是维持性学习，即我们在过去已有知识的基础上开展新知识的学习，新知识的范围是包含在已有知识的范围之内的，是针对专业知识的纵深发展。另一种是创造性学习，它有明确的学习目的，强调学习的实用性，要求独立思考，不轻信某个理论，对任何问题都有自己的见解。创造性学习要求大学生不仅能够根据生涯发展规划主动地进行学习，还能够进行知识的重组与创造。

（3）拓展学习渠道。一是通过阅读学习。阅读是最常用的学习方式，在有限时间里阅读真正的好书，可以有效提高学习效率。二是通过实践学习。实际工作中，我们经常会遇到各种各样的问题，因而要养成使用本专业知识解决各类问题的意识，在解决问题的过程中学习。三是利用各类资源学习。今天，我们获取知识的成本接近于零，百度、慕课等互联网平台为我们提供了便捷的学习渠道和丰富的学习资源。

2. 培养终身学习能力

"未来已来"，当前，人工智能、大数据和自动化技术飞速发展，并越来越多地出现在我们的生活和职业中。我们要把自己培养成为面向未来的人才，必须要增强终身学习的意识,提高终身学习的能力。可以说,终生学习能力是人们在未来社会生存下去的基本能力。要培养终身学习能力,必须及时转变学习风格。

(1)积极主动接受新鲜的知识,要求进步,学习最为先进的经验和技术。

(2)透彻理解知识,运用思考能力,加深对学习内容的理解。

(3)善用互联网资源,其打破了时间、空间、阶层的限制,给学习、探险和尝试提供了土壤,可通过学习各种免费的开放课程以满足自己的求知需求。

(二)沟通能力

沟通是人们通过口头语言、书面语言、形体语言、环境布置等赋予信息含义的任何事物传递和分享信息、思想和情感的过程,目的是达到特定的目标或达成共识。良好的沟通能力是我们生存和发展的必要条件。对于大学生而言,培养良好的沟通能力,不仅是职业生涯发展的需要,也是美好生活的需要。我们可以从以下两方面入手,提高自己的沟通能力。

1.注重有效的倾听

任何沟通都是双向的,认真倾听别人的谈话,不仅是对说话者的尊重,更是实现良好沟通的基础和前提。有效的倾听能增加信息交流双方的信任感,是克服沟通障碍的重要条件。要想做到有效的倾听,可从以下4个方面去努力。

(1)消除干扰、全心投入。沟通时,要营造良好的沟通环境,避免过多的外界干扰;沟通双方应全心投入,把注意力完全放在对方的身上,不要以自我为中心,不要总是试图占据谈话的主导地位。

(2)尊重对方、耐心静心。沟通时,双方应保持视线接触。倾听时,一定要看着对方的眼睛,给对方传达出你正在认真倾听的信号。另外,沟通时要耐心倾听,要让人把话说完,不随意打断和插话,不要急于评价对方的观点,不要急切地表达建议,更不要因为与对方的见解不同而产生激烈的争执。

(3)注意观察、善解人意。沟通时,要注意观察对方的肢体语言,以此来辅助对他人谈话内容的理解。同时,要注意保持适当的距离,尊重对方的隐私,给对方以舒适感。

(4)抓住重点,适时总结。要善于抓住对方话语中的主要意思。善于倾听的人总是注意分析哪些内容是主要的,哪些是次要的,以便抓住事实背后的主要意思,避免造成误解。此外,要适时总结对方谈话的主要意思和诉求,以便达成共识。

2.注重有效的沟通

有效的沟通可从以下方面入手。

(1)投其所好。如何与不认识的人快速建立关系、打开谈话的局面是一项重要的能力。要与对方开始并保持愉快的沟通,最关键的就是找到合适的切入点。

(2)求同存异。所谓"求同",就是指与人谈话时要从相同的观点开始,这样有利于谈话氛围的和谐;而"存异"是指尽量先不提分歧很大的观点、事物,否则会破坏谈话的氛围。

（3）善于提问。要了解对方的真实想法，要学会提问，通过提问去获得自己想知道的信息。在交谈中，要适时使用开放式提问、封闭式提问来了解需要的信息。

（4）真诚赞美。真诚的赞美能改变一个人的自我评价，令人重拾信心、产生进取的力量；真诚的赞美能够赢得他人的好感与信任，增进彼此的友谊，促进人际沟通的和谐。

（5）委婉批评。我们应学会在批评中加点糖，尽量以委婉的方式指出别人的失误，使别人易于接受，促进沟通的效果。

（6）适度幽默。幽默的语言，能使气氛轻松、融洽，利于交流。在人际沟通中，幽默还具有化解尴尬处境、委婉批评、易为人所接受的作用。那么，应当怎样培养自己幽默谈吐的能力呢？首先，要有渊博的知识和宽阔的胸怀，对生活充满信心与热情；其次，要有高尚的情趣、丰富的想象、开朗乐观的性格。

（7）学会拒绝。在生活中，我们经常会遇到来自他人的请求或要求。事实上，我们无法满足他人的所有要求，因此我们经常需要拒绝他人。如何不伤及友情地拒绝他人，不仅是沟通的技巧，也是一门艺术。真诚表达、巧妙转移、提出建议、适度拖延等都是可以借鉴的方法。

（8）善用肢体语言。肢体语言是影响沟通效果的重要因素。在沟通中，温和友善的目光、轻松自然的脸部表情、自然得体的姿态与动作、悦耳动听的语音语调都是辅助表达和沟通的有效手段。

（三）团队协作能力

沟通协调能力与团队协作能力越来越为用人单位看重。大学毕业生在求职的过程当中应该做到有的放矢，针对用人单位的这种需求，更多展现自己在这些方面的经历特长。从调查反馈回来的信息来看，平时在学校参加社团、组织策划过某些项目的大学生最受用人单位的欢迎，而且"这些大学生到了新的工作环境后，上手很快，不久就能承担一些重要的工作了"。要培养自己的团队协作能力，应该从以下两个方面入手。

1. 锤炼自己的人格品质

（1）培养自己在团队中主动做事的意识，真正把团队的事情当成自己的事情，不被动地等待别人告诉你应该做什么，而是主动去了解需要我们做什么，然后在自己分工范围内进行详尽沟通和周密规划，并全力以赴地去完成。

（2）培养敬业精神，有了敬业精神才能把团队的事情当成自己的事情，才能有责任心，发挥自己的聪明才智，为实现团队的目标而努力。这就要求我们有意识地多参与集体活动，并且想方设法认真完成好个人承担的任务，养成不论学习还是做事都认真对待的好习惯。

（3）培养自己宽容与合作的品质，一个人的价值往往在集体中才能得到体现，而集体中的每个人都各有长处和缺点，能够在平时发现对方的美，而不是挑毛病，培养自己求同存异的素质。这就需要我们在日常生活中，培养良好的与人相处的心态并加以运用。

（4）培养自己的全局观念，团队精神不反对个性张扬，但个性必须与团队的行动一致，要有整体意识、全局观念，要考虑团队的需要，与其他团队成员互相帮助，互相照顾，互相配合，勇于承认他人的贡献，为集体的目标而共同努力。

2. 在日常学习、实践和生活中培养团队合作能力

培养团队合作能力是一项需要长期、有意识地坚持的工作。在专业学习方面，一般学校在教学安排中，部分专业或部分课堂会要求学生以小组讨论、分工合作的方式来完成作业和解决问题，以逐步培养和锻炼学生的团队合作意识，并使其体会到团队合作的效率和优势所在。我们应该意识到教学环节这些安排的重要性，积极主动参与这些活动。此外，还可以通过组队参加课外学术科技竞赛、创业计划大赛等途径，创造机会加强校内外交流合作，和不同年级、不同专业甚至是不同学校、不同国家和地区的学生组成团队，增加相互合作的机会，以此来相互学习，共同提高，增强团队合作能力。同时，应注重自己在生活中加强团队合作能力的培养，在集体生活中学会关心他人、与人合作，自觉承担公共劳动和公益事业，学会在团队中找到自己的角色定位，在完成任务时学会分工协作、互相帮助，逐步培养团队精神，提高团队合作能力。

（四）适应能力

适应社会和改造社会是对立统一的两个方面。五彩缤纷的现实生活使刚刚步入社会的大学毕业生眼花缭乱，很不适应。人类文明总是在继承与创新的矛盾运动中发展的。适应社会，正是为了担当社会赋予人们的职责和使命。适者生存，生存正是为了发展。大学毕业生只有注意培养自己适应社会的能力，走向社会才能尽可能缩短自己的适应期，充分发挥自己的聪明才智。一个人适应社会的能力是其素质、能力的综合反映，适应社会能力的强弱是与他的思想品德、知识技能、活动能力、创新能力、处理人际关系的能力以及健康等密切联系的。当然，对社会、环境的适应，是主动的、积极的适应，不是消极的等待和对困难的屈服，更不是对落后、消极现象的认同，甚至同流合污。适应要同发展结合起来，要同改造联系起来。

（五）动手能力

动手能力其实也就是实际操作的能力，它是人的智力转化为物质力量的基础，是专业工作者必须具备的一种实践能力。在现实生活中，尤其是教学、科研、生产第一线，大学毕业生实际操作能力的强弱，将直接影响到其作用的发挥。比如，作为一名科技人员，只懂得技术原理不行，没有操作能力，在很多情况下是不能完成技术任务的；作为一名教师，只有丰富的知识是不够的，还要有把自己的知识传授给学生的能力，如此等等。所以大学生必须重视动手能力的培养，注意克服注重理论学习、轻视实践操作的倾向。

（六）交际能力

交际能力是人际交往能力，实际上就是与他人相处的能力。社会上的人际关系远不如学校中的同学、师生关系那么简单。大学毕业生步入社会后，要与各种各样的人发生着这样和那样的关系。能否正确、有效地处理、协调好职业生活中人与人的各种关系，不仅影响一个人对环境的适应情况，而且影响着他的工作效能、心理健康、生活的愉快和事业的成败。大学毕业生在刚刚走上岗位时，由于初谙世事，阅历较浅，缺少经验，往往感叹"工作好搞，关系难处"。因此，大学生自觉地培养良好的人际交往能力非常重要。

（七）管理能力

尽管不是每个大学生毕业后都会从事管理工作，但却可以说，每个人在将来的工作中都不同程度地需要组织管理才能。现代社会表明，组织管理能力不仅领导干部、管理人员应当具备，其他专业人员都应具备。随着时代的发展，纯"书生型"的人才不能适应社会的需要。不论哪个专业的毕业生，都必须既有精深的专业知识，又有一定的组织管理能力，这不仅是顺利就业的需要，也是时代的客观需要。

（八）决策能力

决策能力就是对未来行为目标的决断和选择的能力。良好的决策能力可以实现对目标及其实现科学手段的最佳选择。有助于少走弯路、少犯错误，以较小的代价取得进步与成功。人的一生往往会碰到各种需要自己当机立断、痛下决心的事情。对于即将毕业的大学生来说，走向社会，这是人生的一大转折点。面临求职，何去何从，别人的意见和忠告各种各样，最终要自己拿主意。显然，这是对自己决策能力的一次检验。在未来的工作中，各种问题以及它们的变化进展都需要自己迅速作出反应，及时予以处理。因此训练和培养自己的决策能力是十分重要的，培养决策能力要从日常小事做起，不要事事请别人为自己拿主意，要养成多谋善断的习惯。这样日积月累，以后遇到重大事情时，才不至于无所适从。

（九）创新能力

创造学认为，创新能力是人人皆有的一种潜在的自然属性，即人人都有创造力，人人都具有可开发的创造潜能。在生产力水平低下的时代，创新是少数人的自发行为。到了高科技的今天，创新已是人们的一种基本素质，创新意识已是一种必需的心理品质，创新能力已是一种必备能力。

人们的创新能力可以通过教育和训练而不断被激发，转隐性为显性，转自发为自觉，转经验为理论，并不断得到提高、充实和完善。一些自认或被认为"无创新能力"的人，并不是真的没有创新能力，只是其创新能力没有得到良好的培养和科学的开发，只要给予培养和开发，加上自身努力，他们的创新能力是完全可以被激发的。对于我们来说，获得创新能力最有效的方法就是多观察、多学习、多思考和多动手。

职-场-宝-典

提升职业能力的方法和途径

积累知识

知识是能力的基础，离开了知识的积累，能力就成了"无源之水"。知识的积累要靠勤奋的学习来实现。

勤于实践

能力是在实践中形成发展，并表现出来的。实践是培养能力的重要途径。在大学期间，担任学生干部，参加一些社会活动等，都会有助于大学生实际能力的提高。只要处处留心，时时注意，大学生活中有许多锻炼机会。

发展兴趣

爱因斯坦说"兴趣是最好的老师"，兴趣和爱好是能力发展的动力。兴趣爱好广泛的人，眼界宽广，思维开阔，容易从多方面得到启发，促进创造力的发展。大学生要围绕所学专业发展自己的兴趣爱好，加强知识的学习和积累，全面锻炼和发展各种实际能力。

超越自我

唯有自己的超越方为正途，其余当是旁门左道，登不了大雅之堂。超越，"人生的最大敌人就是自己"。就是认识自我，敢于挑战自我、战胜自我、超越自我、超越他人而走向成功的过程。超越自己，每个人都做得到。

二、掌握专业职业技能

专业职业技能涉及的是特定职业，是将所学的知识、技能和态度在特定的职业活动或情境中，进行类化迁移与整合所形成的，能完成一定职业任务的能力。可以看出，它是完成特定职业任务不可或缺的关键技能。职业的类别是纷繁复杂的，专业职业技能的种类自然也是多种多样的。就大学生来说，应从以下几个方面着手掌握专业职业技能。

（一）增进专业基础知识

专业基础知识是前人积累下来的宝藏，它使我们能够准确而深刻地认识、解释这个领域中的各种事物和状态。专业基础知识引领我们入门，也是日后我们专业能力发展的重要推进器。

我们的大学学习阶段，是增进专业基础知识至为重要的一个时期。所学的系统专业学科知识，使我们在毕业的时候获得了从业的准资格，并将在我们今后的职业生涯中发挥基础性的作用。

（二）深入细致地了解职业技能要求

在校期间，除了学好专业知识以外，应更多地了解专业对应的职业岗位及其对职业能力的具体要求，这些技能与所学专业课程的关系如何。个人还要根据自身职业发展的需要，选择主修和辅修的课程，去选择要参加的培训和想要取得的资格证书，合理安排学习计划，积累适应个人职业发展需要的专业技能。

（三）提升专业实践技能

专业实践技能是实际从事专业活动表现出来的一系列外部行为方式。专业基础知识可以借助书本和资料学习，但专业实践技能就必须通过我们自己的实际操作才能够获得。实践技能需要在"做"中"学"，需要经过反复操作，才能提升熟练程度，进而达到更高的技能水平，形成自己的技能经验。学校学习给我们提供了很多提升专业实践技能的机会，如实训课、实习等。我们应积极投入到这些实践活动中去，切实培养操作技能。要在专业实践、生产实习中不断提高自身的专业技能，提高就业所应具备的特殊能力，这是顺利就业并获得持续的职业生涯发展所必须具备的。

（四）培养专业解决问题能力

一定的实践技能可以让我们基本胜任职业工作的一般要求。我们将来面对的职业环境不会仅仅像一条只需机械操作的生产线那样简单。在我们的专业工作中，会产生各种各样的新情况，遭遇各种各样的困难和挑战，要求我们加以解决。解决问题能力在我们当今的知识经济社会中日益重要。解决问题能力越强的人，越容易在不断变化、发展的工作、世界中立于不败之地。专业解决问题能力的具体表现有：能否及时发现问题，恰当地界定问题；能否运用专业知识和技能分析问题，提出解决方案；能否恰当地选择解决方案并投入行动；能否在解决问题的行动过程中及时评估和调整解决方案，最终达到解决问题的最佳效果。

⎛职⎞-⎛场⎞-⎛宝⎞-⎛典⎞

提升工作能力的方法和途径

多和同事沟通和交流

平时要多和自己的同事沟通交流，这样不但可以增加自己对公司的了解，还能更好地处理同事关系，向他们学习工作经验。

学会吃苦耐劳

不管脏活累活都尝试着去做，这不但对你以后的职业发展能提供帮助，还对于自己以后创业有很大的帮助。

多观察，多思考

要多观察其他同事是怎么工作的，多想想别人为什么这么做，要怎样做才能做得更好。经常动脑子想问题，而不是安于现状，这样你才能得到大家的认可。

多总结

养成总结的习惯，在每一次成功和失败中吸取教训。不管工作大小，只有不断总结，我们才能看出纰漏，才能从中得到经验，这个对工作非常有帮助。

三、积极参与社会实践

大学生参与社会实践是将知识转化为能力，综合素质得到进一步提升，是实现大学生全面发展的必由之路。通过社会实践，大学生可以磨炼意志，砥砺品格；可以增加阅历，积累工作经验；还可以树立竞争意识和市场意识，培养创业能力，树立正确的就业观念。总之，学生通过社会实践，可以检验自己的知识结构，认识到自身的不足，培养复合能力，提升职业素质，努力使自己成为适应社会发展的高素质人才。大学的学习与生活为大学生参与社会实践提供了重要平台。

（一）高校学生会

无论是在中国，还是在西方国家，高校学生组织都是青年组织中一支非常活跃的组织。在我国的高校学生组织中，学生会组织是在学校党组织领导和共青团的指导下的学生自治组织，是联系和沟通学校各部门和广大同学的桥梁和纽带，是广大学生参与学校民主管理的重要平台，是高校学生组织的重点和核心。组织宗旨是：参与学校民主管理，维护学生合法权益，丰富校园文化生活，提高学生综合素质。具体作用有以下几个方面：

（1）认真执行和贯彻党的基本路线、方针、政策及学校、学院的有关精神，对全院同学进行爱国主义、集体主义的宣传教育，促进同学德智体全面发展。

（2）维护同学的正当权益，参与学院的日常管理，及时向学校及学院有关部门反映同学们的意见、建设和要求，充分发挥桥梁和纽带的作用。

（3）紧密围绕学校的中心工作，积极开展丰富多彩的校园文化及社会实践活动，全面锻炼和培养同学的能力和素质，使同学们成为适应社会主义建设需要的合格人才。

大学生参与竞选成为学生会干部或者担任作为学生会基层组织的班委会干部，是实现"服务同学，锻炼自己"宗旨的好机会。学生干部在学生会各层组织中各有特定的工作，而这种工作在质与量上不同于社会上的工作。因此，学生会工作介于纯工作环境和纯学习环境之间，它是一种过渡，是一种预备。

事实证明，在大学期间担任过学生会干部的同学，踏上工作岗位后往往具有较强的适应能力、组织能力、管理能力、社会活动能力等。这也是目前用人单位在招聘面试时更青睐于学生干部的原因所在。

（二）校园社团活动

高校学生社团是由学生自愿、自觉组建，具有一定规模，开展业余文化活动的大学生团体，是由具有共同兴趣爱好的部分在校学生，按一定的组织程序自发组织，通过开展各项有益的社团活动，实现"自我教育、自我管理、自我服务"的群众性学生团体。目前学生社团已逐渐成为学生开展课外学术研讨、科技开发、文艺体育交流、社会实践、社区公益服务等活动的重要阵地。

（1）大学生通过参加健康有益、丰富多彩的课外活动，通过履行道德义务和责任，通过参与社会实践和服务而获得成果，使学生享受到实践道德的快乐，体验到更深刻的自我肯定、自我完善的满足（以社团活动为载体，提升德育工作实效性）。

（2）有利于提高大学生科学文化素质和创新能力。跨专业、跨学科、多层次、多内容的社团活动，打破了封闭的教学体制，加强了不同学科之间的相互交叉，相互渗透，培养了同学们获取、分析、利用信息的能力，开阔了视野，扩大了知识面。另外，社团活动为同学们走向社会，接触社会提供了多种途径，一方面可以将书本知识运用于实践，另一方面可以帮助同学了解社会需要，不断调整自己的知识结构；同时，各种学术、科技社团通过开展学术争鸣、科技服务、科研活动和社会调查，提高同学们的学术水平，培养科研能力和严谨求实的治学态度，发展学生的个性和创造力，激发学生创造的欲望和主动进取的精神。

（3）学生社团有助于培养作为集体一员的感情和合作感。组织的发展，各项活动方案的设计、经费、设备、场地等一系列难题的解决，都需要同学们去和不同的人打交道，取得他人的支持和帮助。每一项活动的开展，既为大学生们提供了一个更为广阔的人际交往舞台，又使大学生在实践中学会了如何协调和处理各方面的人际关系，提高自身交往能力；既培养了大学生公平竞争和他人合作的精神，又培养了他们自立、自信、开朗的性格和热爱生活、勇往直前的乐观向上的生活态度，为将来步入社会、适应社会奠定良好的心理基础。

（三）职业实践

随着高校毕业生就业竞争的日趋激烈，用人单位对大学生的实际工作经验越来越重视，职业经验成为大学生参与就业竞争越来越重要的砝码。参加职业实践能丰富大学生的职业经验，使其掌握一定的技能，尽快适应单位需求，较快地实现从学校人到社会人的转变，为实现"人职匹配"这一供需双方在职场追求的最高目标奠定坚实的基础。参加职业实践获取职业经验的过程，也是大学生在走入职场之前深入了解行业，科学规划自己的人生，确定自己的职业方向，正确进行职业生涯规划，了解社会的过程。因此，积极参加职业实践，获取职业经验对各个阶段的大学生而言都有十分重要的意义。职业经验的获得对于在校大学生来说，并非一朝一夕之功，必须有一个积累的过程，大学生应把积极参加职业实践,获取职业经验作为全面提高自己职业竞争能力的一个重要步骤。

1. 职业实践的主要途径

大学生开展职业实践活动的主要途径是社会实践,如社会兼职、假期临时性工作、实习实践等都是获得职业技能和经验的绝佳机会。通过这一类的工作,可以使各方面的能力得到全方位的提高,如交往能力、理财能力、照顾客户的能力、与人合作和与客户、同事、领导相处的能力等。要进一步了解自身存在的不足,不断地改进和克服今后择业中的不利因素,更深入地了解你的工作。

2. 提高职业实践的效益

要在职业实践中最大限度地受益,必须做好以下几个方面的工作:

(1)应确立目标,必须了解在一段时间内,将要从事什么类型的工作,在获得工作报酬的同时,达到什么样的工作目标,如获得某种相关的工作经验、了解另一种文化、提高某种技能、近距离观察同事是如何工作的等。比如,在职业方向确定后,大学生在二三年级职业实践的重点就应向提高专业能力、丰富职业经验转移。这期间的职业实践应根据行业的从业要求和本阶段专业理论学习,注意理论与实践的结合,注重专业技能的提高,学习现场管理的方法,注意总结行业工作的规律。在条件允许的情况下,应主动承担工作任务,尽可能多地获得实际锻炼的机会,最大限度地获取行业实践经验。而在大学最后一年,大学生的就业实践活动应更具针对性。尤其是职业实践的内容如果能与毕业设计的内容紧密结合则最为理想,应能使职业实践活动为毕业设计提供服务,提高毕业设计的针对性、实用性,一旦毕业设计能为实践单位提供帮助,则可为毕业生的就业增加重要的砝码。另外,这一阶段的就业实践活动应具有就业的目的,具有接收本专业毕业生意向的单位应成为职业实践的首选,就业前双方的深入了解,是实现"人职匹配"的最有效的途径,也是毕业生最终实现成功就业的重要环节。

(2)要进行相关专业与未来岗位提供的各种关系的评估,也就是进行岗位可能性评估,了解有哪些岗位是适合自己的,然后积极行动获取理想的实践机会。

(3)要合理预测,尽量实际一些。最好要注意一些实际的问题,如健康状况、假期、保险等,注意积累职业经验。

(4)职业实践过程中要处理好课程学习与职业实践之间的关系。扎实的理论基础是进行有效职业实践、提高专业技能的重要保证,有效的职业实践对进一步学好理论具有积极的促进作用。因此,不能因学业而忽视实践经验的积累,也不能因忙于参加职业实践而放弃理论知识的学习。只有正确处理好两者的关系,才能使职业实践活动更加富有成效。

3. 总结职业实践的经历

在参加职业实践的过程中,应注意收集和准备以下一些方面的内容,这将对撰写个人简历、准备面试与参加评估、提高职业竞争能力有很大的帮助:

（1）公司详情，如名称、地址、工作地点等。

（2）工作性质，如工种、工作时间和工作条件（全职、兼职，有偿、无偿）等，记录下第一天上班的日期和工作持续时间。

（3）工作任务。你的工作详情（如果可能的话，描述一下你工作的具体情况），详细说明你的技能，同时也要说明你的工作给公司带来的价值。

（4）公司经营管理总体情况。是大公司还是小公司，是地方性公司还是跨国公司，公司如何赢利，公司近期计划和目标是什么，主要产品是什么，提供的服务是什么，其企业文化特征是什么，部门文化与职业文化是什么等。

（5）经营策略。如果是一个大型企业，各个部门也许有各自的经营策略，了解你工作的部门主要负责什么项目。

（6）组织结构、政策与程序。你对公司的结构、政策与程序了解多少，例如市场营销、顾客服务、人力资源管理政策以及健康和安全事务等，评估一下公司的强势与弱势，看是否可提出一些建议。

（7）技能与能力。用人单位最重视的几个方面是：人际交往能力；研究能力；解决问题的能力；合作能力和影响力；自我发展能力等。

（8）成绩。详细记录自己对公司所做的贡献，尽可能具体一些，要记下别人对你的赞扬、你收到的反馈信息或书面表扬信等，重点针对你所做的事情。

（9）个人发展。重点放在工作经历使自己有所发展的方面，例如自信、提出建议等，明确今后的工作方向。

（10）总结。正确认识公司以及自己在公司中不断变换的角色，重点放在将汲取的教训运用到改善未来的工作上。

总之，大学生通过有目的的职业实践，可以从中得到以下的好处：一是可提高工作技能，二是可从工作中深入了解自己想做的或不想做的事情，三是可最大限度地满足用人单位对毕业生应具有的工作经验的要求，增强自身的就业竞争力，尽早确立竞争优势，四是可增强经营意识，逐步实现从学校人到社会人的转变，为成功走上社会奠定基础。

职-场-宝-典

提升业绩的制高点

某日，一位对汽车产品有一定了解的顾客来到一家汽车专营店。见到顾客到来，销售人员照例上前打招呼，询问顾客要看什么车。此时，这位顾客走到其中一辆车面前，要求销售人员打开引擎盖、启动发动机。在细心听了发动机的声音并对发动机内的各部件作了全面的审视后，该顾客问了一个比较专业的问题："这款车的怠速是多少?"听到这个问题,这位销售人员不假思索地告诉顾客:"1斤。"顾客一头雾水,没有弄明白他说的是什么意思。也许这位销售人员也发现了顾客的疑惑,为了证明他说的数据正确,他让顾客坐进了驾驶室,用手指着仪表台上的发动机转速表,此时指针在"1"的位置上,"你看,就是这里,1斤。"此时,顾客皱起了眉头,表示出了对这位销售人员的不屑,只是他还没有察觉而已。接下来的对话更让这位顾客跌破眼镜。顾客:怠速高了能不能调?销售人员:可以调,只要调一下化油器就可以了。顾客二话没说,扬长而去。至此,这位销售人员仍然不知道为什么顾客会离开,还以为顾客只是问问而已。

首先,这位销售人员对汽车的了解太不专业了。"怠速"是一个汽车产品的专用术语,指的是在停驶的状况下发动机热机后的正常转速,单位是"转/分钟"而不是"斤"。因为怠速的高低在一定程度上将影响到使用过程中的油耗,是消费者比较关心的问题。其次,由于环保的要求,现在新生产的汽油机汽车全部采用了电喷系统,化油机早已不再使用,所以怠速的调整不存在调化油器的问题。这是汽车销售中最基本的常识,遗憾的是这位销售人员连这个基本的常识也不懂,这样怎么能够获得客户的认同呢?对于一些新产品,消费者缺乏消费经验,会对购买产生某种恐惧和担忧,对后续的使用中售后服务占有重要位置的产品与服务尤其如此。此时,销售人员如果不具备这方面的专业知识,即使嗓门再大、说得再多也难以打动顾客的心。因此,加强对产品的理解与认识是当前销售人员必须解决的根本性问题。

要解决销售人员专业能力的问题,首先要用心,其次要得法。所谓用心,就是必须有一个持续不断地学习的心态。如果销售人员不愿意花时间去学习产品有关的知识,也就没有办法发掘这个产品能够给客户带来的利益。要知道,顾客不一定会因为销售人员宣称的产品优点而做出投资,但很可能会因为这个产品能够给他们解决问题而掏钱。所谓得法,就是要围绕自己所销售的产品,全方位地了解该品牌的内涵,如该品牌的由来、成长历史、客户的使用体会等。

总之一句话,只要是与这个产品相关的知识都必须一览无余地收入囊中,了如指掌,这样才能让顾客感到是在与一个专家打交道,是在接受一个专家的建议,才能让他们感受到投资风险最小、售后服务最有保障。这一点,尤其对顾客的大宗投资最为有效。这就是现在很多大企业为什么把自己的销售人员称为销售顾问的一个重要原因。由于"专业销售"还不为相当一部分企业负责人和销售人员所认同,在他们看来,顾客不买自己的产品是品牌知名度不高、广告投入少、价格高、产品竞争力不够……其实,只要花点时间认真研究一下,一切的问题都源于销售人员自己,如果从事销售的人员或即将从事销售的人员不能正确认识这个问题,提升销售业绩将是一句空话。

第三节 修炼职业情商

一、职业情商

(一)职业情商的含义

情商,是指一个人掌控自己和他人情绪的能力。它包含5个方面内容:了解自己情绪的能力;控制自己情绪的能力;自我激励的能力;了解他人情绪的能力;维系良好人际关系的能力。职业情商,则是这5个方面在职场和工作中的具体表现,是一个人尽快融入职业,在职业岗位中迅速成长的能力。职业情商侧重对自己和他人的工作情绪的了解和把握,以及如何处理好职场中的人际关系。

大学阶段是大学生成长的重要阶段,是学习、了解和明确社会角色,学习承担责任、履行义务、行使权力的阶段。这是一个人成长的过程,是一个由自我意识萌发到健全人格形成的发展时段。在这个过程中,大学生应在心态、思维方式、习惯、行为等方面不断修炼,从而培养和提升自己的情商。当今社会飞速发展,全球经济一体化的不断深入,机遇与挑战并存,对人的素质有了更高的要求。大学生必须具备过硬的专业知识和技能,还应有较高的情商,才能适应未来社会的发展,人生的价值才可能在社会工作中稳健实现。

(二)职业情商的核心内容

丹尼尔·戈尔曼在研究职业情商时,将其分为5个方面,每个方面又列出若干胜任特征。没有一个人是完美的,但要在工作中取得骄人的成绩,至少应具有6项以上的胜任优势,并且这些优势能力应分布在情商的5个方面:

1. 自我觉察——了解自己内心想法和倾向的能力及直觉能力

(1)情绪察觉:了解自己的情绪,知道情绪在如何影响自己及可能产生的结果的能力。

(2)准确的自我评估:知晓自己的长处和弱点。

(3)自信心:肯定自己的能力、价值和目标的勇气。

2. 自我调控——控制自己内心世界的活动及冲动的能力

(1)自制力:控制破坏性情绪和冲动的能力。

(2)诚信:能保持诚实正派,值得信赖。

(3)职业道德:对自己的工作负责任。

(4)适应力:灵活应变的能力。

(5)创新精神:乐于接受新观点、新方法和新信息的挑战。

3．成就动机——引导或推动达到目的的情绪倾向

（1）成就内驱力：努力提高或达到优异水平，把工作做得完美或比人稍胜一筹的内在动力。

（2）责任感：所做工作与群体或企业单位的目标保持一致，把公司或群体的计划目标铭记心中。

（3）主动性：随时准备抓住机会。

（4）乐观：即使经受打击挫折，仍能始终如一地追求目标。

4．移情——觉察他人的感情与需求及关心他人事情的能力

（1）善解人意：能觉察他人情感、理解他人的观点，对他人关心的事情持友善、积极态度。

（2）服务定位：能预测、觉察、发掘和满足顾客的需要。

（3）助人发展：能觉察他人的发展需要，并培养发展他人的能力。

（4）利用多元化：能通过不同的人孕育机遇。

（5）政治敏锐力：能觉察群体的情绪倾向和力量关系，了解社会潮流和政治趋势。

5．社交技巧——善于使他人产生自己期待的反应

（1）感召力：能卓有成效地影响或说服他人，有效地争取支持。

（2）交流：能明白无误地表达信息，敞开胸怀，听取意见。

（3）沟通：让别人通晓自己工作的新情况、新设想或消除误会和隔阂的能力。

（4）领导能力：能驾驭全局，鼓舞个人或群体士气，引导人们不断前进。

（5）促进变革：启动和控制变革。

（6）控制冲突：能沟通和解决分歧。

（7）建立并保持联系：能建立和谐的人际关系。

（8）合作与配合：能与他人齐心协力，实现共同目标。

（9）团队协调能力：能产生群体合作效应，追求集体目标。

以上1~3方面的能力属于个人的情感控制，这些决定着我们怎样控制自己；4~5方面的能力属于社会能力。情商的内容很多，核心内容可归纳为5句话：知道自己的情绪，知道别人的情绪，尊重别人的情绪，调控自己的情绪，影响别人的情绪。

二、修炼情商

根据美国一份有关失业的研究报告，失业中的90%的人不是因为不具备工作所需的专业能力，而是因为不能与同事、上司友好相处。因此，可以说，专业知识和技能学好了，并不意味着职业能力就强。要使自己的能力充分发挥出来，就必须通过职业情商修炼，培育自我功效发挥的能力。

(一)自信

自信是一种强烈情感,是对自己的充分信任和肯定。成功的企业家都具有能感染他人的强烈自信。这种强烈的自信能够激励自己克服重重困难,朝着自己所选的目标坚定地走下去,也能够深深感染其他人,给周围的人以勇气和决心,从而创造团结和谐、朝气蓬勃的工作氛围。只有相信自己,大学生才能跃出竞争的海平面,找到属于自己的一片天地,为将来职业生涯的成功打下基础。为此,大学生应该做到相信自己的价值,大胆的表现自己;敢于表达正确的看法;在困难压力面前,头脑清醒,处事果断;最重要的是要满怀激情去做事。

测测你的自信度

下面介绍几种日常生活中增强自信心的简易方法,你如能熟读这些方法,并有意识地努力实践这些方法,就一定能成为充满自信的人。

1. 要做好坐在前面的思想准备

生活中,我们往往会发现这样的现象:不论是什么样的集会,总是后面的座位先坐满。许多人愿意坐到后排,那是因为自己不想为人注目,不想引人注意,这大多是由于缺乏自信心的缘故。你要反其道而行之,坐到前面去,给自己带来信心。

2. 养成正视对方眼睛的习惯

正视对方的眼睛,无异于在向对方表明:你所讲的,我是懂的,你对于我不是居高临下,而是平等的,我对你并不存在什么惧怕心理,我有信心赢得你的敬重。

3. 将走路速度提高 10%

心理学家认为,人们通过改变自己动作的速度,实际上也可以改变自己的态度。如果你走路比一般人快,就像是对自己这样说:我必须赶紧到很重要的地方去,那里有重要的工作非我去做不可,而且,在 15 分钟内,我将出色地完成这一工作。

4. 主动和别人说话

养成主动与人说话的习惯也很重要,越是主动和人谈话,信心就越强,以后与人交谈就越容易了,闭门独思、自我封闭的态度,无异于对自信心的扼杀。

5. 请默念一些经过时间检验的励志谚语来增强自信心

如"有志者事竟成""积少成多,聚沙成塔""黑暗中总有一线光明""说不行的人永远是不会成功的"等,在你开始怀疑自己的能力时,就去想一想这些谚语,并对之深信不疑,此时,自信心就会倍增。

6. 要放声地笑,不要笑而不露

笑能给人增添信心,这是多数人所经常体验的放声大笑,表明了"我有信心,我一定能行的"。但要记住,培养起自己对事业的必胜信念,并非意味着成功唾手可得。自信不是空洞的信念,它是以学识、修养、勤奋为基础的,缺乏自信则是以无知为前提的。前者令人尊敬,后者受人嘲讽。自信与骄傲仅仅一步之遥,骄傲是盲目的,自信是清醒的；骄傲更多的是留恋于已有的，自信则主要是关注未来。

（二）责任感

责任感是自觉地把分内的事做好的心情。责任感要求我们把个人目标与集体的目标保持一致，把群体的目标铭记心中。这里所说的集体目标是积极向上的。

责任是任何一个有担当能力的人在社会生活中应承担的角色义务，是对自己的不良行为所应承受的后果。就社会而言，每个人必须承担责任，责任是不能免除的。每个人是权利主体，同时也是责任主体。在现代社会，一个有认知能力和理智行为能力的责任主体，必须对自主选择的行为负责任。良知更多地要求个体不仅意识到其责任，而且要在更高的道德境界上承担责任，完善自己的道德人格。比如歌手丛飞，在演艺圈绯闻流传、灯红酒绿的声色场中，以其高尚的社会责任感，资助失学儿童数百万元，自己却无钱治病。他感动了中国，也拷问了人们的良知。

就人的责任而言，可分为 6 个部分，即：自我责任、家庭责任、职业责任、他人责任、集体责任和社会责任。责任与良知是有必然联系的。不愿承担责任的人，一定是缺乏良知的人；良知泯灭的人，不但不会担当道义，还会给社会和他人造成伤害。

为圆满完成集体目标任务而竭尽全力。检查自己对所在集体的某项目标是否竭尽了全力。如果还没有尽全力，现在就为更好地完成这个目标付出自己最大的努力，分析当前问题的原因，提出解决问题的方案，想方设法落实好这一解决方案。

拓-展-阅-读

没有任何借口

"没有任何借口"看似冷漠，缺乏人情味，似乎只适合军队等特殊团队实行，但它却可以激发出一个人最大限度的潜能。

借口就像麻醉剂麻醉着我们的思想，而它的实质就是不愿意承担责任、拖延、缺乏创造精神、不称职、缺少责任感，对前途持悲观态度。以"没有任何借口"的精神做事情的人，他们身上所体现出来的一种服从、诚实的态度，一种负责敬业的精神，一种完美的执行力。实际工作中，每一个人都应当贯彻"没有任何借口"的思想。

（三）诚信

诚信，汉语词典释义为"能够履行跟人约定的事情而取得的信任"。对诚信的理解，传统上从道德层面理解的多一些。如今，诚信已不仅是一种道德，而是一种能力，是社会进步不可缺少的无形资本。诚信已成为现代文明的一个显著特征。特别是我国已经加入 WTO，更需要加强全民诚信意识，每个公民都应该认识到在市场经济中，人格信誉是自身最宝贵的无形资产，是每个人的立身之本。诚信是决定一个企业或一个人命运的根本，一个人在工作和生活中诚实信用方面一旦出现负面信息，就会影响今后的资信情况。现代市场经济是诚信经济。这里的诚信是指一种建立在授信人偿付承诺的信任的基础上，使后者无须支付现金即可获取商品、服务或货币的能力。由于现代市场经济中的大部分交易都是以诚信为中介的交易，因此，诚信是现代市场交易的一个必备要素。守信行为是生活、工作能够正常进行，经济能够有效运转的前提，也是一个企业、一个人立足于社会的必备条件。

拓-展-阅-读

诚信是金

一家公司要招聘员工并准备在一些大的社区搞一次活动，派前来应聘的5个毕业生去社区发放宣传单。王颖是其中一位，她抱着传单，在划定的地盘，见人就发给一张。有的人接，有的人理都不理，有的接过去就随手扔了，她只好捡起来再发。忙碌了一整天，手上还有厚厚的一叠。

下午5点，她拖着满身疲惫地回到公司交差。走进办公室发现其他人早就回来了，大家的手上都空空的。经理问她发了多少？她涨红着脸，把剩下的传单交给他，难为情地说："我干得不好，请原谅！"在回家的路上，和她一起发传单的朋友一个劲儿地怨她憨、说她傻，并告诉她自己的传单也没发完，剩下的全都扔进了垃圾桶，其他人也都如此。可她认为虽然没发完但已尽了努力了，应如实给公司说。

结果却大出意料，在那次招聘中，她成了唯一被录用的。半年后，由于业绩突出，她升任了部门经理。在一次庆典晚宴上，她询问那位经理当初为何选择了她。经理说："一个人一天能发放多少传单我们事先做过测试，那天我给你们的传单分量只用一天是绝对发不完的。但其他人都发完了，只有你没有。答案就是这么简单！"

这个事例让我们明白一个道理：诚信是金，别人对你的信任，首先来自你对别人的诚实。

（四）主动性

主动性是指人在完成某项活动的过程中，来源于自身并驱动自己去行动的动力的强度。主动性常常表现为强烈的事业心、进取心和责任心，能预见未来并事先采取行动，并积极努力工作。

主动是成就动机的重要胜任特征，它是引导或推动自己达到目标的积极情绪倾向。心理学研究证明：人们的智力相差无几，要取得骄人的成就，不仅靠人的才智，更要看他是否具有奋发图强和主动进取的精神。

职-场-宝-典

如何改变自己的被动型人格？

改变被动的方式首先是要改变自己对自己的认知，你的那些对自己过低的评价都不是客观真实的，而是来源于幼时不当的父母评价模式，所以当内心再涌出自己对自己不好的评价时，要及时地跳出来觉察这种评价的来源，并及时地纠正它。

告诉自己，提醒自己，这是不对的。每个生命都是独一无二的，因此你值得拥有好的评价，值得要向这个世界索取你要的东西，值得让世界爱你，你也要自己爱自己。

其次要多关注自己的需求，顺着自己的需求来，尝试一点点地改变。被动者往往泯灭掉自己的需求，而过度关注别人的需求，形成了凡事配合别人需求的模式。可是凭什么呢？你也有自己的需求啊，怎么能处处以别人为中心，配合别人的目标，成就别人的主角。当你旁观这样的自己的时候，如果觉得委屈不值得。那就要去尝试改变，这个改变就是一点一点地感受你自己的需求，不要泯灭它，勇敢地把它提出来，你应该为自己的需求而活。

生命这么短暂，怎么能忍心让自己如此蜷缩的活着？那也太对不起自己了，怎么样也应该豁出去活一场啊！

职-场-宝-典

提升自己的职业情商

心态修炼

了解自己在工作中的情绪是为了控制自己的情绪，保持良好的工作心态。职业情商对情绪的要求就是保持积极的工作心态。只有抱着积极信念工作的人，才会充分挖掘自己的潜能，为自己赢得更多的发展机遇。

思维修炼

对工作中消极的情绪要学会掌控。掌控情绪即掌握情绪和控制情绪，不是单纯的自我控制。因为控制情绪说起来容易，往往做起来很难。当遇到对自己情绪反应激烈的问题时，我们经常就忘了控制自己。要驾驭自己的情绪，必须要从改变思维方式入手，以积极的思维方式看待问题，使消极的情绪自动转化为积极的情绪，从而实现自我对情绪的控制。

习惯修炼

通过心态、思维方式、行为的修炼培养出良好的职业习惯，是提升职业情商和实现职业突破发展的唯一途径。要想成功，就必须有成功者的习惯。改变不良习惯的关键，是突破自己的舒适区。一个人的习惯就是他的舒适区，要改变不好的习惯就要突破自己的舒适区，要有意识为自己找点别扭，要敢于为自己主动施加点压力，努力突破自己以往的心理舒适区，培养出积极的职业化习惯。

三、完善人格

人格具有各种独特性。具体的人格是指某个人的性格，具有鲜明的特性，世界上没有完全相同的人格。正是由于人格的独特性，每个人各不相同，才丰富了社会群体的多样化，同时又产生了人与人之间的相互矛盾。

既然人格存在着矛盾，就可能破坏人际关系、家庭关系，给自己的工作和生活带来不利影响。如果人格存在一定障碍，就需要改善和发展，做出符合社会群体利益的改善、符合个人成长的发展。要发展和完善自己良好的人格，就要做到：

(一)了解人的心理特点

为什么要发展自己的人格来适应社会群体，而不是让社会群体做出改变来适应自己呢？无论是西方还是东方，心理学研究都得出一条公理：人是不能改变别人的，除非他自己愿意改变，人只能改变自己。

人格障碍主要表现为自己拒绝做出改变，只要求他人改变，结果导致人际关系紧张，给工作和生活带来诸多麻烦。需要改变的人格是大多数人所不能接受的人格。

(二)学会"照镜子"

学会"照镜子"就是认真看待大多数人眼中自己的人格是什么样子，从得到的反馈信息中总结自己人格方面的缺陷，逐步加以改善。这种反馈信息可能与自己主观体验不符，这就需要调整自己的主观感觉，因为社会中的自我，就是别人眼中的自我，具有社会的客观性，我们不能控制别人怎么看待自己。生活中我们经常照镜子，如果发现镜子里的自己脸上有污点时，没有人会把镜子砸掉。

例如，你感觉自己很诚实，但得到的反馈是大多数人认为你很虚伪，这时，抱怨别人的误解是没有用的，气愤地予以回击会令你已经紧张的人际关系更加紧张。理智地思考就会发现，一定是我们自己的某些行为导致别人误解。所以我们只有好好反思，调整自己的行为，改善自己的形象。

简单有效的方法是通过向自己的朋友请教，或者与说你虚伪的人进行真诚的沟通，了解自己哪些言行导致别人说你是虚伪的。只要改变了引起误会的言行，形象也会慢慢地得到改善。但是需要了解情况并有一定的心理准备，别人对我们人格的整体印象不会在一天内形成，也不会在短时间内改变。这就需要我们持之以恒地改善自我，不能半途而废。

（三）避免人格发展误区

人格的社会性，决定了健康的人格是为大多数人所接纳，能建立正常的人际关系。但绝不是说，发展自己的人格是为了取悦别人。这里所说的正常或者良好的人际关系是指不损害他人利益。如果发展自己的人格是为了取悦他人，就失去了人格的独特性和个性化，就失去了人格发展的意义。

发展健康良好的人格的核心目的就是为了发挥人的潜能，培养良好的工作、生活能力，为了每个个体生活得更快乐、更美好，如果失去了自我，在人格上变成了附庸，就变成了人格障碍。

例如，某位先生为了搞好人际关系，无论在时间还是金钱方面，对别人有求必应。乐于助人是良好的人格，但是严重超出了自己的能力范围，结果搞得家里人非常不愉快，甚至导致家庭破裂，这就不能算作健康的人格。

自-我-测-评

菲尔人格测试——测测你是不是"金子"

这个测试是菲尔博士在著名主持人欧普拉的节目里做的，国际上称为"菲尔人格测试"，这已经成为很多大公司人事部门实际用人的"试金石"。同学们可以扫描右侧二维码，测测自己是不是"金子"。

菲尔人格测试

（四）走进心理咨询室

人类个体都有着巨大的潜能，同时又有着有限的能力。当我们感到自己的工作、生活、人际关系、内心体验出现了不协调，甚至出现了人格障碍时，当我们自己不能自我调节时，就要走进心理咨询室，让心理咨询师或心理医生协助我们来解决心理困扰，在心理咨询师的协助下发展健全的人格。

第七章
求职实战

本章知识图谱

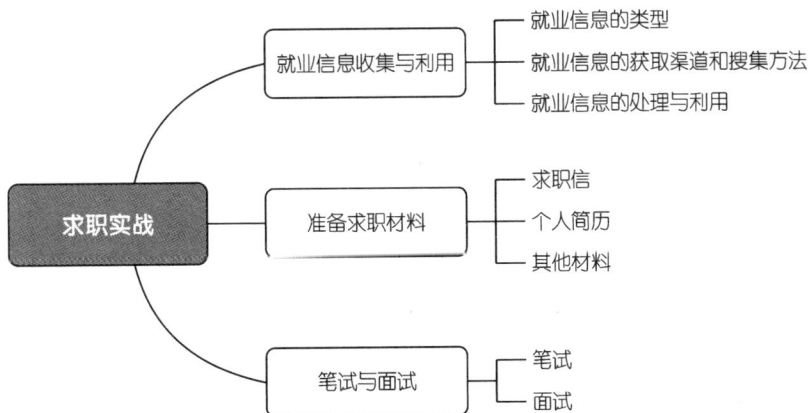

- 求职实战
  - 就业信息收集与利用
    - 就业信息的类型
    - 就业信息的获取渠道和搜集方法
    - 就业信息的处理与利用
  - 准备求职材料
    - 求职信
    - 个人简历
    - 其他材料
  - 笔试与面试
    - 笔试
    - 面试

经过前面几章的学习，同学们已经完成了大学学业规划和职业生涯规划，初步选定了一些职业目标，并为之进行了辛苦的准备，已具备了一定的职业知识和技能。想要达成这一职业目标，还必须在激烈的竞争中采取各种必要的求职攻略。在求职过程中，除靠知识、技能、素质等"硬实力"外，还必须重视"软包装"，重视非智力因素的表现，依靠灵活的方法和技巧取胜。

第一节　就业信息收集与利用

大学毕业生求职择业，不仅取决于整个社会的政治、经济状况及其自身的能力素养，而且也取决于是否及时获取更有效的就业信息。就业信息可促进就业抉择，是毕业生求职择业的基础和必备条件，是通往用人单位的桥梁。应该说，在目前这种信息沟通渠道不很健全的社会背景下，如何收集就业信息就显得尤为重要了，它是大学生求职择业前的一项重要任务。谁能及时获取信息，谁就获得了求职主动权；谁能多渠道收集到大量信息，谁的择业范围就越大。所以，毕业生在求职过程中要克服"等、靠、要"的思想，应积极主动、多渠道、多途径地获取有关就业方面的种种信息，并认真地对这些信息进行甄别分析，筛选整理，在对自己全面、客观、公正的评价和对用人单位详细了解的基础之上，找到适合于自己的岗位，最终做出正确处理，为择业决策做好充分准备。

一、就业信息的类型

就业信息指通过各种媒介传递的与就业有关的信息和状况，包括就业政策、就业机构、人事制度、劳动力的供求状况、劳动用工制度、经济发展形势与趋势、国家发展规划、就业策略和招聘信息等。拥有有效的就业信息，是择业成功的重要前提。一般来说，就业信息主要包括以下 3 种类型。

(一)政策信息

就业是政策性很强的一项工作，与国家及地方的人事制度密切相关。值得注意的是，很多政策性就业都带有明显的时间期限要求，一旦错过就会带来很多麻烦。例如，一个地区接收非本地生源的毕业生到本地区就业都会有明确的时间截止期限要求；对于毕业时间超过两年的往届生不再办理派遣手续等。对于毕业生，应该及时了解国家、地方和学校关于毕业生就业的相关要求和办法，只有这样才能做到"心中有数"，避免由于对政策不了解而给自己带来不必要的麻烦。

(二)社会需求信息

在选择具体用人单位和工作岗位之前，通常需要对你希望进入的行业和工作地域的发展情况有一个充分的了解。例如，国家目前正在大力扶持能源业、制造业，这些行业就能获得更多政策的倾斜；国家提出了"西部大开发""振兴东北老工业基地"和"中部崛起"等战略方针，这些区域面临着巨大的发展机遇。作为新时代的大学生，视野还停留在校园之中是远远不够的，应该尽早加强对校园之外世界的了解，掌握社会各行各业，国家各个区域的发展趋势、最新动态等方面的信息。这样才能使自己总揽全局，以便于更好地把握自己，在国家建设的大背景下找到自己的正确位置。

(三) 用人单位信息

具体来说，除了用人单位全称、所有制性质、隶属关系、详细地址、联系方法这些常规信息之外，还应该包括用人单位招聘岗位的职责范围，对人才的素质要求，用人单位的发展历史以及薪酬福利体系等问题。只有清楚地了解这些问题之后，才能清楚自己是否能胜任单位的有关工作岗位，如果有不符合的地方，也可以明确自己需要提高、改进的方向。

职-场-宝-典

掌握用人单位的重要信息

在毕业生求职过程中，有一种现象令人匪夷所思，就是不管是否已经落实就业单位的毕业生，他们都非常注重择业，虽竭尽全力获得就业信息，却很少认真分析自己应聘单位的情况，表现出盲目、浮躁、急功近利的择业心态。事实上，对应聘单位的不了解，不仅影响择业的成功几率，也可能为以后工作中的不顺利埋下伏笔。那么，毕业生除了了解就业信息的具体需求信息外，还应该掌握用人单位的哪些重要信息内容呢? 其大致包括以下9个方面：

(1) 用人单位的准确全称、地点、性质、隶属关系；

(2) 用人单位的业务范围、产品类别及服务内容；

(3) 用人单位的组织结构、行政结构和规模前景；

(4) 用人单位的发展历史与最新动态、客户和竞争对手的类型与规模；

(5) 用人单位的文化背景、工作环境、办事方式；

(6) 用人单位的发展目标、发展实力、远景规划；

(7) 用人单位的绩效考核体系、培训体系、薪酬体系(工资、福利、住房、奖励)和员工的发展空间；

(8) 用人单位需要的专业背景、具体工作岗位及对所需人才的具体要求；

(9) 用人单位的联系办法，如人事部门联系人、电话、地址等。

通过了解以上9个方面的详细信息，不仅可以使择业的目标更清晰、更准确、更能把握主动权，也有利于自己充分展示与这一单位择才标准吻合的优势和特长，做到扬长避短。此外，如果毕业生能够在应聘时熟练地谈及对用人单位的认识，不仅可以展示出求职者的诚意，也很容易引起对方的认同，应聘的成功率会大大增加。

二、就业信息的获取渠道和搜集方法

（一）就业信息的获取渠道

就业信息获取的渠道是很广泛的。由于个人的关注程度、社会背景、经济状况、思想观念等的不同，获取渠道也存在一定差异。但是，哪一种方法和渠道最佳，就是仁者见仁，智者见智了。下面介绍几种获取就业信息的通用渠道供求职择业的大学毕业生在实践中参考。

1. 学校就业部门

学校的毕业生就业办公室（或指导中心）是毕业就业的重要指导和推荐部门，与各省市的毕业生就业主管部门以及有关用人单位保持着经常、密切的联系，国家有关就业政策规定、地方的有关政策、社会对大学生需求的状况、各地举办"双选"活动的信息、有关用人单位简介材料及需求信息等一般都能及时掌握，他们提供的信息无论是数量还是质量，都有明显的优势，是毕业生获取用人单位信息的主渠道之一。一般而言，学校毕业就业部门有相对固定的就业信息发布渠道，毕业生可按学校的指导，常做"有心人"，经常访问学校就业网，主动与就业辅导员等具体的管理者保持联系，从而获取所需要的就业信息。总体来说，通过学校毕业生就业办公室（或指导中心）获得的信息有以下 3 个特点：

（1）针对性强。一般用人单位是在掌握了该校的专业设置、生源情况、教学质量等信息后，才向学校发出需求信息的，这些信息是完全针对应届毕业生，针对该校学生的，针对性强。而在人才市场和报刊上获得的需求信息，是面向全社会人士的，针对性较弱。

（2）可靠性高。为了对广大毕业生负责，在把用人单位给学校的需求信息公布给学生之前，学校就业主管部门要先经过对就业信息的审核，保证信息的可靠性。

（3）成功率大。一般毕业生只要符合条件并善于把握好自己，供需双方洽谈合适，马上就能签下协议书或达成就业意向，成功率较大。

2. 各级毕业生就业指导机构和社会各级人才市场

国家教育部成立了全国高校毕业生就业指导中心，建立了中国高校毕业生就业服务信息网（http://www.myjob.edu.cn/），各地也建立了毕业生就业指导机构。这些机构的一项重要任务，就是向毕业生和用人单位交流信息，提供咨询服务，还适时地组织一些双选洽谈会、网络招聘会等。

随着社会主义市场经济建设的发展，我国人才市场中介机构也应运而生了，他们会定期和不定期的举办人才交流会，供用人单位和求职者洽谈双选。在那里不仅可以了解到各类不同的机构和职位，而且还为你提供了一次极好的锻炼面试技能和增强面试中自信心的机会，只要把握好机会，就会大有收获。根据专家的忠告，大学生在人才市场中还需注意如下问题：

(1)进入人才市场，一定不能轻易放弃。在人才市场设摊的用人单位一般有这样几种情况：一种是求贤若渴，对每位就职者均热情接待，这种单位招收的人才数量较多，范围较广，专业局限性小。另一种是单位以扩大影响、提高企业知名度为主要目的，虽然招收毕业生，但数量有限，条件较严。当然，个别单位显得较冷淡，甚至态度傲慢，这只不过是个别工作人员所为，而且这类人员往往没有用人决定权，不必计较。

(2)在人才市场上，大多数用人单位只是为了搜集材料，而实质性的会见要在以后进行。因此，你没有被用人单位当场录用是很正常的。

(3)要走访每一个与你所学专业相关的用人单位，不应仅仅走访有名的大单位。因为小单位来访者少，可使你获得更多的机会面谈。对众多的大公司要等喧闹稍稍平静下来再走过去，这样你会得到更多的时间，谈话稍一深入就可呈上个人求职简历。

(4)要注意收集公司小册子和说明材料，并可随机同其他求职者交谈并交换看法。

(5)要与公司招聘人员约定下次见面的时间。"陈先生，我知道您今天非常之忙，但我还是想继续和您谈谈。你们公司非常吸引人，我想是否可以另安排一个时间让我们再见一次面，或者过几天我给您打电话。"

(6)离开人才市场后要及时整理在人才市场搜集来的求职信息，并将其中重要的加以标记和摘录。对约定的会见要准时赴约。对未约定的单位要在他们不太忙的时候适时联络，继续保持联系。

值得注意的是人才市场有针对性。有些是针对有一定社会经验的人才，有些是以招聘应届毕业生为主的。毕业生赶赴人才市场事先要做一些了解，不可盲目赶场。

3.人际关系网

比尔·盖茨说过："一个人花100%的力量不如靠100个人每人花1%的力量。"那么，我们大学生要正确看待利用关系找工作的问题，不要羞于启齿，找工作是正大光明的事，一定要学会善于利用这种信息传播的途径，只要处理得体，你会惊喜地发现，在你择业的时候，你的父母、亲戚、老师、朋友、邻居、同学、校友，甚至不是很熟悉的人是多么的愿意帮助你。

实际上，大多数用人单位更愿意录用经人介绍和推荐进来的求职者，他们认为这样录用进来的人比较可靠，如果你有这种机会最好不要放过。据有关研究和统计，大约63%~75%的工作是通过关系网途径获得的。从另一方面来讲，招聘单位每天收到数百封求职信函，而且这些求职信函在内容上并无太大的差别，谁也不比谁更为突出。那么，招聘者面对如此众多的区别不大的陌生人，能有什么更好的方法分辨出究竟哪一个更强些，强多少？所以，在求职中，能够让用人单位更多地注意你，就必须想些切实可行的办法，关键之时托"关系"帮你推荐一下，也许是相当有效的。当然，关系要靠自己去发掘，途径也应该正当，切不可不择手段。一般可以为你提供信息的主要有以下几类人：

（1）家庭及亲友。他们都相当关心大学生的就业问题。他们来自社会各个领域，社会接触面和渠道关系比较广泛，能够带来各种用人单位的需求信息。家长亲友提供的职业信息主要来源于其个人的社会关系，相对固定，也有相当大的局限性。一般不反映职业市场的实际供求状况，也往往不太适合那些专业比较特殊、学生本人就业个性比较强或具有某些竞争优势（如学习成绩优秀、共产党员、学生干部、有一技之长等）的毕业生。但信息的可靠性比较大，传递到毕业生本人的职业信息，一旦被接受，转变为就业岗位的可能性比较大。毕业生由家长亲友提供的职业信息的数量和"质量"有很大的个人差异。对有些毕业生来说，家长亲友提供的职业信息是其主要的选择，对有些毕业生而言，则可能只是聊胜于无。

（2）以前或现在的老师。一般来说，学校老师利用自己的老同学、朋友、学生、科研伙伴、协作单位等关系，往往能够掌握到可靠性强的人才需求信息，尤其是专业教师或论文指导老师比一般人更了解本专业毕业生适合就业的方向和范围，他们的推荐更有针对性，成功率也比较高。大学生可以直接找他们作为推荐人或引荐人，这将对毕业生择业是十分有利的。

（3）校友。校友是近似于老师的、非正式求职信息的提供者，其提供的职业信息的最大特点是比较接近本校，尤其是本专业的毕业生在人才市场上的供求状况及其在具体行业中的实际工作、发展状况，近几年毕业的校友更有着对职业信息的获取、比较、选择、处理的经验和竞争择业的亲身体会，这比一般纯粹的职业信息更有参考、利用价值。大学生可充分利用实习、社会实践、校友回校等机会与校友多接触，用巧妙的方法适时介绍自己，以得到其帮助和指导。

职·场·宝·典

如何利用你的人际关系获取就业信息

无论走到哪里，人际关系都是一笔宝贵的资源。在求职的过程中，大学生如果能够善加利用自己的人际关系，可以减少许多麻烦，对成功就业有很大帮助。

（1）同学无私，相助亦善。在众多人际关系中，同学关系应该是比较重要的一种。因此，在求职过程中，不妨与同学联络一下，可能会有意想不到的收获。

（2）亲情可贵，不用可惜。亲戚关系是每个人都具备的一笔宝贵资源，在求职中不懂得善加利用，可以说是一种极大的浪费。

（3）乡情深厚，求职坦途。有句俗话："老乡见老乡，有事好商量。"老乡之间本身就存在着一定的感情因素，尤其身处异乡的老乡间，感情更是深厚。在求职过程中，不妨动用一下老乡的人脉关系，帮自己找一份满意的工作将不是什么难事。

(4)师生情谊，指点前程。老师是人生中的指路明灯，也是人生中一笔无法用金钱来衡量的财富。在求职过程中，得到老师的一些指点或者请老师帮忙介绍工作，将少走许多弯路。

4.社会实践(实习)或业余兼职

在求职择业过程中，一个很大的障碍就是供求双方缺乏了解。社会实践、毕业实习和业余兼职等活动是让大学生了解用人单位，并让用人单位了解自己的很好途径。2008年国家新的劳动法对试用期限与劳动合同期限的关系做了明确规定，提出了无固定期限劳动合同，所以很多企业非常慎重地与应届毕业生签订劳动合同，他们对应届毕业生提出了"在校生外出实习"的要求，其主要目的就是增加双方之间的了解。因此，大学生在参加社会实践、毕业实习时，应做到与拟选择的就业单位和确定的就业意向挂钩，在注意了解单位的各方面情况的同时，通过与单位的接触，用自己的不懈努力和突出表现赢得单位的好感与信任，这样会极有可能实现就业，这将是再好不过的机遇。

5.互联网

随着网络的迅速发展，网上交流已经逐渐进入到人们生活的每个角落。对处于时代和科技前言的广大毕业生而言，借助互联网查阅、交流信息来进行网络求职，已经成为一件非常普通的事情，但须注意网络信息的时效性和真实性。目前，基于互联网的各级各类毕业生就业服务机构和人才市场逐步走向成熟，都基本上建立了网站，甚至有些企业实现了网络招聘。与此同时，以行业为依托的各类网络招聘活动开始脱颖而出了，这自然有其不可抵挡的魅力。

(1)信息量大且更新快。网络招聘注重规模效应，其信息容量之大是其他人才交流方式所不能比拟的。这么大的求职队伍，招聘职位数量显然很吸引求职者的眼球，在国内大型的招聘网站里，可以随时查询数万条信息，而且信息更新速度很快，每天更新的职位都很多，关注招聘网站就能第一时间掌握用人单位的需求。

(2)招聘网络平台功能强大，效率高。通过招聘网站可以轻松地对工作类别、地区和需求等条件进行全方位智能查询，快速准确地查询到所需要的包括行业、职能、工作地点、工资等信息，当查询到合适的招聘职位后还可以直接通过网站把简历提交给招聘单位，很大程度上节省了求职者的时间。

(3)求职无地域限制。无地域限制无疑给求职者创造更多的就业机会，特别是对于异地求职者，如果采取传统的求职方式，恐怕还得来回奔波于两个城市之间。而且对于一般院校学生亲临知名企业校园招聘现场的机会也不是很多，但如果通过网络就可以获取与其他求职者同等竞争的机会。

(4)经济实惠。如果通过现场招聘会求职，求职者要花不少钱制作精美的简历，外加交通、通讯等费用，而这些在网络求职中都可免去。而且各个证书只要一次扫描到计算机里，就可以发给多家网络招聘单位，免去了印刷的高成本费用。

职-场-宝-典

应届生名企网申的五个必备技巧

（1）格式及细节。网申的表格，往往非常复杂冗长，这也是一个挑战应聘者耐力和功力的时刻。在填写过程中，一定要注意按照规定的格式填写，切勿随心所欲。表格要求你日期填成 dd-mm-yy 或者 dd/mm/yyyy，就千万不要创新。有的地方人家要求你写简称比如 CSU，你就不要写全称。写教育工作背景和获奖情况的时候，养成从近及远的好习惯。回答开放式问题的时候，要尽量写一些能引起面试官兴趣的话题，为以后的面试做好准备。

（2）英语。网申往往是公司考察你英语的第一个地方。四级水平和专八水平的应聘者，在英语写作上还是可以看出有明显不同。所以在网申的过程中，尤其是填写一些开放式问题时，一定要注意自己的表达方式，尽量多的使用"career path opportunities""appreciate"之类的商务英语词汇，尽量避免"very important""finish""I want"这类日常英语。

（3）填写成绩。填国内的成绩单，一定要注意课程名称和官方的翻译一致。填写课外活动和职业背景的时候，一定要确保自己对填写的东西很熟悉，因为这也都是将来面试提问的高危地点。

（4）一定要留下当地的联系方式。不管你是在当地，还是在不同的城市，都要让招聘企业 HR 感觉到你就在当地，并随时可以参加笔试。所以从申请开始，最好人就能一直待在本地；或留下当地亲朋好友的电话，一旦收到笔试通知，再想办法赶过去。

（5）确保联系方式的通畅，尤其是手机和 E-mail。手机要确保 24 小时开机，并注意随身带笔，求职期间尽量避免长时间乘坐地铁、电梯，或呆在地下信号不好的地方，尤其是在网申阶段，漏接一个电话可能就导致整个求职失败。接听陌生号码时一定要礼貌问好，交谈中做到不卑不亢。

除了上述介绍的几种信息获取渠道外，毕业生还可以通过其他途径获取信息。比如向你认为合适的用人单位发出求职申请，可以首先写求职信，然后通过电话预约，必要的时候，还需要亲自登门拜访，也可以亲自走访调查你想去的用人单位，这种求职方式能够跟用人单位零距离接触，有利于展示自己的形象，引起用人单位对你的注意，不失为获取就业信息和机会的途径之一。另外，还可以通过合法的中介职业机构获取就业信息。

(二)就业信息的搜集方法

1. 全方位搜集法

全方位搜集法是指把与本校特色有关联的就业信息统统搜集起来,再按一定的标准整理、筛选,以备使用。

2. 定向搜集法

定向搜集法是指按照职业方向和求职的行业范围来搜集相关信息。需要注意的是,当选定的职业方向和求职范围过于狭窄时,这种方法有可能大大缩小选择余地。

3. 定区域搜集法

定区域搜集法是指根据毕业生择业的地区倾向性,按照地区搜集信息,这是一种重地区、轻专业方向的信息搜集法,按这种方法搜集信息和选择职业,可能会由于所面向"地区狭小"和"地区过热"而造成择业困难。因此,应根据实际情况将上述几种方法综合起来搜集信息。

三、就业信息的处理与利用

(一)就业信息的筛选

通过以上渠道所收集到的就业信息一般都比较杂乱,有一部分信息是无效的。毕业生应根据实际情况和自己的需求,对信息进行去粗取精,去伪存真,有目的、有针对性地加以筛选处理,使获得的信息更具准确性、全面性、有效性和实效性,使之更好地为自己的求职服务,建议在处理这些信息时应把握以下原则。

1. 掌握重点原则

首先,对收集到的所有就业信息进行初步筛选之后,把有利用价值的重点信息标注留存,一般信息则仅做参考。其次,将自己选出来的重点信息再分别详细分析,因为就业信息是广泛的,并不仅仅限于需求数量的概念,还包括对人的素质要求的质的概念以及需求单位的隶属关系、单位的性质(指全民所有制单位、集体所有制单位或私营、合资企业、政府机关等)、人才结构、发展前景等。最后,要善于开拓信息,许多信息的价值往往不是直观的,要善于通过有限的招聘文字和单位简介,了解其背后深层次的背景、文化和精神。

2. 适合自己原则

每个人的情况不一样,因而应选择适合自己的信息,要对自己的素质、能力等实际情况进行分析,根据自己的优势、长处和性格特点等,认真考虑自己是否适合和愿意从事这个职业,并做出取舍。一旦确定之后,就要根据信息的要求认真制定自己前去参与竞争的具体方案。

3. 有利发展原则

判断一个就业单位是否适合自己将来的发展,不应只看表面和眼前,尤其不能仅仅盯着单位所给的一个薪水的数字,还要分析发展趋势,放眼未来。也许现在你所要求职的单位只是一个名不见经传的小单位、新单位、私营单位,但经过发展,以后可能会很成功。如果你现在独具慧眼,那你将来就可能获得发展的机会。

4.时效性原则

信息瞬息万变,用人单位发布需求信息后,随时都会收到求职信息,及时与用人单位联系能体现出积极的态度,为求职成功增加砝码。因此,收集到就业信息后,应适时使用,以免过期。否则,不仅浪费时间、精力和金钱,还可能错过好的就业机会。

拓-展-阅-读

适合自己才能就业满意

小孙毕业于杭州某高校的文秘专业,刚开始,小孙在杭州附近的家乡做公司文秘,虽然说是文秘,但总是在做一些诸如打字、复印之类的琐碎小事,这让小孙感觉很苦恼。后来,喜欢交际、旅游的小孙发现自己对导游工作非常感兴趣,而且导游在浙江又是个很热门的职业,何不去做导游呢?于是,在工作之余她去考了个导游资格证书,并选择了到杭州发展。没多久,她就顺利在杭州一家旅游公司做了一名导游。因为小孙的英语出色,公司让她负责国际旅游线路。在这里,小孙的特长得到了充分的发挥,加上她工作努力认真,业绩斐然,短短1年时间她就成为这家旅游公司的管理人员了,事业进展非常顺利。回顾这两年的经历,小孙觉得自己的幸运之处就是当初选择了一个适合自己的职业,并选择了一个适合自己发展的城市。

(二)就业信息的合理利用

通过收集整理的就业信息,我们的毕业生又该怎样合理利用这些信息呢?我们总结了3条经验,供同学们参考。

1.就业信息的分析整理

就业信息的分析整理就是对搜集到的信息进行加工,去粗取精,去伪存真,由表及里,通过对各种信息分析、综合、归类,筛选出对自己有用的信息,更好地为求职做准备。很多毕业生频繁奔波于各种招聘会,简历也投出去不少,但是却很少得到回复,原因在于缺少对就业信息的整理。毕业生要做一个有心人,平时就要有意识地收集各种就业信息,尤其是招聘信息。可以制个表格用于统计各种招聘信息,并不是所有的招聘信息都要收集,要根据自身的情况,比如职业兴趣、专业、性格、能力特长等,对招聘信息进行筛选,将其中符合自己的进行统计、完善。统计招聘信息的表格一般包括以下六个要素:企业名称;企业基本情况(企业性质、隶属关系、企业规模、人数、产品服务、发展现状和发展趋势);应聘岗位及招聘人数;应聘条件(如学历、专业、职业资格、技术等级）；工作环境和薪资福利；联系人及联系方式。

2.就业信息的运用

就业信息的运用是指毕业生在对就业信息整理过后，依据信息进行择业的过程。就业信息的使用必须要做到：确定职业目标。"心若没有方向，去哪儿也是逃亡。"职业目标是求职者的专长、兴趣、能力、性格、期望值、价值观与社会职业需求之间不断协调的过程。确定职业目标时还应该把收入目标、行业目标等考虑进去，尽可能的征求亲朋好友的意见。记住适合自己的才是最好的，不能人云亦云。一旦确定了目标，就应及时主动联系用人单位，尽快准备一份求职简历，不能犹豫不决。此外，毕业生还要根据职业信息的要求及时调整自己的知识、技能结构，提高自己的工作能力，弥补原来的不足。如果发现自己哪些方面的知识不足，就主动去学习，或发现自己哪些方面的技能欠缺，就赶快参加必要的训练，主动学习和掌握相应的技能。机会总是留给那些做了充分准备的人。

3.及时输出对他人有用的就业信息

有些信息对自己不一定有用，可是对你周围的同学十分有用，遇到这种情况，我们毕业生应该主动将这些信息输出，这不仅是对他人的帮助，从某种意义上讲，他人的顺利就业也自然使你减少了一个竞争者。同时，这样的做法还增加了与他人交流信息增进友谊的机会，说不定你也会从别人手中获得对自己十分有益的信息。

第二节 准备求职材料

一、求职信

求职信，也称自荐信，是指求职者以书信的方式进行自我推荐，表达应聘意向，阐述应聘理由的一种应用性文本，是求职者主动向招聘单位表明自己对应聘职位热衷程度的一种途径。与简历及一些证明材料不同的是，简历和证明材料是公司要求提供的，是求职过程中所必备的文件；而求职信则是主动提供的，是投递简历中附带的，可以置于其前也可以置于其后，是具有争取面谈机会的一种关键的半正式沟通方式。求职信与普通的信函有相似之处，但也有所不同，当然也不同于公事公办的公文函。

(一)求职信的主要功能

1.毛遂自荐

让招聘单位知道自己有能力来担任此职位，进而吸引招聘者有兴趣进一步阅读自己的简历等求职材料。

2.锦上添花

有效地补充简历因过于理性、缺乏描述性词语带来的不足，加深招聘者对自己的了解。

3.旁敲侧击

与招聘单位做半正式的沟通，表达自己对企业和岗位的向往，增加招聘单位提供面试机会的可能性。

（二）求职信写作的 3 个原则

1.简洁

篇幅控制在 A4 纸打印一页之内，除寒暄语外的所有内容均应围绕应聘职位的要求来展开，目的是要让招聘者感觉到你就是最合适的人选，不要尝试把自己包装成一个全才，切忌罗列私人信息或不相干信息，如你是否爱好旅游和公司招聘机械设计师没有太大关联。同时，格式上的整洁也很重要。

2.认真

求职信应避免出现错别字和语法错误。尤其是应聘外资企业，最好是准备一份英文求职信。总之，要设身处地地考虑阅读者的习惯和感受。

3.充实

求职信不是简历的简单扩写，而是对简历的有效补充。在一页之内，一定要尽力减少照搬照抄的话，要尽力消除啰唆重复的话，多提供一些有用的信息。言之无物的空洞会让招聘者认为你确实能力有限，没有闪光点。

（三）求职信内容

书写求职信的基本原则是，在列举自己的优点和工作态度时要表现出自信，要像一位职业人士与另一位职业人士对话一样，对你所提供的材料深思熟虑、精心准备。

首先，求职信的抬头称谓要比一般书信正规，如果知道收信人最终是谁，称谓可直接尊称，视身份而定。如"尊敬的某某先生/女士/经理"，尤其是要注意其职务要准确，这些细节很重要。

其次，求职信要说明你已经对招聘单位进行了研究，对申请的职位非常感兴趣。在求职信的第一段要说明你是通过什么信息渠道知道这个职位空缺的，你对这家公司有何了解，表示出你对这个职位的兴趣并引起读信者的注意。接下来要表明你对招聘单位的研究和了解让你明白该单位需要什么样素质的人才，从你的背景中提出一些画龙点睛的细节来说明为什么你应该被考虑为这一职位的候选人；另外，突出自己教育的背景、具体成果或成就以及个人所具备的各种潜力，你可以将个人简历中的自我评价放在自荐信中说明我能做什么、我喜欢做什么、我的长处和兴趣是什么。如果你在自荐信中点出你的能力与公司的需求十分吻合，就很容易引起对方的兴趣。求职信的结尾一般要表达出希望对方予以答复，并有机会参加面试的强烈愿望。同时，要写上简短的表示敬意、祝愿之类的祝词，如"祝贵公司兴旺发达""谨表谢意"等。

最后，仔细检查求职信和简历的布局，使之表述清晰，确保没有拼写错误并准确打印。

总体上说，求职信要写得简明扼要，切中要点。突出简历中那些与公司需求相吻合的经验和成就。要让你的求职信在对方可接受的范围内表现出个性的光彩。哈佛人力资源研究所在1992年就有一份经典的测试报告，即一封求职信如果内容超过400个单词，则其有效度只有25%，即阅读者只会留下对1/4内容的印象，因此写得简洁是十分重要的一个标准。此外，强烈建议专门为每一个求职职位写一份求职信。下面为你提供了一个求职信的样本。

求职信样本

称呼(尊敬的女士/先生/小姐/经理)

您好！

我想申请贵公司网站上招聘的网络维护工程师职位。我自信我是能够为公司作出贡献的有活力的员工。

今年7月，我将从××大学毕业。我的专业是计算机开发及应用，论文内容是研究Linux系统在网络服务器上的应用。这不仅使我系统地掌握了网络设计及维护方面的技术，同时又使我对当今网络的发展有了深刻的认识。

在大学期间，我多次获得各项奖学金，而且发表过多篇论文。我还担任过班长、团支书，具有很强的组织和协调能力。很强的事业心和责任感使我能够面对任何困难和挑战。

互联网促进了整个世界的发展，我愿为中国互联网和贵公司的发展做出自己的贡献。

随信附有我的简历。如有机会与您面谈，我将十分感谢。

祝贵公司的事业蒸蒸日上！

落款(名字不打印，亲手签名)

年　　月　　日

二、个人简历

简历的目标是争取一个面试机会。简历能较为详细地告知潜在的雇主你是谁，你能干什么，你干过什么，你具备哪些知识和能力。它必须包含足够的信息以便雇主对你的资质进行评估，还必须能够激起雇主足够的兴趣从而邀请你进行面试。

(一)个人简历的基本内容

一般常见的高校毕业生简历的基本内容包括个人基本情况、求职意向、教育背景、所修课程、外语与计算机技能、课外活动、实践经历、获奖情况、兴趣爱好或自我评价等。

1.个人基本情况

个人的基本情况包括姓名、年龄、性别、籍贯、最高学历、政治面貌、毕业院校及专业、通讯方式等。

2.求职意向

求职意向主要是表明求职者希望应聘的岗位，了解岗位最直接的方式就是查询用人单位正在招聘的岗位名称及岗位要求。

3.教育背景

教育背景通常是指学历教育，按阶段写清所读学校名称、专业、学习年限及相关证明等，让招聘单位迅速了解个人学历背景，以判断你与应征工作的关联性。其实，与所求岗位相关的非学历教育，如外语、计算机和其他专业培训，也可列入其中，这也是用人单位甄选人员时非常重视的参考因素。

4.所修课程

通常来说，为了突出自己符合应聘条件，毕业生尤其是缺少工作经验的本科生，可以选择把部分专业课程列出来，以突出自己的知识结构是符合应聘岗位要求的，当然这一部分也可以与教育背景合并来写。

5.外语与计算机技能

外语作为一种语言工具，尤其是在应聘外资企业或者需要外语相关岗位时，就显得非常重要和关键。因此，你需要详细说明自己掌握的外语知识、应用水平或熟练程度。如参加美国研究生入学考试（GRE）或者大学英语四级考试（CET4）等标准测试通过或者取得比较良好的成绩，也可以将考分写出。计算机技能是现代办公所需的操作技能，你需要将自己取得的等级证书，以及掌握的具体的计算机技能情况反映出来。当然，如果你还有其他技能或者取得了其他资格证书，如驾驶资格证书、会计资格证书等，也应一并写上。

6.课外活动

课外活动是学校生活的一个重要组成部分，也是对专业学习内容的一个重要补充，如参与学校、院系和班级的各种学生活动，以及参与各种学生社团组织的活动，或者担任某职务，都会成为简历的亮点，可以表明你具备了良好的社会适应性、工作积极性和竞争优势。

7.实践经历

大学生一般都没有正式的工作经验，但常利用假期等空闲时间勤工俭学、兼职或积极参加各类性质的活动。可充分提供在校期间的打工经验、社团活动经验，说明自己担任的工作、组织的活动以及特长等经验，供招聘单位参考。这些经验可能是短期的、幼稚的，但或多或少突出了个人的一些特性，如：志趣、合群性、组织能力、协调能力、领导能力、成熟度等，所以备受招聘单位的重视。

8. 获奖情况

这部分主要包括优秀学生、优秀团员、优秀学生干部以及奖学金获得等情况，表明你学习成绩和个人表现的优秀程度。

9. 兴趣爱好或自我评价

如果你的社会工作经历较少，那么可突出表现你的兴趣爱好，以展示你的品德、修养或社交能力及与人合作的能力，但最好写一些你有所研究的特长和爱好。另外，也可以直接描述你的性格特点，性格特点与工作性质关系密切，所以用词要贴切。

当然，求职者还可根据自身情况，将奖励、求职意向或现实表现的自我鉴定等内容加入简历，提供更为充足的信息。

(二) 个人简历的写作标准

最有效的个人简历应该遵循以下的写作标准：

1. 简洁明了

个人简历通常很简短，一页(A4 纸)最好，两页是上限。

2. 真实客观

从头到尾要贯彻一个原则，即真实客观地描绘自己。简历中不要注水并不等于把自己的一切，包括弱项都要写进去。有的同学在简历中特别注明自己某项能力不强，这就是过分谦虚了，实际上不写这些并不代表说假话。有的求职学生在简历上写道："我刚刚走入社会，没有工作经验，愿意从事贵公司任何基层工作。"这也是过分谦虚的表现，这会让招聘者认为你什么职位都适合，其实也就是什么职位都不适合。

3. 整洁清晰

用人单位看到整洁清晰的一份简历，就仿佛看到了你本人。若段落与段落、语句与语句之间写得太密，影响美观，不易阅读。要将该空格的地方留出空隙，不要硬把两页纸的内容压缩到一页纸上。不要因为省钱而去使用低廉质粗的纸张。

4. 准确无误

一份好的简历一定在用词上、术语上是准确无误的。撰写时要打草稿、反复修改、斟酌，在没有任何错误后，再打印出来。招聘单位最不能容忍那些有很多错别字，或是在格式、排版上有技术性错误以及被折叠得皱皱巴巴、有污点的简历，这会让用人单位认为你连自己求职这样的事都不用心，那工作也不会用心。在使用文字处理软件时，可以使用拼写检查项或请你的朋友来检查你可能忽略的错误。

三、其他材料

除了求职信和个人简历之外，为了加深招聘单位对自己的印象，有时要提供进一步的其他材料。

（一）学校提供的推荐表和成绩单

毕业生推荐表中有学校的评语、能否毕业推荐、培养类别及就业范围等。从学校角度出发，评语的作用主要是：一是为对社会和用人单位负责，以及考虑学校自身的影响，它能实事求是地反映毕业生的综合表现；二是考虑到有利于毕业生就业，找到一份较满意的工作，评语中据实表现的描述都会突出学生的个性特点等。这点对于用人单位和毕业生本人都有一定的价值。成绩单必须有学校教务部门盖章为权威，毕业生可根据用人单位的需要或求职的职位对某些相关课程的要求，提供有效的成绩单。

（二）技能证书

技能证书反映了求职者的某一方面的能力水平，主要有外语等级和计算机等级证书；另外现在有不少学生还有驾驶证、职业资格证等均可附上。

（三）荣誉证书

荣誉证书是对求职者综合素质的重要支撑，有各类奖学金证书、荣誉称号证书以及参加重大竞赛的获奖证书等。重大竞赛如全国大学生"挑战杯"课外科技活动竞赛、创业大赛和各种学科课程竞赛等。有些人荣誉证书较多，则挑选一些荣誉等级较高的。

（四）权威人士推荐材料

推荐信也是大学生求职过程中一个不可忽视的环节。这里所指的推荐信并不是那种找关系、托人情的"走后门"的"条子"，而是指有一定权威的人士实事求是、认真负责的推荐。有许多大公司、企事业单位是比较重视这种推荐信的，而写推荐信的权威人士也是十分珍惜自己的声望的，真正的学者、教授，或者某一领域的权威不会滥用别人对自己的信任作不负责任的推荐。

以上材料的使用，要根据各招聘单位的不同情况有针对地取舍，要根据自荐的方式而有所不同。如果面见招聘者或亲自上门去推荐自己，材料可以准备充分一些，凡能反映自己各方面能力的材料尽可能携带齐全，而且最好带原件。若采取寄送自荐材料的方式，则应选择最有针对性和代表性的其他材料，一般先提供复印件，便于邮寄，以免丢失。

第三节　笔试与面试

一、笔试

笔试是用人单位对求职者的专业知识、文化素养和心理健康状况以及文字表达能力和书写态度等综合能力的一次有据可查的测试，具有公平、简便、迅速的特点，主要适用于应聘人数较多、考核的知识面较广、重点考核文字能力和对专业技术要求很强的情况。大型企事业单位大批量用人，国家机关选聘公务员，往往采用此种考核形式。大学生对笔试并不陌生，但应注意求职过程中的笔试与学科考试的差异，根据笔试的特点有针对性地做好笔试准备、掌握笔试的答题技巧是笔试成功必不可少的。

（一）笔试的主要内容

1. 专业知识测试

这种考试主要是为了检验求职者文化和专业技术水平而设置的。一些专业性要求比较高的用人单位，需要通过这种方式对求职的大学毕业生进行文化和专业知识的考核。这类笔试主要针对研发型和技术类职位的应聘，这类职位的特点是对于相关专业知识的掌握要求比较高，题目特点是主要涉及工作需要的技术性问题，专业性比较强。这类考试的结果，和同学们的大学四年的学习成绩密不可分。所以，要成功应对这类的考试，需要坚实的专业基础。比如大型 IT 公司要考计算机相关知识；公检法机关录用干部要考法律知识；文秘工作要测试应用文种的写作等。

2. 智力测试

国内企业笔试中运用最多的是 IQ 测试或类 IQ 测试，即智力测试，主要是测试应聘者的分析和观察问题能力、综合归纳能力、思维反映能力。智力测试一般具有以下特点：

（1）题目一般不太难，主要是考察人的反应速度和敏捷性；

（2）这类测试的题量一般都比较大，可以考察应聘者在任务压力面前的承受能力，一般比较冷静、专注思考的应聘者发挥的会比较好；

（3）测试的题目有的需要应聘者换个角度想问题才能较快的解出，以此考察应聘者的灵活性；

（4）有的企业（尤其是外企）出的题目全是英文的，在一定程度上考察了应聘者的英文水平。

智-力-测-试

例题 1

在一个家庭宴会上，主人致祝酒词后，大家便开始相互碰杯庆祝。有人统计了一下，在宴会上所有的人都碰了杯，而且席上共碰了 45 次杯。根据这些情况，你知道共有多少人出席这次家宴吗？

例题 2

点击鼠标比赛现在开始。参赛者有甲乙丙三人。甲 10 秒钟能点击 10 下鼠标；乙 20 秒钟能点击 20 下鼠标；丙 5 秒钟点击 5 下鼠标。以上各人所用的时间是这样计算的：从第一击开始，到最后一击结束。他们是否打平手？如果不是，谁先点击完 40 下鼠标？

3.能力测试

能力测试主要是测试应聘人员处理问题的速度和效果,检验对知识和智力运用的程度和能力。能力测试笔试一般是把在工作中可能会遇到的情景问题用书面问题的形式表达出来,让应聘者根据自己的工作经验或想象来回答,是一种将情景反应书面化的测试方法。

4.个性测试

个性测试主要是通过一些精心设计的心理测验试题或一些开放式的问题来考察求职者的个性特征。传统的个性测试一般包括人格、职业兴趣和动机测验。其基本思想是认为不同的工作对人的个性要求不同,必须有针对性地为不同的工作匹配不同个性的人才。

(二)笔试临场策略与技巧

应聘过程中的笔试往往只有短短的几小时,是对你的综合知识、基础理论和业务能力等的综合实力大检阅。如果临场发挥不理想,没考出你的真实水平,那实在是非常遗憾的事。因此,掌握一些小策略和技巧将有助于你心理稳定、正常发挥,甚至能够超水平发挥。

1.摆正心态

笔试是你通向职场的第一关,笔试前应该调整好心态。万一没能考好,不要就此消沉,要退一步想,这不是你职业选择的唯一。何况,即便通过了笔试,你也不一定能够面试过关。如果考好了,也没必要欣喜若狂,因为那只意味着你在通往成功的路上迈出了第一步。抱着全力以赴的态度应考常常有助于应试者发挥出水平。因此,只有摆好心态,做足准备,你才有可能应聘成功。

2.沉着应对

拿到试卷后,建议先不要着急答题,而应快速浏览题目,对题型、题量有一个估计,以便安排自己的答题时间。这样做还有一个好处,就是能让思考时间前置。对一些需要动脑筋发挥的题目,先看一下心中有谱,这样,在答前面的题时,潜意识就已经开始对它进行思考了,等做到这道题目时往往就能文思泉涌,一挥而就。

3.理解题意

尤其是对专业型笔试,一定要看清楚题目的要求。在一家青年类报纸的笔试中,人大新闻学院的一位同学就因为粗心而痛失机会。题目要求"根据材料一写不同角度的导语",但被他看成"根据材料二写不同角度的导语",用错了材料。虽然他写的导语非常出色,其他方面表现也很好,但仍然没能入围。原因很简单:新闻工作是一个精细活儿。

4.尽量多答

有时考试题目会很难,好多题你都不会做,但千万不要空着。有位人事主管说,会不会是能力问题,做不做是态度问题。你能做到什么程度就做到什么程度,绝不要放弃。有的时候,这是用人单位故意设置的陷阱,看看你在困难面前会怎么应对。交空白试卷显然是不足取的。

5.注意书写

根据我们的经验，一张整洁的试卷往往能为你赢得更高的评价。在电脑时代，打印出来的简历把人的个性淹没了，而笔试的手写体通常会不经意地流露你的性格。一些人力资源主管认为，一般来说，整洁书写的人通常会有更高的工作效率和自我约束能力。在同等条件下，用人单位往往会倾向于选择书写整洁的人，尤其是编辑的职位。

6.清晰精炼

应聘笔试往往不需要长篇大论，简洁、清楚，思路明晰，逻辑顺畅即可。尤其在做策划方案、给媒体、版面提改进建议时，点到为止、有强烈针对性比拉拉杂杂说很多要好一些。要明白，"精炼"也是写作功力的一大体现。

7.不要作弊

无论出于何种动机，千万不要作弊诸如偷看别人试卷、私自拿出考试单位禁止的参考材料等。另外，口中念念有词、把试卷来回翻得哗哗作响、唉声叹气、显出烦躁不安等不文明或不得体的举止都会给自己的应聘带来不利影响。

临场发挥就像足球比赛的临门一脚，也有很多不可控的因素。良好的发挥通常需要强的实力做后盾。

二、面试

面试是一种经过精心设计、以交谈与观察为主要手段、以了解被试者素质及有关信息为目的的一种测评方式。由于具有较大的灵活性和综合性，面试现已成为用人单位招聘人才的一种重要考核形式。求职者要使自己在众多的竞争对手中脱颖而出，就必须了解面试的基本内容，为面试做好充分的准备，注重面试的礼仪，掌握并灵活运用面试的技巧，做好面试中可能遇到问题的应试策略，同时还要做好面试后的追踪访问工作。只有这样，才能使自己在面试中立于不败之地，增加面试成功的机会。

（一）通晓面试

1.面试常见内容

面试中，招聘者通过观察、提问、交谈、测试来了解、判断求职者的文明修养、形象气质、知识水平、表达能力、应变能力、心理素质、敬业精神等，其目的是加深对应试者的考察，考察应试者是否适合他们的需要。常见的面试内容包括以下几个方面：

（1）个人基本情况。主要考察毕业生的个人情况。如年龄、籍贯、民族、性别、身高、视力、健康状况；家庭主要成员及社会关系；文化程度、毕业学校、所学专业、接受过哪些培训、从事过哪些工作、参加过哪些社会活动等。

（2）知识准备。主要考察毕业生的知识层次，对所学专业知识的掌握情况，专业能力、相关知识广泛性、实践知识掌握程度、外语和计算机水平等。

（3）业务能力。考察毕业生的毕业论文、毕业设计、研究成果、专著以及实践能力、操作能力、组织领导能力、口才、文笔等。

（4）情商。考察应试者的人生观、价值观、敬业精神、人际关系、适应能力、处理压力的能力和自我激励的能力等。

（5）仪表。考察毕业生的相貌、言谈、举止和着装、礼仪等。

除上述考察内容外，考官们还有一条不成文的规则：看你是不是处处都在为别人着想。因为灵魂中最美的音乐是善良！

2. 面试常见形式

面试给招聘单位和应聘者提供了进行双方交流的机会，能使招聘单位和应聘者之间相互了解，从而使双方更准确地做出聘用与否、受聘与否的决定。各个招聘单位所采用的面试形式虽各不相同，但一般来说，都离不开以下几种形式：

（1）个别面试。此种形式一般为一个应聘者与一个面试人员面对面地进行交谈。这有利于双方建立较为亲密的关系，加深相互了解。缺点是：只有一个面试人员，决策时难免有偏颇。

（2）小组面试。通常是由二三人组成面试小组对各个应聘者分别进行面试。面试小组成员由人事部门和其他专业部门及管理人员组成，从多种角度对应聘者进行考察。这种方式有利于提高判断的准确性，克服个人偏见。

（3）成组面试。通常由面试小组同时对几个应聘者进行面试。这种面试形式一般都安排有素质测试、特长测试和智能练习等活动。招聘单位就是采用这种较为客观的方法对应聘者的能力、性格、特长进行衡量，对应聘者的逻辑思维能力、解决实际问题的能力、协调人际交往的能力、领导能力等进行测试，以找到合适的人选。

职·场·宝·典

从容应对集体面试

小陆和另外几位应聘者一起参加面试的。相对于其他几位应聘者，小陆并非专业对口。考官的问题并没有更多地涉及专业和学习成绩，主要侧重对所属行业的兴趣和对该公司的了解，以及相关工作经历的询问。

在问了其他应聘者几个问题以后，轮到小陆回答时，主考官突然问道："今天参加面试的有10位候选人，如何证明你自己是最优秀的？"他灵机一动，从容镇定地说："对于这一点，可能要因具体情况而论，比如贵公司现在所需要的是技术人才，虽然前来应聘的都是这方面的对口人才，但我深信在其他方面的才能依旧能打动贵公司，在学校期间当学生干部和主持社团工作的经历已经让我综合能力更强，应聘贵公司职位也是有信心的。"

"在你的工作中，感触最深的是什么事情？"主考官随意地问了小陆一句。"那就是曾经主要参与组织过全校性的技能比赛、歌咏比赛等活动"小陆回答，主考官的眼神一亮，饶有兴趣地想了解更详细的情况，于是，小陆就把组织过几次大型活动的过程，以及碰到的难点和解决办法一一作了表述，主考官听后点点头，表示赞赏："不错，在组织活动方面还是比较成功的。"正是因为在集体面试中表现出的从容不迫、充满自信，并突出自己具有较强的组织能力，主考官没有因为小陆的专业不对口而淘汰他，而是让他顺利通过了面试，参加到企业后备管理人才招聘的选拔中。最后，小陆成功应聘上了该公司的管理人员岗位，找到了自己心仪的工作。

(4)无领导小组讨论。无领导小组讨论由一组应聘者组成一个临时工作小组，讨论给定的问题，并做出决策，由于这个小组是临时拼凑的，并不指定谁是负责人，目的就在于考察应聘者的表现，尤其是看谁会从中脱颖而出，成为自发的领导者。无领导小组讨论是目前招聘单位经常采用的一种方式。所谓"无领导"就是说参加讨论的这一组应聘者，他们在讨论的问题情景中的地位是平等的，其中并没有哪一个人充当小组的领导者。而考官并不参与讨论的过程，他们只是在讨论之前向应聘者介绍一下讨论的问题，给他们规定说要达到的目标以及时间限制等。无领导小组讨论的目的主要是考察应聘者的团队协作能力、表达沟通能力、分析能力、情绪控制能力、领导能力等，同时也可以考察应聘者的自信心、进取心、责任感、灵活性以及团队精神等个性方面的特点及风格。

职-场-宝-典

如何从无领导小组讨论中脱颖而出

有人认为无领导小组讨论最重要的是团队合作的表现，面试官主要看的是这个小组的合作水平，而个人表现的重要性要次于团队表现。也许面试官真的是这么想的，但是个人表现还是会更加直观地影响面试官对你的印象。下面针对无领导小组讨论的主要流程介绍几种临场策略，让你能够在小组中脱颖而出。

1.确认规则

这个阶段是在无领导小组讨论开始前的几分钟。面试官在计时开始之前，往往会问你们有什么问题不明白。这其实是一个表现自己的好机会，问一些关于规则和时间安排等方面的问题，给面试官留下第一印象，正式讨论时面试官会更加注意你，不过要注意不要问很"脑残"的问题。

Tips:

(1)仔细听面试官介绍规则并记录；

（2）向面试官确认规则，或提出问题；

（3）向组员强调容易忽视的问题，如"时间比较短啊，看来我们要抓紧时间了"。

2. 自我介绍

自我介绍是化解尴尬的有效手段，也是无领导小组讨论过程中唯一一说与课题不相关内容的时候。可以说，这个阶段是和团队搞好关系、相互了解的最佳时段。

Tips：

（1）很自然地第一个发言；

（2）记住每个成员的名字，至少是姓氏；

（3）微笑对视，感兴趣地沟通；

3. 观点收集

这个阶段属于头脑风暴阶段，成员各抒己见。这时候很容易发生混乱，是考验团队协作能力的关键环节，也是应聘者展现领导能力的关键时段。

Tips：

（1）尽量在其他人之前发言；

（2）掌握打断别人的技巧，在别人打算提出自己第二个方法的时候就要打断，并通过赞成他的方式引出自己的发言；

（3）注意发言技巧，如：设计专业学生："我以设计专业的角色看待这个问题……"

（4）控制自己的情绪；

（5）如果好的观点被别人说完了，或者自己没有成型的观点可以提出时，可以很自然的去争担记录者的身份。

4. 形成结论

这个时候大家的观点都提出并汇集到一块了，但是之间还有很重要的逻辑关系需要理清。这时，你须谨记"剩下的关键问题是大局问题，而不是那些小的细节"。

Tips：

（1）不同观点要适当妥协，现在要把精力放在如何完善结论上；

（2）在框架内讨论，各司其职；

（3）抓住核心问题，高度统一讨论的方向；

（4）适当地自圆其说；

（5）目光放在结论的不足，然后弥补漏洞。

5. 总结展示

总结展示是一个非常重要的环节，展示的是团队讨论的成果，也是衡量团队协作能力的重要标准。

Tips：
(1) 选择表达能力强的成员作为发言者；
(2) 总结时应着重考虑展示团队的分工合作，而不仅仅局限于一个人讲解；
(3) 其他成员仔细聆听、记录，在结束后补充；
(4) 感谢公司、队友，最后再次感谢。

（二）面试前的准备

面试是人与人互相接触的第一次过程，应利用这一机会向对方传递你的魅力与信息。怎样面试才能将自己最完美的一面充分展示，将个人的专业知识、人格、气质及临场应变能力完美展现，为了获得面试成功，每个应试者必须在面试前就做好充分准备。

1. 面试单位的调查

为了使面试工作进行更充分、更主动，面试前应试者必须对面试单位进行摸底调查，对面试单位全面了解，做到心中有数，尽可能使一些问题处理合理一些，其工作思路从以下几方面着手考虑：

(1) 面试单位基本概况：即性质、规模、产品、企业发展前景、应聘岗位职责、待遇、单位的主管部门等问题要详细地了解。

(2) 性质：指面试单位的类型，包括政府部门、国有企业、事业单位、民营企业、私营企业、股份制企业、有限责任公司、中外合资企业、独资企业、跨国公司等。

(3) 规模：指面试单位的注册资金、资产总值、职工人数、专业技术人员数、企业建立时间、总公司地点、子公司或分公司地点等情况。

(4) 产品：指面试单位的主要产品、经营范围、国内经销产品、国外经销产品、合作开发产品等内容。

(5) 企业发展前景：指面试单位近期产品生产量为多少、销售量为多少、利润额为多少等等，运用这些基本数字分析面试单位是属于朝阳企业还是夕阳企业。

(6) 待遇：指面试单位的人事制度、初级工资、奖金情况，加薪时间、现阶段的失业保险、养老保险、医疗保险、公积金福利待遇、每周工作总时数、休息日、交通工具、住宿情况及教育培训等。

(7) 单位的主管部门：指面试单位的上级主管部门，了解其有无进人审批权，这是为签订协议做准备。

(8) 实地考察。面试前，如果面试单位确实是你想去的工作单位，那么有必要去实地考察，进一步增加自己的感性认识。主要了解一下该单位所处的地理环境、员工的工作环境以及企业文化和企业精神，为参加面试打下扎实的基础。

职-场-宝-典

现场"勘察"

这已经是在学校的最后一个学期了，小林和其他同学一样，正在广发简历找工作。这天，小林接到了一家公司的回复，公司人力资源部通知他于下周一上午去面试。小林既兴奋又紧张，他立刻上网查找关于该公司的有关信息。在网上他找到了这家公司的主营业务、规模大小等方面的介绍，但小林觉得这些信息不足以使他了解公司的全貌。于是，小林决定到这家公司实地考察一下，一来可以熟悉路线，掌握好路程时间，二来可以直接观察一下公司实际情况。第二天一早，小林在8点之前就来到这家公司，进行了一番现场"勘察"。

星期一，小林来到这家公司应聘，面试对话进行不久，面试考官就已经频频点头了。而这正是得益于小林在面试前做了充分的准备，广泛收集了应聘单位的信息资料，并进行了实地考察，所以赢得了面试官的肯定。

2.口头表达能力训练

对应试者来说，流利自如、适应场合的谈吐是面试成功的必备条件。口头表达能力应该从跨进大学门开始就要积极、有意识地加强训练，这是一个长期积累的过程。

3.模拟题的准备

面试前不经过角色模拟，无法达到最佳效果。要进行两种角色的面试准备：一种是应试者回答对方提出的问题，另一种是应试者也可以向面试考官提出问题，这样，让面试单位知道应试者求职的水准和想要了解的问题，短时间内可能给人留下好的印象。

根据面试单位的性质以及应聘单位的要求，面试前几天准备几道面试题，先自问自答，模拟题不是千篇一律，但是大体上会提出什么问题仍是有一定规律可循的。这些问题通常包括：

(1)教育培训类问题：简要介绍下你的专业和你擅长的功课；简要谈一下你的毕业论文等。

(2)求职动机类问题：你为什么来应聘我们单位；你的志向是什么；你对应聘职位有哪些期望等。

(3)相关经历类问题：大学期间担任的相关职务和胜任情况；在什么单位实习；取得了什么进展；参加过哪些社会实践；遇到了什么困难等。

(4)未来计划和目标类问题：假如被我们单位录用，你对你的职位发展有什么要求；你需要一个什么样的发展空间；你将如何开展工作等。

4.仪表端庄

穿着打扮，有意无意反映着一个人的修养，仪表往往影响着招聘者的第一印象。因此，面试前应注意自己的着装打扮，总的要求，仪表给人以整洁、大方、朝气蓬勃的感觉。面试时，高校毕业生应该穿戴得体，整洁大方，颜色以深色为主，给人以踏实感，避免出现超前时装，领带花哨，珠光宝气的服饰打扮。值得强调的是，尽量与招聘单位的企业文化相称，给人的第一印象就感觉你很适合在这个企业工作。

5.心理准备

当求职者赢得面试机会后，应尽力调整好心态，以热情、积极、自信、平静和谨慎的心态去迎接挑战。面试前，应适当放松，注意休息，保持充沛的精力，使自己能以饱满的精神状态去面对招聘者，力争取得最佳的面试效果。

(三)面试技巧与策略

1.语言表达技巧

面试时，你的语言表达艺术标志着你的成熟程度和综合素养。对应试者来说，掌握语言表达的技巧无疑是重要的。

(1)简明扼要，口齿清晰。交谈时，用少量的话语传递尽可能多的信息，为了增添语言的魅力，应注意修辞，不能有不文明的语言出现。

(2)语言幽默。说话时除了表达清晰以外，适当的时候可以插进幽默的语言，使讲话增加轻松愉快的气氛，也会展示自己的优雅气质和从容风度。尤其是招聘者中不乏刁钻古怪之人，可能故意挑衅，令人难堪。这不是"不怀好意"，而是一种提问的战术，让你不明其意。故意提出不礼貌或令人难堪的问题，其意在于"重创"应试者，考察你的"适应性"和"应变性"。你若恶语相对，就大错特错了。当遇到难以回答的问题时，机智幽默的语言会显示自己的聪明才智，有助于化险为夷，并给人以良好的印象。

(3)关注反应。面试不同于演讲，而是更接近于一般的交谈。交谈中，应随时注意听者的反应。如：听者心不在焉，可能说明由于自己音量过小使对方难以听清；皱眉、摇头可能表示自己言语有不当之处。根据对方的这些反应，就要适时地调整自己的语言、语调、语气、音量、修辞、包括陈述的内容，这样才能取得良好的面试效果。

(职)-(场)-(宝)-(典)

如何回答问题

(1)把握重点，条理清楚。一般情况下回答问题要结论在先，议论在后，先将中心意思表达清楚，然后再做叙述。

(2)问清原委，避免抽象。招聘者提问是想了解求职者的具体情况，切不可简单地仅以"是"或"否"作答，有的需要解释原因，有的则需要说明程度。

(3)确认提问，切忌答非所问。面试中，招聘者提出的问题过大，以致不知从何说起，或求职者对问题的意思不明白是常有的事。"您问的是不是这样一个问题……"将问题复述一遍，确认其内容，才会有的放矢，不致南辕北辙、答非所问。

(4)知之为知之，不知为不知。面试中常会遇到一些不熟悉、曾经熟悉现在忘了或根本不懂的问题。面临这样的情况，回避问题是失策，牵强附会更拙劣，诚恳坦率地承认自己的不足之处，反倒会赢得招聘者的信任和好感。

如何运用语言

(1)发音清晰。有些人个别音素发音不准，如果影响讲话整体质量的，应少用或不用含有这个音素的字或词。

(2)语调得体。得体的语调应该是起伏而不夸张，自然而不做作。

(3)声音自然。音调不高不低，不失自我，不仅听来真切自然，而且有利于缓解紧张情绪。

(4)音量适中。音量以保持听者能听清为宜。

(5)语速适宜。要根据内容的重要程度、难易度及对方注意力情况调节语速和节奏。

2. 发问技巧

面试中，适当的提问也很重要，因为它能表明你已经知道什么，关心什么，还想知道什么。通过提问的方式进行自我推销是十分有效的，所提问题必须是紧扣工作任务、紧扣职责的。比如：公司的文化背景、公司的进一步发展计划、将来的就职与培训计划、应聘职位所涉及的责任以及所面临的挑战等，对这类问题要有所准备。当然也要注意不要问一些通过事先了解能够获得的有关公司的信息，这会让人对你的面试目的是否明确表示怀疑。同时要注意把握一个原则：不要过分以自我为中心，这会让人觉得很自私。

3. 面试最后关

(1)适时告辞。面试不是闲聊，也不是谈判。从某种意义上说，面试是陌生人之间的沟通。谈话时间的长短要视面试内容而定。招聘者认为该结束时，往往会说一些暗示的话语："我很感谢你对我们公司这项工作的关注""谢谢你对我们招聘工作的关心，我们作出决定就会立即通知你""你的情况我们已经了解了。你知道，在作出最后决定之前我们还要面试几位申请人"。求职者听了诸如此类的暗示语之后，就应该主动告辞。

(2)礼貌再见。面试结束时的礼节也是公司考察的一个方面。成功的方法在于，首先不要在招聘者结束谈话前表现出浮躁不安、急欲离去的样子。其次，告辞时应感谢对方花时间同你面谈。离开时，如果有秘书或接待员接待过你或招待过你的话，也应向他们致谢告辞。一位毕业生来到深圳求职，面试时一番锋芒毕露的自我介绍，结束时抛下声"再见"，连握手也免了，拂袖扬长而去。接待他的招聘者苦笑着摇头：如果说有个性、有锋芒可以容忍的话，那么连基本礼节都不懂的人则"养不起"，也无法与之合作。

(四)面试后的工作

面试前的准备和面试过程都非常重要，面试后的工作同样不容忽视。面试结束，有的求职者认为大功告成或者没有希望了，可以松口气。这是不可取的，因为面试结束了，求职工作并没有结束。面试后积极主动的工作有时可以扭转不利局面，重获生机。

1. 表达谢意

在面试后的一两天内，应试者必须给某个具体负责人发一封电子邮件或写信。在信中应该感谢对方为你所花费的精力和时间以及提供的各种信息，简单地谈到你对公司的兴趣以及可以帮助他们解决的一些问题。

2. 主动实习

如果求职者对所应聘岗位非常向往，除了通过写信、打电话的方式与用人单位联系外，还可以主动创造机会，争取去用人单位实地考察。这样可以想办法参观现场，调查研究，参加岗位实习。在实习中展示自我。这样，不仅得到了一个了解用人单位、熟悉工作岗位的有利机会，且还有利于用人单位进一步了解你。因此，你要尽力表现好，要尊重领导、师傅、同事，为人真诚、待人礼貌、虚心请教；要遵守单位的各项规章制度，工作上要踏踏实实、任劳任怨、联系实际、学以致用、充分显示自己的专业能力，或表现出自己在工作中适应快、提高快的特点。以此获得对方的信任，争取试用以至录用。

总之，在你参加完第一次面试后，不管成败，都还可能有第二次面试的机会，一试定乾坤的用人单位甚少。请记住：下次面试才是关键。经过自我评估并不断改进，下次面试你一定会胸有成竹，令人刮目相看。

职-场-宝-典

请坐下来谈话

某公司招聘销售经理，有100多人应聘，经过初试，他们从简历里选中了3位优秀的青年进行面试，最终选定一个。最后的面试由总经理亲自把关：面试的方式是跟三位应聘者逐个进行交谈。

面试之前，总经理特意让秘书把为应聘者准备的椅子拿到了外面。

第一位应聘者沉稳得走了进来，他是经验最为丰富的。总经理轻声对他说："你好，请坐。"应聘者看着自己周围，发现并没有椅子，充满笑意的脸上立即现出了些许茫然和尴尬"请坐下来谈。"总经理再次微笑着对他说。他脸上的尴尬显得更浓了，有些不知所措，最后只得说："没关系，我就站着吧！"

第二位应聘者反应较为机敏，他环顾左右，发现并没有可供自己坐的椅子，立即谦卑地笑："不用不用，我站着就行！"

第三位应聘者进来了，这是一个应届毕业生，一点经验也没有，他面试成功的几率是最低的。总经理的第一句话同样是："你好，请坐。"大学生看看周围没有椅子，先是愣了一下，随后立即微笑着请示总经理："您好，我可以把外面的椅子搬一把进来吗？"总经理脸上的笑容终于舒展开来，温和地说："当然可以。"

　　面试结束后，总经理录用了最后一位应聘者，他的理由很简单：我们需要的是有思想、有主见的人，缺少了这两样东西，一切的学识和经验都毫无价值。

态度决定成败

　　我去应聘一个会计职位。由于有相关工作经历和较高的职称，我的竞争对手们纷纷落马，剩下一个其貌不扬的家伙与我一同参加最后的面试。单位的会计主管接待了我们，他拿出一堆账本，要我们统计一下某个项目的年度收支情况。虽然只是"小儿科"，但我不敢懈怠，每个数字都牢牢把握，认真在算盘上加加减减。约一个小时左右，我完成任务了。

　　10分钟后，竞争对手也收工了。会计主管拿着我们的"试卷"去老总办公室。

　　结果令我吃惊和恼火——我落选了！"为什么？"会计主管回答："你没有做月末统计，而他不但做了，还做了季度统计。"我问："不是要年度统计吗？"主管笑道："是啊，但年度统计数据应该从每月合计中得到——这不算什么会计学问，但反映了做会计的严谨态度。也许你们能力相当，所以，我们最后要看的就是各人的态度了。"

　　那以后，"态度"一词在我心中生了根——同样的能力，在不同的态度下，会导致完全不同的未来。态度也许是另一种能力，有时比能力更重要。

第八章
大学生就业权益保护

本章知识图谱

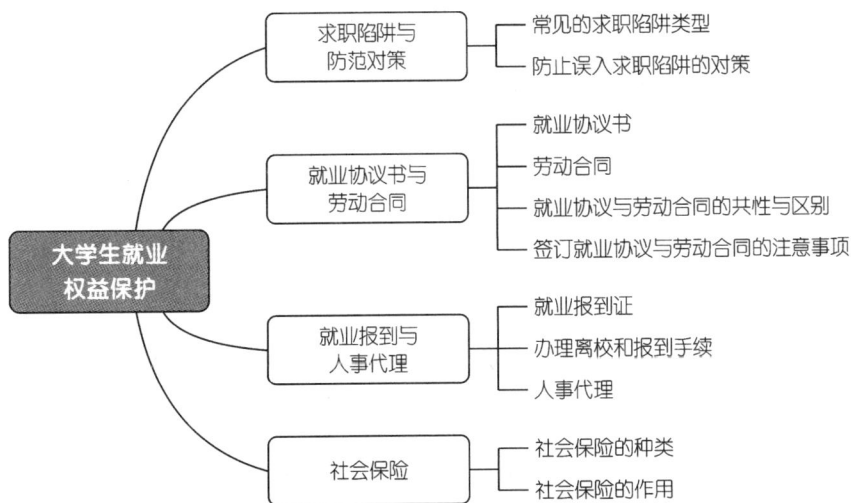

```
                          ┌─ 常见的求职陷阱类型
              求职陷阱与 ──┤
              防范对策     └─ 防止误入求职陷阱的对策

                          ┌─ 就业协议书
                          ├─ 劳动合同
              就业协议书与─┤
              劳动合同     ├─ 就业协议与劳动合同的共性与区别
                          └─ 签订就业协议与劳动合同的注意事项
  大学生就业
  权益保护
                          ┌─ 就业报到证
              就业报到与 ──┼─ 办理离校和报到手续
              人事代理     └─ 人事代理

                          ┌─ 社会保险的种类
              社会保险 ────┤
                          └─ 社会保险的作用
```

　　大学毕业生就业是受到国家法律、就业法规和政策制约的，它须遵循一定的原则和程序。在完成相关的就业准备工作后，大学毕业生就应及时了解就业工作的各项规定和程序，以及各个环节的有序衔接，达到顺利就业的目的。

　　大学毕业生就业权益受骗的问题日益严重，就业权益保护的呼声越来越高。本章重点介绍就业权益保护中常见的 7 类求职陷阱，即招聘陷阱、中介陷阱、协议陷阱、试用期陷阱、培训陷阱、保证金陷阱和安全陷阱，以及防止误入求职陷阱的对策；明确就业协议与劳动合同的异同，并就签订就业协议和劳动合同的注意事项进行介绍；阐述社会保险的 5 大种类，即养老保险、失业保险、工伤保险、医疗保险和生育保险，以及社会保险权利享受问题。希望通过对以上知识的介绍，帮助大学毕业生在遵循就业规则进行择业的同时，运用就业规则来维护自己在择业过程中的合法权益。

第一节 求职陷阱与防范对策

一、常见的求职陷阱类型

所谓求职陷阱是指在大学生就业过程中，用人单位或一些不法分子为达到某种目的有意设计的圈套。求职陷阱有善意陷阱与恶意陷阱之分，善意陷阱不以侵害大学生权益为目的，常见在用人单位面试、考核毕业生的过程中，作为考核内容的一部分，旨在观察毕业生的能力与素质。而恶意陷阱则是以侵害大学生的权益为目的，这类陷阱情况复杂，形式多样。据《北京娱乐信报》联合专业人力资源机构就职场陷阱问题进行的调查，70%求职者遭遇过职场陷阱。其中，职场中最大的骗局当属收取保证金、押金，其比例占到了 28.16%；遭遇过"虚假职位信息"的占 17.37%；遭遇过"利用试用期骗取廉价劳力"的占 14.21%。

（一）招聘陷阱

1. 招聘会不合法

有些双选会打着毕业生就业的名义，实质是未经有关主管单位审批。参加双选会的单位也良莠不齐，出工不出力，只为凑数，以便主办单位收取高价门票。有些招聘单位甚至出卖学生的个人信息，给一些违法之徒有可乘之机。

2. 变相收费

如有些招聘单位不当场签约，要求通过网络或电话继续洽谈，而这些网络或电话都是收费的；有些招聘单位收取应聘者报名费、资料费或培训费等。

3. 用招聘掩盖违法行为

有些企业打着招聘的幌子，逼迫毕业生做传销、推销或其他违法的事情。

（二）中介陷阱

1. 收取高额的中介费用

为你列出一大堆要么不要人，要么不招收大学生，或者干脆不存在的单位，使你几次头撞南墙，知难而返。但想要回中介费，难！

2. 外地非法中介机构或中介网络

此类中介机构在收取一定的费用后，常常以种种理由推脱责任。有些虽然介绍了单位，但用人单位的状况与求职的要求相去甚远，即便如此，工作几个月，往往被炒鱿鱼，理由是试用不合格。

3. 非法中介机构之间相互串通

非法中介多以大城市高薪就业、落户等名义开展中介，收取不菲的中介费后，介绍给外地中介。外地中介找不法用人单位或私人小企业让大学生打零工，而户口、档案却长期违法滞留，甚至被丢失。

（三）协议陷阱

1.口头承诺

口头承诺如果没有在协议书中白纸黑字予以体现，就没有法律约束力。一旦协议主体间发生矛盾，吃亏的一般都是学生。

2.不平等协议

由于大学生维权意识缺乏，在求职中又处于弱势地位，对不平等条款要么不知要么不敢提出异议，使就业协议在某种程度上成为"霸王合同"。所以大学生在签订就业协议时，一定要慎防无保障协议、死协议、卖身协议等不平等协议。

3.就业协议代替了劳动合同

有些用人单位以就业协议替代劳动合同，究其原因，是用人单位在就业协议中的许多约定不符合劳动法规定，如果签订劳动合同，许多不合法约定将不存在，难以实现对大学生的束缚，不能达到其违法用工的目的。

（四）试用期陷阱

1.不约定试用期

试用期是劳动合同的约定条款，对双方都有约束力，试用期长短应按《中华人民共和国劳动合同法》的规定在劳动合同中约定。但某些用人单位在与大学生签订劳动合同时，故意不约定试用期。当大学生感到单位各方面情况不尽如人意，想要另谋高就时，才发现自己在"无意"间放弃了试用期这一有利的武器，丧失了自己本该拥有的权利。在这种情况下，想单方面解除合同，便遭受用人单位的种种刁难，甚至付出惨重的代价。

2.试用期或见习期过长

在大学生就业中，违规违法现象主要表现为见习期与试用期的总期限超过1年，有的甚至长达2年；有些单位以见习期的名义不签合同，且借故延长见习期；有些单位签的是劳动合同，书写的却为见习期。诸如此类的现象屡见不鲜，应当引起大学生的高度重视。

3.无偿试用

有些单位在招聘广告上列出诱人的人才引进条件，学生报名应聘后，便以考查学生能力为由安排十几个、甚至几十个学生去单位试用，无非是为企业筹备展销会、为公司推销某种产品、为某一个大型活动跑跑腿等，待这些需要大批人力的活动一结束，他们便以试用不合格为由，辞退学生；而有些单位则以考核毕业生为借口，根本不愿支付任何报酬，从而达到廉价甚至无偿用工的目的。

（五）培训陷阱

在大学生就业中，常常会看到一些培训机构混迹其中，不断给大学生介绍"高薪就业""保证就业"之类的机遇,殊不知其中陷阱重重。

1. 收了培训费仍然无工作

有些培训机构以"高薪就业""保证就业"的名义引诱大学生交了培训费,但培训结束后,却以种种理由不给安排就业。

2. 培训机构与用人单位连手坑害大学生

大学生交了昂贵的培训费后,被推荐到一些位置偏僻、层次较低的企业,无人问津的低薪岗位,甚至在试用期就被借故辞退。

3. 用人单位的培训陷阱

有些用人单位要求新进大学生必须经过某某机构培训,考核合格才能录用。于是花费不少的大学生经过培训,考核过关者却寥寥无几。即使如此,被录用者也难逃厄运,工作刚满见习期或试用期即被以各种理由辞退。

4. 因为培训而失去自由

常言道"没有梧桐树,难留金凤凰;栽好梧桐树,招来金凤凰",可一些没有梧桐树的用人单位自有"妙法"留人。那就是单位出钱培训上岗,"买走"大学生的"自由"。这些用人单位在大学生上岗前提出,单位出资送大学生到某培训机构进行所谓的培训,并且签订培训上岗协议或劳动合同,规定所有经过培训合格人员,才能准予上岗,且要签订长期劳动合同,少服务的年限,必须交纳数目不菲的违约金,有些单位甚至扣押大学生的证件。

拓-展-阅-读

培训骗局

某市两家媒体分别刊登了一则内容相同的广告:某外资五金塑料有限公司驻该市办事处计划在该市四家大商场开设专柜,经营高级工艺品,招聘管理人员和售货人员若干,薪金及待遇优厚,并在上岗之前进行专业培训。该外资企业在国内有较高的知名度,具有较大的吸引力。招聘会当天,自称该公司当地办事处的经理陈某在临时租用的某大厦会议室,给应聘者上了第一节培训课。

培训课让众多应聘学生大开眼界,心生敬意。课后陈某当场通知最后取得应聘资格的60人(大部分是应届大学毕业生),第二天去某度假村进行体能测试和专业仪器操作训练,并要求每人交报名费、押金及服装费700元。次日,60人来到集合地点准备去度假村。陈某说,野外训练不便携带东西,要求应聘者把身上所有的钱物交公司统一保管,训练结束后返还。结果陈某让租来的两辆大客车拉上应聘者开往度假村,自己却溜之大吉。这60人被骗走的财物价值达6万余元。

这60人中大部分都受过高等教育，而陈某的伎俩也并非十分高明，为什么他们却轻易落入了陷阱？其原因还是在于应聘者缺乏必要的防范意识。那些应聘的学生们从一开始就被假象蒙蔽了，认为该外资企业是大公司，其办事处在高档大厦有办公地点，培训也十分正规，就完全放松了警惕。其实他们中任何一人稍稍有点心眼，按照该公司宣传单上的查询电话了解一下，就会知道公司根本没有在当地设立办事处，骗局都会被揭穿，然而遗憾的是60人中竟无一人有这种警惕性。

因此，毕业生一定要在求职应聘时做好足够的心理防范准备。要注意做到3点：一要戒贪心，不要让"高薪"蒙了自己的双眼；二要戒心急，要仔细考虑各种收费是否合理；三要做有心人，利用多种方式了解就业市场中种种不规范行为，提高警惕，遇事能够理智分析并作出正确判断。

（六）保证金陷阱

按照国家有关法律规定，严禁招聘单位在大学生就业中收取保证金、押金等费用。但在招聘中，大学生还是经常碰到索要保证金、押金、办证费、资料费、报名费、劳保费、服装费等巧立名目的费用。由于大学生一方面求职心切，另一方面缺乏相应的法律知识和保护意识，所以经常陷入此类陷阱。

（七）安全陷阱

大学生就业存在的种种问题，给一些不法之徒提供了可乘之机。他们常常精心策划，坑蒙拐骗盗无所不用，如果大学生稍不留神就会受其所害。

1.索要各种证件、签名、盖章

如果大学生在招聘中留下重要证据之类的东西，就可能成为欠费、欠税、担保人等各种形式的债务人，也可能成为敲诈勒索的对象。

2.偷盗抢劫

首先，对陌生的人、陌生的地点与可疑时间的面试，一定要谨慎小心，很可能各个环节都陷阱重重，令你防不胜防。其次，谨防将手机、钥匙交给对方，也不要随便吃喝对方提供的食物饮料，否则可能瞬间一无所有。再次，谨防诈骗。如果对方为掌握你的全面情况无休止面试，你可能已经处于危险的境地。要么设下小圈套让你闯祸，然后高价索赔；要么你的家人朋友可能接到你车祸、病危之类的通知，于是匆匆将钱转入了不法之徒的账号。

3.非法工作

工作性质不清、任务不明，遮遮掩掩、行动诡秘，这时就要非常留心，可能已沦为不法之徒的帮凶。可能正从事涉毒、偷运、销赃、窝赃、传销等非法工作。一旦事情败露，违法者全无踪影，而你成为替罪羊。

4. 限招女生

这类陷阱常见的特征是，对毕业生所学专业、能力等方面没有什么特别的要求和限制，只要求女生形象好，气质佳。通常广告上安排的所谓岗位也是体面、轻松的，一旦女大学生根据要求去面试，就可能会落入不法之徒、不良企业的陷阱中，轻则被劫财劫色，一无所有，更可怕的是陷入色情、传销业或被拐卖，甚至遭暴力相向，失去生命。

二、防止误入求职陷阱的对策

（一）早做心理防范

招聘中的各种骗术，主要是利用毕业生的 3 种心态：自负心态，觉得自己能力强、身价高，高薪聘任才能体现自己的价值，结果往往落入"高薪"的陷阱；着急心态，毕业生急于找工作的心理让一些不法之徒找到了借机骗财的机会，这些人以报名费、服装费、培训费、证件费等各种名义收取应聘者的费用后便人去楼空；糊涂心态，大学生心地单纯，对社会的复杂了解不多，认识不深，警惕性不强。

（二）要对用人单位进行全面考察

一些不法分子或者非法中介为蒙蔽毕业生，使毕业生放松警惕，往往会将自己或公司包装得非常气派，他们往往会在大厦、宾馆临时租赁办公室，进行虚假招聘，并把招聘的程序搞得很正规，然后行使各种诈骗手段。那么如何了解用人单位的资信呢？可以比喻成中医的"望闻问切"来讨论这个问题。

1. 望

"望"就是眼观六路，观察用人单位所在地的环境和单位人员的基本素质，查看有无营业执照等。例如，进入某公司后，要在其办公室观察有无营业执照、营业执照上所列的主要经营业务有哪些、营业执照办理的时间，如果没有看到，则要留心，可以从侧面打听或直接索要复印件。

2. 闻

"闻"是通过资讯手段了解该单位经营发展概况及运营状况。例如，在应聘前通过网络、报刊了解招聘单位的基本情况，在应聘面试时，找机会与员工聊天，询问单位的设立时间、主要业务、经营状况等，做到心中有数。

3. 问

"问"就是通过自己的亲友、同学、师长等关系网，核实招聘单位所言是否真实。要尽量索取单位一些书面资料（公司宣传资料），向资料中提到的客户、评奖单位、工商部门等进行核实，有时直接向大厦工作人员打听就能很清楚。例如，这家公司入住大厦多久，若是新公司则要留心些。

4. 切

"切"即直接交手试探虚实，在应聘中直接向主考官了解公司的各种情况，看看与自已了解的是否一致。最后综合上述信息，对用人单位的资信作出基本判断。

（三）明确试用期限

关于试用期陷阱问题，根据《中华人民共和国劳动合同法》第十九条规定："劳动合同期限三个月以上不满一年的，试用期不得超过一个月；劳动合同期限一年以上不满三年的，试用期不得超过二个月；三年以上固定期限和无固定期限的劳动合同，试用期不得超过六个月。同一用人单位与同一劳动者只能约定一次试用期。以完成一定工作任务为期限的劳动合同或者劳动合同期限不满三个月的，不得约定试用期。"另外根据劳动部《关于实行劳动合同制度若干问题的通知》第三条规定："劳动合同期限在六个月以下的，试用期不得超过十五日；劳动合同期限在六个月以上一年以下的，试用期不得超过三十日。"公务员根据《中华人民共和国公务员法》的规定其试用期为一年，部分事业单位也参照执行。在试用期间，员工依法享有报酬权，公司有为员工缴纳四金的义务。如若大学生在试用期间被证明不符合录用条件的，用人单位可以解除劳动合同，且应在试用期最后一天下班以前通知劳动者，过了这个时间，应认为劳动者已经试用合格，自动转为了正式员工。如果老板借试用之名不与求职者签订劳动合同，求职者可通过举报投诉来维权，而且事实劳动关系也同样受法律保护。因此，大学生在签订劳动合同时，一定要仔细阅读条款，明确试用期期限和在此期间的待遇，若有疑问，及时向法律部门咨询，使自身的权益得到最全面的保障。

（四）不要轻易缴纳各类费用和抵押证件

大学生应聘时要掌握好一个原则，即不要在应聘的过程中向招聘单位缴付任何形式的费用或抵押证件。在劳动保障部颁布的《劳动力市场管理规定》中明确规定："禁止用人单位向求职者收取招聘费用；向被录用人员收取保证金或抵押金；扣押被录用人员的身份证等证件；以招用人员为名牟取不正当利益或进行其他违法活动等行为。"因此，用人单位要求就业者在签订合同的同时，缴纳抵押金、风险金等以防止就业者违约的做法是不合法的。求职者在遇到此类情况时，可以大胆地提出拒绝，不要相信单位给出的适时退款的承诺，如果用人单位连国家的规定都不遵守，他们怎么会遵守对求职者许下的其他承诺呢？如果求职者已缴纳了此笔费用，有权在进入用人单位后随时要求予以返还。也可以通过申请劳动争议仲裁，或向劳动监察投诉、举报，依法维护自己的权益。

此外，招聘费、管理费、报名费等都是企业为引进人才、增强企业竞争力必须花费的成本，怎能叫竞聘者承担？正所谓行骗的伎俩可能形形色色，而行骗的原理却大同小异。因此，针对"招聘陷阱"中的押金骗术，毕业生在应聘时一定要牢记，招聘单位要招人，而不是"招钱"。因此，要保持头脑清醒，捂紧自己的钱袋子，不要被人牵着鼻子走。

（五）获取招聘信息的渠道一定要正规

搜集招聘信息时要看信息是不是在正规的媒体或是网站发布的。不要依靠短信、QQ、E-mail 寻求不明的信息，对网上的信息要有理性的认识和分析。

目前，国内有许多网站由于技术能力的限制无法做到对每条个人信息的真伪一一辨别，个人可随意填写个人信息，同时注册多个网站，随时能够打一枪换一个地方。还有一些"黑网"打着招聘的旗帜来蒙骗一些人，通过网上"付款"获得收益后也就"人间蒸发"了。

（六）不要轻易提供家庭电话

许多学生找工作心切，生怕联系不畅，单位录用通知无法传达，就将能找到自己的联系方式统统填写，殊不知会让不法分子钻空子。信息时代，通讯技术非常发达，每个毕业生都要有保护个人私有空间的意识。

一般来讲，应聘者只要留下自己的手机、电子邮箱就足以方便联系了。当对方要求你提供奇怪的证明材料时一定要多留个心眼，在任何情况下都不能向只有一知半解的"招聘单位"透露有关你的任何隐私信息，千万不要轻易提供家庭电话，以防不法分子谎报你的信息，诈骗你家人财物。

第二节　就业协议书与劳动合同

一、就业协议书

（一）概念及作用

就业协议书的全称是《全国普通高等学校毕业生就业协议书》，是由教育部高校学生司统一制订的。根据国家规定，在达成就业意向后，毕业生、用人单位、学校三方必须签订就业协议书。就业协议书须经毕业生、用人单位、学校三方签署后方能生效，因此俗称三方协议。

就业协议书具有一定的广泛性和权威性，是学校制订就业方案派遣毕业生、用人单位申请用人指标的主要依据，对签约的三方都有约束力。签订毕业生就业协议书不仅是毕业生与用人单位确立劳动关系的前提，是毕业生就业派遣和人事、户口、档案转接的依据，也是高校编制就业建议计划的依据。

（二）就业协议书的构成及内容

教育部高校学生司统一制表的《全国普通高等学校毕业生就业协议书》主要有 3 部分内容：

1.三方的权利和义务

就业协议书第一部分的具体条款，共 7 条，主要是明确了毕业生、用人单位、学校三方在毕业生就业工作中的权利和义务，具体为：

（1）毕业生应按国家规定就业，向用人单位如实介绍自己的情况，了解单位的使用意图，表明自己的就业意见，在规定的时间内到用人单位报到。若遇特殊性情况不能按时报到，需征得用人单位同意。

(2)用人单位应如实介绍本单位的情况，明确对毕业生的要求及使用意图，做好各项接收工作。凡取得毕业资格的毕业生，用人单位不得以学习成绩为由提出违约；未取得毕业资格的结业生，本协议无效。

(3)学校应如实向用人单位介绍毕业生的情况，做好推荐工作，用人单位同意录用后，经学校审核列入建议就业范围，报毕业生就业主管部门批准，学校负责办理派遣手续。

(4)学校应在学生毕业前安排体检，不合格者不派遣，本协议自行取消，由学校通知用人单位。如用人单位对毕业生身体条件有特殊条件，原则上应在签订协议前进行体检，否则，以学校体检为准。毕业生报到后体检不合格者，在其报到后一个月内，用人单位与学校协商征得同意，可将其退回学校；超过一个月的由用人单位按在职人员的有关规定办理。

(5)毕业生、用人单位、学校三方如有其他约定，应在备注栏内注明，并视为协议书的一部分。

(6)本协议经各方签字、盖章后生效。三方都应严格履行本协议，若有一方变更协议，须征得另两方同意，并由违约方向另两方交纳违约金。

(7)本协议一式四份，毕业生、用人单位、学校和省级毕业生就业主管部门各执一份，复印无效。

2.意见栏和签字盖章栏

第二部分是签署意见与签字盖章栏，主要包括3方面内容：

(1)毕业生情况及意见。这部分内容由毕业生本人填写，特别需要提醒的是"毕业生应聘意见"栏，许多毕业生签订就业协议时往往忽视这一内容，不填或只简单填"同意"二字。实际上，这一栏的意见对毕业生来说是十分重要的，毕业生应对是否愿意到用人单位就业表明自己的意见，同时也应将与用人单位在洽谈中达成的基本条件写明，以免日后发生争议。尤其是先与单位主管部门签订就业协议，报到后才安排具体单位的毕业生，更应注意此处的意见，如毕业生与县教育局签订协议，但具体学校需报到后才能落实，双方洽谈时，用人单位表明会安排毕业生在中学工作，毕业生在填写应聘意见时，就应注明"本人同意到某县某中学任教"等字样。

(2)用人单位情况及意见。这部分由用人单位填写。有几种情况要特别留意：一是档案邮寄地址一定要详细，且不要漏掉邮政编码。二是用人单位意见栏有两部分：用人单位意见与用人单位上级主管部门意见。由于一些用人单位没有独立的人事权，毕业生录用必须通过其上级主管部门审核同意。因此，毕业生签协议时，一定要注意用人单位上级主管部门是否签章。

（3）学校意见。学校意见分院（系、部）意见与学校意见。院（系、部）意见主要是审核毕业生资格，如毕业生是否能如期毕业，是否符合用人单位录用条件等，学校意见是实质性审核，表明学校对毕业生与用人单位所签就业协议书的态度，同意或不同意一定要态度明确。

3.备注栏

第三部分是备注栏。备注栏是为毕业生、用人单位、高等院校三方共同约定其他条款所设计的，许多毕业生往往忽视这一部分。毕业生与用人单位洽谈好的一些条件，如违约处理、住房安排、薪酬待遇等可在备注栏注明，同时要求双方签字盖章，这样可以避免日后一些不必要的争议。

（三）签订就业协议书的原则、步骤和程序

1.签订就业协议书的原则

毕业生应遵守诚实信用的原则，只能与一个用人单位签订就业协议，一旦签约就应履行协议，如因特殊情况需要变更协议，应与用人单位充分沟通，征得用人单位的同意，并出具书面同意变更意见书。就业协议书不得转让，因转让造成的后果或责任由转让双方共同承担。签订就业协议书用人单位应遵守平等协商的原则，将本单位的用工信息、工作条件、薪酬待遇等详细情况告知毕业生，并就以后可能出现争议的地方协商一致。

2.签订就业协议的步骤和程序

（1）毕业生到所在学校就业工作部门或院（系、部）指定工作人员处领取统一编号的就业协议书。

（2）毕业生和用人单位经充分协商达成一致意见后，双方在就业协议书上签字盖章。

（3）无独立人事权的用人单位报请上级主管部门同意并签字盖章。

（4）毕业生所在院（系、部）审核就业协议，并签字盖章。

（5）学校就业工作部门汇总审核就业协议，并签字盖章。

3.违约及处理程序

毕业生就业协议书一经订立，任何一方不得擅自解除，否则，应承担违约责任。由于种种因素，就业协议书签订之后，违约现象客观存在，为维护当事人合法权益，可遵循以下程序处理违约责任：

（1）签订就业协议书时，毕业生应与用人单位充分协商，在就业协议书的备注栏，书面确定违约问责及补偿办法，高等院校也应出台相应规范措施，维护毕业生的权益不受侵犯，促进就业市场的进一步规范。

（2）毕业生单方擅自解除就业协议的，需征得原用人单位的同意和解约书面证明，并向用人单位和学校交纳违约金，承担违约责任后，方可重新领取新的就业协议书继续择业。

（3）用人单位提出违约，应与毕业生积极沟通，并向毕业生支付一定的补偿金。如

用人单位拒不支付或故意拖延的，毕业生可通过用人单位所在地的劳动行政部门干预处理，或申请劳动仲裁，学校也应当出面通过各种途径维护毕业生的合法权益。

二、劳动合同

(一)劳动合同的基本知识及法律特征

1. 劳动合同的概念及作用

劳动合同，也称劳动契约、劳动协议，它是指劳动者与用人单位之间为确立劳动关系，明确双方权利和义务的协议。《中华人民共和国劳动合同法》(以下简称《劳动合同法》)第十条规定："建立劳动关系，应当订立书面劳动合同。"这说明劳动合同是确定劳动关系的法律形式。《劳动合同法》第八十二条规定："用人单位自用工之日起超过一个月不满一年未与劳动者订立书面劳动合同的，应当向劳动者每月支付二倍的工资。"第十四条规定："用人单位自用工之日起满一年不与劳动者订立书面劳动合同的，视为用人单位与劳动者已订立无固定期限劳动合同。"上述条款表明用人单位与劳动者签订劳动合同是新颁布《劳动合同法》作出的强制性规定。

大学毕业生与用人单位确定了工作意向，并不意味着就此完成就业。对于初涉职场的大学生来说，与用人单位签订劳动合同是一个非常重要的环节，它是劳动者合法权益得到有力保障的唯一途径。

2. 劳动合同的法律特征

劳动合同是一种特殊的合同，除有一般合同的特征外，还有其自身的法律特征：

(1)劳动合同主体具有特定性。劳动合同的当事人必须一方是企业、事业、机关、社会团体或私营业雇主，另一方是劳动者本人。两个单位之间有关劳务输出输入的协议不是劳动合同。

(2)劳动合同的标的物是劳动者的劳动行为。以劳动行为作为劳动合同的标的要求劳动者按照用人单位的指示提供劳动，劳动者提供劳动本身便是劳动合同的目的。

(3)劳动合同一般有试用期限的规定。《劳动合同法》第十九条规定："劳动合同期限三个月以上不满一年的，试用期不得超过一个月；劳动合同期限一年以上不满三年的，试用期不得超过二个月；三年以上固定期限和无固定期限的劳动合同，试用期不得超过六个月。"这是劳动合同的一种特有现象，即合同有效期已经开始，合同也已经履行，但在一个特定的期限内双方当事人都可以相对自由地解除劳动合同，终止劳动关系。而且在此期间，双方解除或者终止劳动关系的行为都无须承担在劳动合同有效期内的其他时间应当承担的某些责任。

(4)劳动合同的内容涉及劳动者完成再生产的过程。劳动力有自然老化的过程，劳动力还有本身再生产的特征。劳动合同订立时不仅要规定用人单位与劳动者本人的权利义务关系，而且还要涉及劳动者的直系亲属在一定条件下享有的物质帮助权。如果职工因年老、疾病、工伤、残疾、死亡等原因，暂时或永久丧失劳动能力，中断劳动可能不能获得劳动报酬时，用人单位不仅要负担职工本人的社会保险待遇，而且要对职工所供养的直系亲属给予一定的物质帮助。

（5）劳动合同的目的在于劳动过程的实现，而不是劳动成果的给付。即劳动者只对劳动过程负责，而不对劳动之外的劳动结果负责。

（6）劳动合同履行中的从属性或非强制性。劳动合同的从属，首先表现在劳动者实施劳动行为时，必须让渡自己对作息时间支配的自由，服从用人单位的工作安排，在工作内容上，劳动者不得自行决定劳动的方式和内容，必须按用人单位的要求完成其劳动过程。非强制性，不仅仅是在劳动者人身自由层面上提出的，其重点在于强调劳动者的劳动是不能强制的，即使劳动者因主观故意不履行劳动合同，用人单位也不能强制其履行。

（7）劳动合同权利义务的延续性。这种延续性表现在两个方面，一是在劳动合同的有效期内，一定条件下，劳动者即使未向用人单位提供劳动，仍有获得报酬的权利；二是在劳动合同终止或解除后，用人单位仍对劳动者负有相应的责任，如解除劳动合同经济补偿、职业病防护等。

（8）劳动合同内容的法定性。合同的基本要义在于当事人双方的合意，这在劳动合同中也是一样的。有所不同的是，劳动合同的内容具有更多的法定性。

（二）劳动合同的基本内容

劳动合同的内容，是指双方当事人在劳动合同订立中必须明确的各自的权利、义务及其他有关问题。劳动合同的内容是劳动关系的实质，也是劳动合同成立和发生法律效力的核心问题。

根据《劳动合同法》第十七条的规定："劳动合同的内容，可分为法定条款和约定条款两大部分，前者是指由劳动合同法规定的劳动合同必须具备的内容；后者是指不需由法律直接规定，而由双方当事人自愿协商约定的合同内容。"

1. 法定条款

按照《劳动合同法》规定，劳动合同的法定条款包含以下9项：用人单位的名称、住所和法定代表人或者主要负责人；劳动者的姓名、住址和居民身份证或者其他有效身份证件号码；劳动合同期限；工作内容和工作地点；工作时间和休息休假；劳动报酬；社会保险；劳动保护、劳动条件和职业危害防护；法律、法规规定应当纳入劳动合同的其他事项。

劳动合同分为固定期限劳动合同、无固定期限劳动合同和以完成一定工作任务为期限的劳动合同。有以下情形之一的，除劳动者提出订立固定期限劳动合同外，应当订立无固定期限劳动合同：第一，劳动者在该用人单位连续工作满十年的；第二，用人单位初次实行劳动合同制度或者国有企业改制重新订立劳动合同时，劳动者在该用人单位连续工作满十年且距法定退休年龄不足十年的；第三，连续订立二次固定期限劳动合同，且没有出现法定解除劳动合同情形的；第四，用人单位自用工之日起满一年不与劳动者订立书面劳动合同的，视为用人单位与劳动者已订立无固定期限劳动合同。

劳动者解除劳动合同，应当提前三十日以书面形式通知用人单位，在试用期内的时间为提前三日。

2. 约定条款

约定条款是订立劳动合同双方当事人根据劳动合同法规定经过协商约定，自行规定的合同内容，如试用期、培训、保守秘密、补充保险、福利待遇、劳动者从事的工种、担任的职务、争议解决途径等。

劳动合同可以约定试用期，根据合同期限的长短，试用期时间长短包括不超过一个月、不超过二个月和最长不超过六个月。同一用人单位与同一劳动者只能约定一次试用期。试用期包含在劳动合同期限内。

三、就业协议与劳动合同的共性与区别

(一)就业协议与劳动合同的共性

就业协议是高校毕业生与用人单位确立劳动关系的依据，而劳动合同是劳动者与用人单位确定劳动关系的法律形式。就确立劳动关系这一点来说，两者是相通的。可以这样认为，就业协议的实质是预备劳动合同，是劳动合同的一种特殊表现形式。它们有以下共同点：

1. 性质一致

用人单位与大学毕业生签订就业协议，与其他社会劳动者签订劳动合同，都是要确立劳动关系，明确双方权利和义务，就此来看，就业协议与劳动合同的性质是一致的。

2. 主体的意思表达一致

签订就业协议的双方，在表达主观愿望、意思表示真实，无强制、胁迫这一点上，与劳动者和用人单位之间签订劳动合同时，双方的主观意思表达所处的状态完全一致。

3. 法律依据一致

由于就业协议是确立劳动关系的一种协议，具有准劳动合同的性质，因此，在订立就业协议时，也应遵循《劳动法》《劳动合同法》等劳动法律法规中的有关规定，发生争议纠纷，也应依照有关劳动法律、法规加以解决。

(二)就业协议与劳动合同的区别

尽管就业协议与劳动合同有相近之处，但就业协议毕竟不是劳动合同，二者不能互相替代。用现实生活来打比方，就业协议就像是"订婚仪式"，而劳动合同就是"结婚登记"。它们的主要区别体现在以下几个方面：

1.适用的法律、法规不同

劳动合同适用《劳动合同法》及劳动行政部门颁布的有关劳动人事方面的法规。而就业协议虽然在法律适用时的法律依据与劳动合同相一致，但并不直接适用劳动法律法规，而主要是适用有关政策制度。

2.适用主体不同

劳动合同是劳动者与用人单位之间确立劳动关系的协议，只要双方当事人协商一致，符合国家的法律、行政法规，无欺诈、胁迫等手段，经双方签字盖章，合同即生效。而就业协议的主体有三方，即毕业生、用人单位和高等院校。

3.内容不同

依据《劳动法》的规定劳动合同的内容比较详细，而就业协议的条款相对比较简单，主要是毕业生如实向用人单位介绍自己情况，愿意在规定期限内到用人单位报到，用人单位如实向毕业生介绍本单位情况，同意录用该毕业生，高等学校是否同意毕业生与用人单位的意见等。至于毕业生到用人单位后享有什么权利，应承担哪些义务，就业协议并未作出强制性的要求。

4.适用的人员不同

劳动合同可以适用于各类人员，凡是中华人民共和国的公民只要有劳动权利能力和劳动行为能力并符合法律规定的条件，经过供需见面、双向选择，一经录用都可以与用人单位签订劳动合同，而就业协议适用的人群相对单一，一般只适用于高等院校毕业生、毕业研究生。

5.签订的时间不同

一般来说，就业协议签订在前，它是在毕业生就业之前签订的，而劳动合同一般是在毕业生到用人单位报到上班后才签订的。当然，也有用人单位要求在毕业生报到前签订劳动合同的，但程序上一般是先签就业协议，再签劳动合同。

三、签订就业协议与劳动合同的注意事项

(一)毕业生签订就业协议书的注意事项

毕业生就业协议书的签订对用人单位、毕业生和高等院校都具有一定的约束力，它不仅明确了毕业生与用人单位的选择意向，也是毕业生就业派遣和人事、户口、档案转接的主要依据。通过双向选择，毕业生在与用人单位达成用人意向之前，一定要结合自己的实际，综合分析所选择的用人单位是否有利于促进自己事业的发展，推动人生价值的实现，是否确定要留在该用人单位工作。一旦定下来，应与用人单位及时签订就业协议书，不可犹豫观望，也不可盲目冲动。过去，就有部分毕业生在签订就业协议时态度不慎重，而影响自己的顺利择业。签订就业协议书时应注意以下事项：

1.详细了解用人单位的主体资格

签订《就业协议书》前，要弄清用人单位的性质及用人方式等；单位是否有独立人事管理权，能否为毕业生办理户口档案转接及社会保险等手续，是单位办理还是通过人才市场人事代理办理；是哪一种用人方式，正式编制内录用、聘用合同制、临时聘用或派遣制等，以便毕业后及早与相关单位签订《劳动合同》。

2.按规定的程序签订就业协议书

毕业生凭学校统一编号的《就业协议书》原件(一式四份)与用人单位签约。特别提醒：复印件无效。双方签好后由毕业生或用人单位交毕业生所在院(系)审核，最后交学校就业工作部门审核盖章。按规定的程序签订就业协议书，由学校最后把关，有利于维护学生的合法权益。

3.充分利用备注栏，明确约定条款内容

在毕业生与用人单位的洽谈中，必然会就一些具体问题进行协商，若双方达成一致意见后，毕业生要注意将约定好的内容以示范条款的方式在备注栏中书面说明，并明确表示在今后订立劳动合同时应予以确认，然后由双方签字盖章。这有利于促进与劳动合同的衔接，避免日后产生纠纷。需要在协议书备注栏约定的条款包括：关于服务期限、福利待遇、住房条件、违约处理办法等。

另外，报考研究生、准备专升本或出国留学的毕业生在签订就业协议书时，应将报考研究生、专升本或出国留学的有关事宜告知用人单位，经沟通协商达成一致意见后在备注栏说明，否则毕业生需承担违约责任。

4.每位毕业生只能与一个用人单位签订就业协议书

凡与两个或两个以上用人单位签订协议书的，一般只认定与最先签约的用人单位的协议书生效，其他按违约处理。

5.为保障自己的权益

毕业生在毕业前或两年择业服务期内应及早签订《就业协议书》，办理就业报到手续，之后与用人单位签订《劳动合同》。

(二)毕业生签订劳动合同注意事项

大学毕业生与用人单位签订劳动合同是大学生在求职中取得成功的标志，但大学毕业生与用人单位在经验和掌握专业知识程度等方面的不对称性，使他们明显处于劣势，因此签订劳动合同时应慎重，不可大意。通常签订劳动合同时应注意以下几个问题：

1.签订的劳动合同须合法

依法签订劳动合同是其产生法律约束力的前提。如果签订的劳动合同不合法，那么求职者的权益保护会遇到困难。为此，求职者一定要先确认自己签订的劳动合同是否具备产生法律约束力的条件，包括：用人单位这一劳动合同主体须符合法定条件，用人单位应当依法成立，能够依法支付工资、缴纳社会保险费、提供劳动保护条件，并能够承担相应的民事责任；双方签订的劳动合同内容不得与相关法律法规相冲突，《劳动法》规定，违反法律、行政法规签订的劳动合同为无效劳动合同；签订劳动合同的程序、形式必须合法，如经协商一致、书面形式等。

2. 坚持平等自愿的原则

在签订劳动合同时，毕业生和用人单位是平等的民事主体，具有平等的法律地位，享有法律规定的平等权利，因此，双方必须坚持自愿的原则，协商合同条款内容，任何一方不得将自己的意志强加给另一方，更不能采取欺诈手段订立劳动合同。

3. 对合同内容应仔细推敲

一是看合同条款的语言文字表达是否清楚而有条理，是否存在歧义；二是看合同条款是否包括《劳动合同法》的九项法定必备条款内容，还有哪些约定内容须写入劳动合同，约定试用期的时间是否在法律规定范围内；三是对用人单位提供的格式合同须认真推敲，对格式合同中出现的不愿接受的诸如范围界定不清、表述含糊、一语多义等有关条款，应予以拒绝；四是看双方的权利、义务、责任是否划分清楚，对"单方面合同"应予以拒绝；五是认真校对外文合同文本或部分外文合同文本的中文意思内容，与其递交给当地劳动行政部门鉴证的中文合同文本内容是否一致。

4. 因用人单位原因没有签订劳动合同仍然受劳动法律、法规的保护

《劳动法》第十六条明确规定"劳动合同是劳动者与用人单位确立劳动关系、明确双方权利和义务的协议。建立劳动关系应当订立劳动合同"。《劳动合同法》第十条规定"建立劳动关系，应当订立书面劳动合同"。用人单位在聘用劳动者后不签订劳动合同是违反法律的。用人单位不与劳动者签订劳动合同，原因是多方面，除了建立劳动雇佣关系时应当签订劳动合同的观念未广泛建立外，另一方面就是用人单位认为不签劳动合同，就可以不受劳动法律的约束，对劳动者的管理就比较自由。这种理解是错误的，根据我国劳动法律法规如原劳动部《关于贯彻执行〈中华人民共和国劳动法〉若干问题的意见》《关于劳动争议受理问题的复函》《中华人民共和国企业劳动争议处理条例》等的规定，只要发生劳动关系，即使用人单位不与劳动者签订劳动合同，只要形成事实上的劳动关系，劳动者依然受劳动法律的保护。新劳动合同法在第十四条规定"用人单位自用工之日起满一年不与劳动者订立书面劳动合同的，视为用人单位与劳动者已订立无固定期限劳动合同。"第八十二条规定"用人单位自用工之日起超过一个月不满一年未与劳动者订立书面劳动合同的，应当向劳动者每月支付二倍的工资。"这些措施进一步保护了劳动者的合法权益。

虽然有以上法律的保护，但毕业生应尽可能地要求签订劳动合同，它可以对劳动内容和法律未尽事宜作出详细、具体的规定；在发生劳动争议时也是解决纠纷的重要证据。

第三节　就业报到与人事代理

一、就业报到证

就业报到证即"全国普通高等学校本专科就业报到证"，是由国家教育部直接印刷，省级高校毕业生就业管理部门单独签发的，简称"报到证"。

（一）报到证的作用

报到证由毕业生计划分配体制时的《派遣证》转化而来的，现仍在中国人事管理体制中扮演着重要的角色。比如在国家企业事业单位工作，没有报到证是无法将其作为正式员工聘用的，日后的职称评定也将受到一定的限制。那么，报到证的作用有哪些呢？

（1）到接收单位报到的凭证，报到证由单位人事部门存档。

（2）参加工作时间的初始记载，毕业生就业后的工龄由报到之日开始计算。

（3）证明持证的毕业生是纳入国家统一招生计划的学生。

（4）学校依据报到证办理毕业生档案投递、组织关系转移和户籍迁移等手续，其报到证的下联必须装入毕业生档案。

（5）毕业生报到后，持报到证及接收单位有关证明到当地公安部门办理落户手续；持报到证到有关部门办理自主创业手续及减免有关税费；持报到证到有关部门申请办理经济适用住房指标。

（6）是毕业生在工作单位转正和干部身份的证明。

因此，除录取研究生或留学生外，其他毕业生应在规定的时间内就业，办理报到证，并注意保管不要丢失，不论什么原因，凡自行涂改、损毁的报到证一律作废。

（二）报到证办理的相关政策

1.初次办理

各学校统一为学生办理的时间为每年的6月份，办理时学校要提供毕业生与用人单位签订并经学校就业工作部门签证就业协议书原件、就业方案等。日常个人办理的时间一般从7月初开始。离校后两年择业期内落实就业单位的可由毕业生个人办理报到证，办理时须提供就业协议书原件(或回原籍申请)、毕业证原件、学校毕业生就业工作部门的介绍信到毕业学校所在省市毕业生调配部门办理。

2.报到证的调整改签

毕业生和用人单位"供需见面，双向选择"签订就业协议、学校主管部门核定形成就业方案之后办理报到证，原则上不能随意变动。但自报到证签发之日起一年内，遇下列情况时可以申请改派：

（1）错派，没有这个用人单位，用人单位已经撤销或其他特殊原因；

（2）毕业生本人遭受到不可抗拒的因素或其他特殊原因；

（3）毕业生违约后要求重新改派到新单位的；

（4）其他符合政策规定的情况等。

改签时必须提供原就业单位同意解除就业协议的退函、毕业证书原件、《普通高校毕业生和毕业研究生就业调整改派申请表》、原报到证和新单位的协议书或接收函。自毕业生派遣报到后，时间超过一年，可不办理报到证改办手续，由毕业生自行联系新旧用人单位所在地的人才交流中心或人事管理部门，办理人事档案关系的移交转入，通过工作调动解决。

3. 报到证的遗失补办

报到证亦是毕业生办理调整改派手续的重复材料。报到证如不慎遗失，自签发之日起一年内遗失，经本人申请，登报申请作废，交所在学校审核、盖章，方可到原签发部门申请重新补办。补发的报到证备注栏内须注明"遗失补办，原同号报到证作废"字样。签发一年以后遗失报到证的，不予补办。按有关规定，由毕业学校和毕业生调配部门出具证明。

二、办理离校和报到手续

（一）离校手续的办理

1. 填写《全国普通高等学校毕业生登记表》

每年6月份，是各高校毕业生集中办理离校手续的时间。毕业生毕业派遣前必须通过组织鉴定，填写《全国普通高等学校毕业生登记表》并装入档案袋，办理离校手续，参加毕业典礼。

2. 办理离校盖章手续

毕业生在向院系和学校就业部门确认自己的就业单位情况和落实派遣情况（包括档案发往单位是否有误）后，凭学校发放的《离校手续单》依次到学校指定的各部门办理离校盖章手续，分别领取毕业证、学位证、报到证、户口迁移证，只解决就业（有单位聘用）不需要派遣的毕业生，在毕业后两年内，凭与用人单位签订的协议书，再回学校申请办理报到证和迁移户口档案。

3. 办理档案转移

办理了正式派遣手续，已开出报到证的，毕业生档案将按要求，由学校毕业生主管部门集中整理后，在毕业生离校一周内通过机要局传递到用人单位或上级主管（人事）部门。毕业时未落实正式单位、未开出报到证的，档案可申请在学校保留两年，或在离校前根据毕业生意愿，转回原籍或委托人才交流服务机构管理。

(二)报道手续的办理

1.报到需要的材料

报到时一般需要以下4种材料:报到证、毕业证和学位证、户口迁移证。用人单位凭报到证办理接收手续和接转档案、户口关系的迁移手续。毕业生本人在学校主管部门办理户口关系迁移手续后,由自己携带,并到接收单位办理转入关系的手续。

而毕业生的档案材料则均不得由毕业生自己携带,而是由毕业生档案具体管理部门(所在院系或学生处)进行认真审核后,在毕业生离校后的两周内,按照机要文件的有关要求,统一寄送到毕业生工作单位所属的人事档案管理部门。

2.报到的时间规定

按照教育部的规定,高校毕业生的报到期限为一个月。

3.报到可能出现的问题及处理办法

(1)相关证件的遗失或销毁。毕业证和学位证遗失后,不能补办原证,只能由学校教务部门出具相关证明书。户口迁移证的补办由学校保卫部门负责办理。

(2)毕业生报到时接收单位拒绝签收。毕业生与用人单位的签约具有法律效力,双方均有义务遵守。但是,如果用人单位发生了严重变故,如企业破产、削减编制、转产等原因,而无法继续接收该毕业生时,则单位必须向学校出具退回毕业生的公函,由毕业生重新联系单位就业。

(3)毕业生未能按期报到。毕业生应在规定的时间内到接收单位报到。如果由于不可抗拒的原因(如生病、外出遇灾未归等)无法按期报到,应采取信件、电话、电报传真等方式向接收单位说明情况并请假。

(4)毕业生因表现不好被接收单位退回。如果毕业生在报到以后,由于工作表现不好而被用人单位退回,学校将把其档案、户口等关系转回户籍所在地,按照社会待业人员处理。

三、人事代理

人事代理是社会主义市场经济条件下产生的新的人事管理方式,是人事管理社会化的重要标志,它是指政府人事部门所属的人才流动管理事业组织,接受三资企业、私营企业、股份制企业、民营科技机构等无主管单位和不具备人事管理权限的单位以及要求委托人事代理的其他企事业单位或个人的委托,依据法律法规,按照一定的人事管理规范,运用社会化服务的方式,对用人单位和人才人事事务实行代理。因此,各级人才流动服务机构和委托代理对象之间,是不发生行政隶属关系,但它实现了人事管理与人员使用分离,为单位实行"不求所有,但求所用"的用人制度创造了有利条件,为个人自主发挥及合理流动提供了广阔空间。

（一）人事代理的主要内容

人事代理制度的实行，改变了以往毕业生单一的就业模式，为毕业生提供了更为宽松的就业环境，解除了毕业生的后顾之忧，便利了人才流动。如果毕业生前往需要办理人事代理的工作单位，则可以与单位所在地人才服务中心签订委托代理合同，一般情况下，代理对象可获得以下服务内容：

(1)提供人事政策咨询、人才素质测评、职业能力培训；

(2)管理人事档案，办理人才流动手续，并协调人才流动争议；

(3)接受人事关系、党组织关系及户口关系的挂靠；

(4)出具以户口档案材料为依据的人事证明；

(5)鉴证聘用合同和负责代理单位接收的应届毕业生见习期转正手续；

(6)代办档案工资定级、调整手续，并计算工龄；

(7)代办专业技术职务任职资格初定、申报手续；

(8)代办社会保险、养老保险；

(9)办理考研、出国(出境)的政审手续(签署意见)；

(10)协助推荐尚未落实就业单位的代理人员就业；

(11)与人事管理相关的其他事宜。

（二）人事代理的受理范围

(1)应聘到股份制企业、外商投资企业、集体企业、乡镇企业、民营企业、各类民办学校等无人事主管部门或不具备人事档案管理权限的单位的毕业生；

(2)聘用(新进)到国有企事业单位的没有人事编制的毕业生；

(3)自主创业、从事自由职业或暂时没有落实就业单位的毕业生；

(4)自费出国(出境)的毕业生；

(5)拟复习考研的毕业生；

(6)其他特殊情况需代理的毕业生。

（三）人事代理的作用

人事代理对促进人才合理流动、人才诚信档案建立完善等方面具有不可替代的作用。人事代理对个人而言主要有以下3个积极作用：

(1)有利于解除毕业生的后顾之忧。根据国家有关文件规定，毕业生到人才交流服务中心委托人事代理后，只要履行相关义务，无论到公有制或非公有制单位工作，都可以享受到国家规定的相关人事待遇，如：保留原有身份、计算工龄、转正定级、档案工资记载、职称晋升考评、代办社会保险、出具以档案材料为依据的相关证明等。

(2)有利于促进毕业生今后的合理流动。人事代理打破了人才流动中的城乡、区域、部门、行业、身份、所有制等限制，毕业生可以在公有制与非公有制单位之间、不同地区之间进行流动。

（3）有利于实现毕业生的自主择业。人事代理制度割断了以人事档案为核心的毕业生对单位的依附关系，毕业生可以根据自己的条件、特长、兴趣、志向选择适合自己发展的工作，充分实现人尽其才，才尽其用。

人事代理是我国人事管理制度改革的重要内容，对毕业生而言是其就业、工作的好帮手。由于过去较多的毕业生被单位录用，但未签协议书或单位为非国有单位，没有人事权，无法接其档案和户口，或因两年择业期后档案和户口被退回原籍等原因，工作和生活中出现的身份证明、办理有关证件、购房、出国、职称、婚育等一系列问题，由于户口、档案不在工作地而无法解决，而实行人事代理却能解决问题。

（四）人事代理的办理程序

（1）毕业生本人提出人事代理申请；

（2）毕业生本人持就业协议书、身份证、一寸黑白免冠照片到相关人才交流服务中心进行咨询；

（3）填写人才流动审批表，签订人事代理合同，缴纳一定费用；

（4）将就业协议书交所在学校，由学校统一到有关部门办理报到证、户口迁移证，并将毕业生档案移交相关的人才交流服务中心；

（5）离校后，毕业生到相关人才交流服务中心办理存档手续，并提交毕业证书复印件、身份证复印件、报到证、户口迁移证、党组织关系介绍信。

（五）人才流动手续的办理程序

（1）委托人事代理的毕业生，找到新的单位后，要求流动到其他具有人事档案管理权的单位的，持接收单位调档函，即可到人才交流服务中心办理档案转接手续，户口也随迁到相应的部门。

（2）委托人事代理的毕业生，报考研究生被录用后，凭录取院校出具的调档函或录取通知书复印件（验原件）及存档凭证到档案所在的人才交流服务中心办理档案转递手续。

第四节　社会保险

一、社会保险的种类

社会保险是以国家为主体，对有工资收入的劳动者在暂时或者永久丧失劳动能力，或虽有能力而无工作亦即丧失生活来源的情况下，通过立法手段，运用社会力量给这些劳动者以一定程度的收入损失补偿，使之能继续达到基本生活水平，从而保证劳动力再生产和扩大再生产的正常运行，保证国内社会安定的一种制度。享受社会保险是宪法赋予公民或劳动者的一项基本权利，用人单位和劳动者参加社会保险是法定的义务。

中国的社会保险包括养老保险、医疗保险、失业保险、伤残保险、生育保险等5种保险。通过参加社会保险，劳动者在年老、患病、工伤、失业、生育等情况下获得帮助和补偿。用人单位和劳动者必须依法参加社会保险，缴纳社会保险费。劳动者在下列情形下，依法享受社会保险待遇：退休；患病、负伤；因工伤残或职业病；失业；生育。劳动者死亡后，其遗属依法享受遗属津贴。

（一）养老保险

养老保险是社会保险五大险种中最重要的险种之一。所谓养老保险（或养老保险制度）是国家和社会根据一定的法律和法规，为解决劳动者在达到国家规定的解除劳动义务的劳动年龄界限，或因年老丧失劳动能力退出劳动岗位后的基本生活而建立的一种社会保险制度。

1.我国养老保险的组成部分

（1）基本养老保险亦称国家基本养老保险，它是按国家统一政策规定强制实施的为保障广大离休人员基本生活需要的一种养老保险制度。

（2）企业补充养老保险。

（3）个人储蓄性养老保险。

2.养老保险的含义

（1）它是在法定范围内的老年人完全或基本退出社会劳动生活后才自动发生作用的。这里所说的"完全"，是以劳动者与生产资料的脱离为特征的；所谓"基本"，指的是参加生产活动已不成为主要社会生活内容。需强调说明的是，法定的年龄界限（各国有不同的标准）才是切实可行的衡量标准。

（2）养老保险的目的是为保障老年人的基本生活需求，为其提供稳定可靠的生活来源。

（3）养老保险是以社会保险为手段来达到保障的目的。养老保险是世界各国较普遍实行的一种社会保障制度。

3.养老保险的特点

（1）由国家立法，强制实行，企业单位和个人都必须参加，符合养老条件的人，可向社会保险部门领取养老金。

（2）养老保险费用来源，一般由国家、单位和个人三方或单位和个人双方共同负担，并实现广泛的社会互济。

（3）养老保险具有社会性，影响很大，享受人多且时间较长，费用支出庞大，因此，必须设置专门机构，实行现代化、专业化、社会化的统一规划和管理。

4.养老保险的意义主要体现在以下几方面

（1）有利于保证劳动力的再生产。通过建立养老保险制度，有利于劳动力群体的正常代际更替,老年人年老退休,新成长劳动力顺利就业,保证就业结构的合理化。

(2)有利于社会的安全。养老保险为老年人提供了基本生活保障,使老年人老有所养。随着人口老龄化的到来,老年人口的比例越来越大,人数也越来越多,养老保险保障了老年劳动者的基本生活,等于保障了社会相当部分人口的基本生活。对于在职劳动者而言,参加养老保险,意味着对将来年老后的生活有了预期,免除了后顾之忧,从社会心态来说,人们多了些稳定、少了些浮躁,这有利于社会的稳定。

(3)有利于促进经济的发展。各国设计养老保险制度多将公平与效率挂钩,尤其是部分积累和完全积累的养老金筹集模式。劳动者退休后领取养老金的数额,与其在职劳动期间的工资收入、缴费多少有直接的联系,这无疑能够产生一种激励劳动者在职期间积极劳动,提高效率。

此外,由于养老保险涉及面广,参与人数众多,其运作中能够筹集到大量的养老保险金,能为资本市场提供巨大的资金来源,尤其是实行基金制的养老保险模式,个人账户中的资金积累以数十年计算,使得养老保险基金规模更大,为市场提供更多的资金,通过对规模资金的运营和利用,有利于国家对国民经济的宏观调控。

(二)失业保险

失业保险是指国家通过立法强制实行的,由社会集中建立基金,对因失业而暂时中断生活来源的劳动者提供物质帮助的制度。它是社会保障体系的重要组成部分,是社会保险的主要项目之一。

1.建立失业保险的目的

(1)保障失业者失业期间的基本生活,使其免遭失业带来的贫困;用理论家的话来说,实行失业保险就是要从此规避工业社会巨大变动给人民生活带来的不安因素。失业保险要使无工作的人免除由此而产生的苦难,使有工作的人不再对工作能保持多久过分担心。

(2)调节经济需求,调节收入分配,保持经济健康发展。

(3)作为社会的"安全网"和"减震器",为社会平安运行保驾护航。经过数十年的发展,失业保险又衍生出一个新的目的,就是促进失业人员再就业。

2.失业保险的主要特点

(1)普遍性。它主要是为了保障有工资收入的劳动者失业后的基本生活而建立的,其覆盖范围包括劳动力队伍中的大部分成员。因此,在确定适用范围时,参保单位应不分部门和行业,不分所有制性质,其职工应不分用工形式,不分家居城镇、农村,解除或终止劳动关系后,只要本人符合条件,都有享受失业保险待遇的权利。分析我国失业保险适用范围的变化情况,呈逐步扩大的趋势,从国营企业的 4 种人到国有企业的 7 类 9 种人和企业化管理的事业单位职工,再到《失业保险条例》规定的城镇所有企业事业单位及其职工,充分体现了普遍性原则。

（2）强制性。它是通过国家制定法律、法规来强制实施的。按照规定，在失业保险制度覆盖范围内的单位及其职工必须参加失业保险并履行缴费义务。根据有关规定，不履行缴费义务的单位和个人都应当承担相应的法律责任。

（3）互济性。失业保险基金主要来源于社会筹集，由单位、个人和国家三方共同负担，缴费比例、缴费方式相对稳定，筹集的失业保险费，不分来源渠道，不分缴费单位的性质，全部并入失业保险基金，在统筹地区内统一调度使用以发挥互济功能。

3. 失业保险适用范围

《失业保险条例》所指失业人员只限定为在法定劳动年龄内有劳动能力的就业转失业的人员。根据有关规定，我国目前的法定劳动年龄是 16～60 岁，体育、文艺和特种工艺单位按照国家规定履行审批程序后可以招用未满 16 周岁的未成年人。对企业中男年满 60 周岁、女年满 50 周岁的职工和机关事业单位中男年满 60 周岁、女年满 55 周岁的职工实行退休制度，对从事有毒、有害工作和符合条件的患病、因工致残职工可以降低退休年龄。

所谓有劳动能力，是指失业人员具有从事正常社会劳动的行为能力。在法定劳动年龄内的人员，若不具备相应的劳动能力，也不能视为失业人员，如精神病人、完全伤残不能从事任何社会性劳动的人员等。目前无工作并以某种方式寻找工作，是指失业人员有工作要求，但受客观因素的制约尚未实现就业。对那些目前虽无工作，但没有工作要求的人不能视为失业人员。这部分人自愿放弃就业权利，已经退出了劳动力的队伍，不属于劳动力，也就不存在失业问题。

4. 造成失业的原因

造成失业的原因是多方面的，具体到不同国家或一个国家的不同时期，其主导因素并不完全相同。国际上一般将失业原因分为如下几类：

（1）摩擦性失业，由于求职的劳动者与需要提供的岗位之间存在着时间上的差异而导致的失业，如新生劳动力找不到工作，工人想转换工作岗位时出现的工作中断等。

（2）季节性失业，由于某些行业生产条件或产品受气候条件、社会风俗或购买习惯的影响，使生产对劳动力的需求出现季节性变化而导致的失业。

（3）技术性失业，由于使用新机器设备和材料，采用新的生产工艺和新的生产管理方式，出现社会局部劳动力过剩而导致的失业。

（4）结构性失业，由于经济、产业结构变化以及生产形式、规模的变化，促使劳动力结构进行相应调整而导致的失业。

（5）周期性失业，市场经济国家由于经济的周期性萎缩而导致的失业。

5. 从我国目前的情况分析，造成失业的主要原因

（1）劳动力供大于求。我国是世界第一人口大国，2014 年底，人口总数达 13.6 亿人，其中 15～64 岁人口达 10.06 亿。从 20 世纪 80 年代以来，我国进入劳动年龄人口的

高峰期，劳动年龄人口占总人口的比重明显上升，30年间上升近12%。另一方面，我国又是一个发展中国家，经济发展水平相对较低，其他经济资源相对短缺，制约了劳动力资源的开发利用。从发展趋势看，今后一个时期，每年新增劳动力在1000万人左右，农村剩余劳动力跨地区流动约3000万人，其中有相当一部分将要加入到城镇就业队伍中。另外，随着企业事业单位改革的不断深化，历史上形成的富余人员问题将要逐步得到解决，多年来积淀的大量冗员进入社会竞争就业岗位将成为必然趋势。可以说，劳动力供大于求的矛盾将在一个相当长的时期存在。

（2）我国正在对经济结构进行重大调整，与之相适应，劳动力结构必然要进行相应调整，不可避免地会造成部分人员失业，这种结构性失业的状况增加了失业压力。

（3）伴随着科技进步和劳动生产率的提高，一些领域特别是第一、第二产业的传统部门，不仅不能扩大就业容量，反而会减少用人，分流部分劳动力，致使失业人员数量增加。

（4）由于许多失业人员技能单一，职业技术水平不高，难以适应用人单位的需要，加上择业观念陈旧，不能依靠自身的努力开辟就业门路，加大了实现再就业的难度。

（5）我国现行的社会保障制度不完善、覆盖面窄，市场就业机制尚未完全建立，对劳动力流动和合理配置也有着明显的制约作用。

（三）工伤保险

工伤保险是指劳动者因在生产经营活动中所发生的，或在规定的某些特许情况下，遭受意外伤害、职业病以及因这两种情况造成死亡，在劳动者暂时或永远丧失劳动能力时，劳动者或其遗属能够从国家、社会得到必要的物质补偿。这种补偿一般以现金形式体现。

工伤保险除了和其他社会保险一样都包含待遇补偿和支付的内容之外，它的特点还在于其含有预防事故发生，预防职业病伤害以及职业康复的内容，这是其他社会保险中所没有的内容。

1. 工伤保险的类型

根据工伤保险责任主体划分，工伤保险制度基本上有两种类型：

（1）建立集中使用工伤保险基金的保险制度。

（2）私营企业根据法律规定安排各种工伤保险办法。目前世界上约有2/3的国家实行保险基金制度。

工伤保险基金可以是一般社会保险的组成部分，有的则可以与其他一般社会保险分立。在一些国家，凡受工伤保险法约束的雇主，都必须向公营保险机构交纳工伤保险费，当保险事故发生之后，由公营保险机构支付应发的伤残抚恤金，通常称为强制性的社会保险。

2. 工伤保险的特征

工伤保险是根据"职业风险"原则建立的，因而具有以下特征：

(1)强制性，是指由国家立法，在一定范围的用人单位、职工必须参加。

(2)互济性，是指建立工伤保险基金后，由社会保险机构在单位之间、地区之间调剂使用基金，由未发生工伤者共同对发生工伤者给予一定互济。

(3)保障性，是指由工伤保险支付用于承担工伤医疗费用，使自己不致突然承担此类风险。

3. 工伤保险的适应范围

根据《工伤保险条例》的规定，工伤保险的适用范围包括中国境内各类企业、有雇工的个体工商户以及这些用人单位的全部职工或者雇工。各类企业包括国有企业、私营企业、乡镇企业、中外合资(合作)企业、外商独资企业等。有雇工的个体工商户，是指在工商部门登记注册，雇佣劳动者为其从事个体生产经营的个体经济组织。有雇工的个体工商户参加工伤保险的具体步骤和实施办法，由省、自治区、直辖市人民政府规定。国家机关和依照或者参照国家公务员制度进行人事管理的事业单位、社会团体的工作人员因工作遭受事故伤害或者患职业病的，由所在单位支付费用。具体办法由国务院劳动保障行政部门会同国务院人事行政部门、财政部门规定。其他事业单位、社会团体以及各类民办非企业单位的工伤保险等办法，由国务院劳动保障行政部门会同国务院人事行政部门、民政部门、财政部门等部门参照本条例另行规定，报国务院批准后施行。

工伤是指职工在工作过程中因工作原因受到事故伤害或者患职业病。根据《工伤保险条例》第十四条的规定，职工有下列情形之一的，应当认定为工伤：

(1)在工作时间和工作场所内，因工作原因受到事故伤害的。

(2)工作时间前后在工作场所内，从事与工作有关的预备性或者收尾性工作受到事故伤害的。

(3)在工作时间和工作场所内，因履行工作职责受到暴力等意外伤害的。

(4)患职业病的。

(5)因工外出期间，由于工作原因受到伤害或者发生事故下落不明的。

(6)在上下班途中，受到机动车事故伤害的。

(7)法律、行政法规规定应当认定为工伤的其他情形。

同时，根据本条例第十五条的规定，职工有下列情形之一的，视同工伤：

(1)在工作时间和工作岗位，突发疾病死亡或者在48小时之内经抢救无效死亡的。

(2)在抢险救灾等维护国家利益、公共利益活动中受到伤害的。

(3)职工原在军队服役，因战、因公负伤致残，已取得革命伤残军人证，到用人单位后旧伤复发的。

职业病就是指《职业病防治法》中授权卫生部会同劳动保障部制定的职业病目录中

的疾病。按照职业病防治法的规定,职业病是指企业、事业单位和个体经济组织(以下统称用人单位)的劳动者在职业活动中,因接触粉尘、放射性物质和其他有毒、有害物质等因素而引起的疾病。根据职业病防治法的这一规定,结合工伤保险条例中关于适用范围的有关规定,条例中规定的患职业病的,主要是指条例覆盖范围内的所有用人单位的劳动者在职业活动中,因接触粉尘、放射性物质和其他有毒、有害物质等因素而引起的疾病。

(四)医疗保险

医疗保险就是当人们生病或受到伤害后,由国家或社会给予的一种物质帮助,即提供医疗服务或经济补偿的一种社会保障制度。

1.医疗保险的目的

医疗保险的实质是社会共担医疗风险,目的在于鼓励用人单位和个人按照国家有关法律规定缴纳一定的医疗保险费,通过社会调剂,保证劳动者在健康受到损害时得到必需的基本医疗服务或经济补偿,避免因治疗而影响生活和工作。显然,医疗保险是根据国家立法规定,通过缴纳医疗保险费,把具有不同医疗需求群体的资金集中起来,进行再分配,为其提供基本医疗保险。通常所指的医疗保险,实质上是医疗社会保险。我国20世纪50年代初建立的公费医疗和劳保医疗统称为职工医疗保险。它是国家社会保障制度的重要组成部分,也是社会保险的重要项目之一。

2.医疗保险的意义

医疗保险具有社会保险的强制性、互济性、社会性等基本特征。因此,医疗保险制度通常由国家立法,强制实施,建立基金制度,费用由用人单位和个人共同缴纳,医疗保险费由医疗保险机构支付,以解决劳动者因患病或受伤害带来的医疗风险。每个人在其一生中,发生疾病或遭到意外伤害都不可避免,都需要预防,或者治疗服务。这样,就必然负担一定的费用。病情或伤势越严重,医疗费用越高,给本人或家庭带来的经济损失越大。建立城镇职工基本医疗保险制度,通过社会合作的强大力量,可以有效地抵御这类医疗风险。我国的医疗保险实施以来在保障职工身体健康和维护社会稳定等方面发挥了积极的作用。但是,随着社会主义市场经济体制的确立和国有企业改革的不断深化,这种制度已难以解决市场经济条件下的职工基本医疗保障问题。

3.医疗保险与其他社会保险的区别

社会保险包括养老、医疗、失业、工伤、生育等诸多险种,医疗保险和其他社会保险形式有着重大区别,主要体现在:一是,医疗保险具有纯补偿性;二是,对符合条件的被保险人,在医疗待遇方面实行均等原则;三是,医疗费用具有专用性。即在国家法律规定的范围内,直接向被保人提供全部或部分免费医疗费用。

(五)生育保险

生育保险是通过国家立法规定,在劳动者因生育子女而导致劳动力暂时中断时,由国家和社会及时给予物质帮助的一项社会保险制度。

我国生育保险待遇主要包括两项。一为生育津贴，用于保障女职工产假期间的基本生活需要；二为生育医疗待遇，用于保障女职工怀孕、分娩期间以及职工实施节育手术时的基本医疗保健需要。

生育保险关系到广大女职工的切身利益，对社会劳动力的生产与再生产具有十分重要的保护作用。我国生育保险工作的实践证明，在市场经济条件下，实行生育费用社会统筹和社会化管理服务，对于均衡企业负担、改善妇女就业环境、切实保障女职工生育期间的基本权益，发挥了重要作用。同时，对计划生育、优生优育等工作也产生了积极影响。

二、社会保险的作用

社会保险关乎国运，惠及子孙，是社会保障制度的核心，与人民群众的切身利益相关。随着我国社会主义市场经济体制的建立，社会保险制度越来越显示出其迫切性和重要性，可以说没有完善的社会保险制度就无法建立真正的社会主义市场经济体系。

社会保险是现代社会经济生活的重要方面，是一项重要的社会政策，它既是劳动者享有的维持基本生活的权利，也是政府应承担的义务，对保障人民基本生活、维护社会稳定、促进经济发展起着重要作用。其作用主要表现在：它能够保障人民生活基本需要，维护社会稳定，起到社会"安全网"和"稳定器"的作用。社会保险的作用具体体现在以下几方面：

(一)社会保险能发挥社会稳定器的作用

社会成员的老、弱、病、残、孕以及丧失劳动能力，是在任何时代和任何社会制度下都无法避免的客观现象。社会保险就是当社会成员遇到这种情况时给予适当的补偿以保障其基本生活水平，从而防止不安定因素的出现。

(二)社会保险有利于保证社会劳动力再生产顺利进行

劳动者在劳动过程中必然会遇到各种意外事件，造成劳动力再生产过程的停顿。而社会保险就是劳动者在遇到上述风险事故时给予必要的经济补偿和生活保障，使劳动力得以恢复。

(三)社会保险有利于实现社会公平

保险具有互助性的特点，社会保险更能体现出互助合作、同舟共济的精神。由于人们在文化水平、劳动能力等方面的差异，就会造成收入上的差距。社会保险可以通过强制征收保险费，聚集成保险基金，对收入较低或失去收入来源的劳动者给予补助，提高其生活水平，在一定程度上实现社会的公平分配。

第九章
职业适应与发展

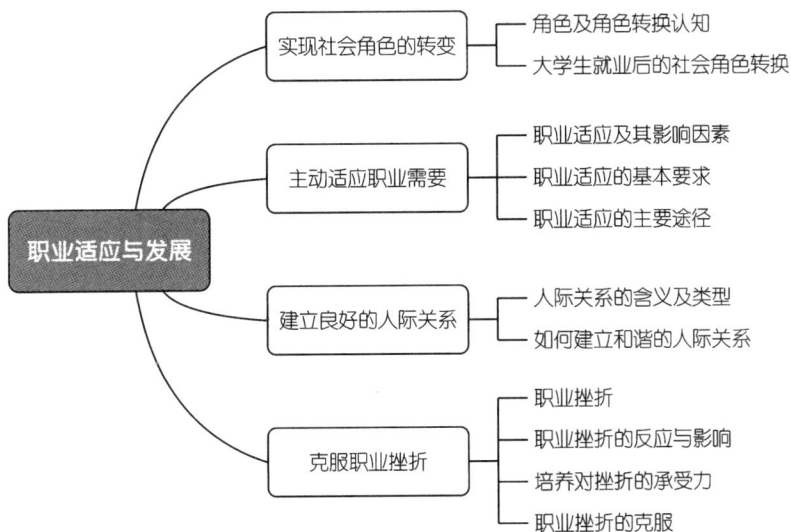

　　大学生完成学业，选择了理想或较理想的职业，进入社会开始人生的职业生涯，这是其人生历程的重大转折，标志着自己的人生坐标发生新的质变。面对陌生的职业社会，面对新的环境和生活，如何实现角色转化和角色适应是摆在每个大学毕业生面前的现实问题，角色转换的成功与否将直接影响其事业的成败。本章所阐述的内容，主要是针对这一特定转折时期的具体情况，提出一些应注意的原则和方法，目的是为了帮助刚刚离开校门的大学毕业生及早适应社会，迈出走向成功的第一步。

第一节　实现社会角色的转变

一、角色及角色转换认知

(一)角色

社会心理学认为：个体通过社会化，就成为一个符合社会要求的人，变成为一个社会角色。什么是"角色"呢？角色，是指一定社会身份所要求的一般行为方式及其相应的内在心理状态。社会对于一个人的要求，直接决定于他在社会结构中所处的位置和所担负的社会角色。一个人的态度、行为如果偏离了对他的角色期望，就可能会引起周围人的异议或反对。角色对于每个人来说都是相对的。因此，人们总是同时扮演着各种不同的角色。这些角色是由个体的人在不同时间、不同场合、不同环境占据着不同的社会位置，履行着不同的社会义务，遵循着不同的社会规范而确定的。

1. 社会角色三要素

社会角色由角色权利、角色义务和角色规范三要素组成。角色权利，就是依法应享受的权益，或应取得的精神和物质报酬；角色义务就是角色的社会责任；角色规范就是社会提供的行为模式。

2. 学生角色与职业角色的区别

学生角色与职业角色的根本不同就在于社会权利，社会义务和社会规范的不同。社会权利的不同在于：学生角色的权利主要是依法接受教育，并取得经济生活的保证或资助；职业角色则是依法行使职权，开展工作，在履行义务的同时取得报酬。

社会义务即社会责任的不同在于：学生角色的主要责任，是努力吸取知识，德、智、体全面发展，掌握在社会主义建设浪潮中奋勇搏击的本领。这是一个接受教育、储备知识、培养能力的过程；而职业角色的责任，是以特定的身份去履行自己的职责，依靠自己的本领或技能去为社会服务，完成某个事项的过程。两种责任的履行产生的后果也是有区别的。学生角色责任履行自己的职责，依靠自己的本领或技能去为社会服务，完成某个事项的过程。两种责任的履行产生的后果也是有区别的。学生角色责任履行得如何，主要关系到本人知识掌握的多少和能力培养的强弱程度；而职业角色责任履行得如何，则影响较大，人们在评判职业角色时总是和工作单位密切联系在一起的，总是将其作为身负重任的工作人员来看待的。例如，一名医生，若能认真履行自己的责任，不仅可以有效地救死扶伤，而且会为医院赢得荣誉，为医疗工作者树立风范；反之，既影响个人，也会影响到医院甚至医疗队伍的形象。一个教师能认真履行自己的责任，就可以培养出高质量的人才。一个国家工作人员能认真履行自己的责任，就可以为国家做出应有的贡献。职业角色要求能够独当一面，并与同事密切合作，充分履行职业责任。

社会规范的不同在于：学生规范多是从培养、教育的角度出发，引导学生德、智、体全面发展，健康顺利地成长为合格人才的行为模式；社会赋予职业角色的规范、提供的行为模式，则因职业的不同而不同。这些模式既具体又严格，违背了就要承担一定的责任，甚至法律责任。比如国家工作人员，玩忽职守、收受贿赂就要受到法律的处罚。

综上所述，可以看出，学生角色与职业角色的不同点就是：一个受教育，掌握本领，接受经济供给和资助，逐步完善自己；一个用已掌握本领，通过具体工作为社会付出，独立作业，以自己的行为承担责任。

(二)角色转换

每个人在社会中所扮演的主要角色也不是固定不变的，往往会发生多次角色转换。人的社会任务或职业生涯不断变化，角色也随之变化，从一个角色进入另一个角色，这个过程称为角色转换，角色转换是个体的人在社会关系中的动态描述。角色转换的变化从根本上说是社会权利和义务的变化，社会角色的本质上是社会赋予人的社会权利与社会义务的统一体。它反映了每个人在社会中的地位和在人际关系中的位置，是个人身份的显示。

二、大学生就业后的社会角色转换

(一)影响角色转换的因素

大学生圆满完成学业，走向社会，开始新的工作，承担新的任务。从这一时刻起，他们由原来主要担当的学生角色变为另外一个新的社会角色。但是，大学生对角色转换的认识，有的比较明确，有的还较为模糊。有些大学生由于受种种因素的影响，还不能正确地认识角色转换。主要表现在：

1.依恋性

大学生，在角色转换中易出现怀旧心理。多年来的学生生活使大学生养成了一种习惯的学习、生活和思维方式。刚走上工作岗位，大学生常常会自觉或不自觉地将自己置于学生角色之中，表现出对学生角色的依恋，以学生角色来要求自己和对待工作，以学生角色的习惯方式观察事物和分析事物和对待周围的环境，这是一部分大学生依恋学生角色的一种反映。

2.畏缩、自卑性

有些大学生走上工作岗位后，面对新的工作环境，生疏的人际关系，缺乏应有的自信，工作中放不开手脚，特别是在知识分子密集的工作单位，看到别人工作经验丰富，驾轻就熟，而自己相形见绌。进而出现畏缩，不思进取，甘居人后，产生不求有功但求无过的消极心理，导致自身的聪明才智不能正常发挥。

3.自傲性

有些大学生常以文凭、学位或毕业于名牌学校而自居,自以为接受了系统教育,已经学到了不少知识,已经是人才了。因此,轻视实践,放不下架子,只想从事高层次的工作,看不起基层工作和基层工作人员,甚至认为作为大学生干这些不起眼的事是大材小用,有失身份。而实际上是眼高手低,大事做不了,小事又不做。

4.浮躁性

部分大学毕业生在角色转换中表现出不踏实的作风,不稳定的情绪。不安心工作,整日恍惚不定,工作浮在表面,不能深入了解工作性质、工作职能及工作技巧,难以完成本职工作。就职很长时间后,仍然不能进入工作角色。

(二)角色转换的实现

大学生在角色转换过程中有些不适应是自然的,应对这一点有充分的认识,加强角色转换意识,积极缩短适应期,而不应因此而造成职业心理障碍,失去信心。如果把求职比作职业生活的序幕,那么就业才是正剧的开始。大学毕业生步入社会舞台之初,一般要经历角色领悟、角色认知、角色实现3个阶段。学生角色向职业角色转换的实现虽然只是两字之差,但却是一个艰苦而长期的过程,需要坚持不懈地努力。在此过程中应注意以下几点:

1.在角色领悟阶段,立足现实,增强独立意识

刚走上工作岗位的大学生应尽快从对大学生活的沉湎中解脱出来。学生时代相对单纯、自由,学习上、生活上依赖教师和家长较多,缺乏主动性,独立意识较差。工作后,人们开始把大学生作为一个独立的社会人来看待,要求大学生承担一定的社会责任,能在工作中独当一面,并逐步成为工作的主导者。这就要求大学生在步入工作之初,就立足现实,逐步培养自己的独立意识,增强主动性,为未来的职业生涯打下良好的基础。

2.在角色认知阶段,虚心学习,树立岗位意识

大学毕业生作为职业岗位上的新手,必须充分地了解和熟悉工作环境及相关情况,掌握工作对象的特点和规律,从而对新工作有较为全面的认识和把握。因此,大学生在角色认知阶段就应主动地关注和搜集有关信息,比如本职业的传统和现状,本单位的历史和前景等等。在工作之余,应主动与单位的领导和同事交往,了解情况;对本职工作所需的知识、技能,尽早有针对性地注意积累,这样才能在适应角色上领先一步。

3.在角色实现阶段,大胆实践,加强协作意识

大学生理论方面有了一定的积累,但在具体的实践活动中还是一个新手,对许多实际工作,还缺乏经验和办法。但大学生没有必要因此而自卑、退缩,也不要顶着大学毕业生的光环就趾高气扬、挑三拣四,而应打破大学生是"时代骄子"的说法造成的心理压力,敢于实践,善于请教,才能把理论知识和实际工作结合起来,在实践中完善自己的知识结构,并最终充分发挥出知识上的优势。在角色实现过程中,良好的同事关系是事

业成功的重要保证。在学习时代，同学之间虽然也有一定的协作，但完成学习任务主要还是靠自身的努力；而在现实生产生活和科研活动中，集体的协作体现出越来越重要的作用。如果不能很快地适应这种协作关系，就难以处理好同事间的人际关系，难以在工作中打开局面。因此，增强协作意识，不但对更快、更好地完成角色转换有帮助，而且对今后的迅速成长，走向成功都具有重要意义。

(三) 加快角色转换的方法

当代大学生大多在老师、父母、亲朋的充分关注中长大，一直生活在学校这一比较单纯的环境中，观察能力、独立思考能力、职业决策能力、承担压力能力都还有待提高，敢于担当、奉献精神也大多不足。因此，步入职业之初的大学生还应该努力从以下方面提升自我，以加快实现从学生角色向职业角色的转换。

1. 善于观察，勤于思考

要进入职业角色，还要开动脑筋，善于观察，勤于思考。只有善于观察，才能发现问题，并运用自己多年学得的知识努力去解决问题才能掌握大量的第一手资料，才能真正掌握职业对象的内部规律。同时，只有勤于思考，在工作中才会有自己的见解，逐步具备独立开展工作的能力，更好地承担角色责任。

2. 合理流动，促进角色转换

在我国，个人的职业岗位是相对稳定的，许多人第一次选择的职业成为其长期从事的职业，甚至是终身职业。在这种条件下，就业以后，人们往往立足本职，努力做好工作以求得进一步的发展。但也应看到，在改革开放建立社会主义市场经济体制的新形势下，社会分配角色逐渐减少，职业流动也越来越频繁。职业流动是指劳动者在不同职业之间的变动，也是角色转换的过程。当一个人不适于在原岗位上发展时，也可以另辟蹊径，转换职业，寻求新的目标和新的成才道路，去创造出新的业绩。合理的职业角色转换不仅能满足社会的需要，也符合个人追求成就的愿望。需要指出的是，并不是所有的职业流动都是合理的。合理的职业流动能够促进角色转换，反之将使角色转换发生障碍。合理的职业流动是指由于个人的能力不能发挥，或确实不适合某一职业而流动。但是有的流动却是受社会环境的其他因素的影响，如从众心理，这山望着那山高，这样的流动仍然不能解决角色的适应问题。因此，选择应当是审慎的，盲目的非科学的强迫性转换，会对社会造成一定的损失，对个人的角色适应也是不利的。

3. 勇挑重担，乐于奉献

勇挑重担、乐于奉献，是完成角色转换的重要标志。大学毕业生奔赴工作一线后，应当从一开始就严格要求自己，树立主人翁意识，增强社会责任感和培养无私奉献的精神，任劳任怨，不计个人得失，努力承担岗位责任，主动适应工作环境，促使自己更好、更快地完成角色转换。

第二节　主动适应职业需要

一、职业适应及其影响因素

(一)职业适应的含义

职业适应，也称工作适应，是指人在职业活动中，对工作提出各种问题时的一系列心理过程。主要是指个体对工作环境、工作任务、工作活动的适应，以及对自身行为和新的工作需要的适应。具体地说，就是人在工作生活环境中根据职业工作总的性质的外在要求，对自身的身心系统进行评价，对职业行为进行自我调适，并努力达到自我与经验相互一致的心理过程。它包括人对工作环境和职业行为规范的同化与顺应，对职业工作价值和职业生活意义的评价，以及对自身工作能力、工作状态和工作压力的体验与认知。职业适应不是简单的在工作情境中的反应，是个人心理发展水平的综合表现。

因此，大学生要主动适应职业的需要，在社会认知和社会生活的基础上，不断调整和改变自己的观念、态度、习惯、行为等，以适应职业的要求和变化。社会生活中的任何个体，只有经过对复杂的社会环境、社会文化和社会规范的观察、认知、模仿、认同、内化等一系列的学习和实践过程，才能达到对社会能动地适应。适应的实质，就是个体由自然人向社会人的转化。

(二)职业适应的影响因素

1. 对职业变化的不适应

任何人进入一个新的职业领域，都会出现程度各异的不适应感。这主要是因为我们的社会还没有达到让劳动者能自由支配自己劳动力的程度，劳动者的劳动还只能作为谋生的手段而存在。当你进入一个新的工作岗位时，无论是否喜欢，都必须重新面对新的工作环境、人际关系、工作内容及工作性质等一系列问题。这些问题与原职业不同，每一个劳动者都有一个不断熟悉和适应的过程，这个过程有的人长些，有的人短些。因此，对于职业岗位的变化大学生必须尽快调整好自己的心态，尽可能地缩短适应的时间。

2. 对新职业提出的新要求产生的不适应

任何一项职业都有它各自特定的需求。虽然大学生在择业前，通常经过大学学习或培训，能基本达到所从事职业的要求。但由于当今科技、信息发展速度加快，尤其是知识经济时代的来临，使得职业领域也在不断地变动和发展，而且速度越来越快，周期越来越短。面对知识与技术的创新，大学生原有的知识和技能可能已有相当一部分不能适应新职业的要求，需要重新学习或不断学习后才能适应。

3.新的政策环境变化使人产生不适应

选择或变动职业,大多涉及角色重新定位的问题。不同的工作岗位,其工作环境、工作要求及内容性质肯定是不同的,原有的思想观念、行为方式都形成了一种相对固定的"思维定势",这种思维定势与新工作岗位的新要求、新政策、新环境产生碰撞和矛盾。这种不适应完全是由一种习惯性引起的,在经过一段时间磨合之后会逐步由不适应到适应,但这个磨合过程不能太长,否则将会失去这一岗位。

3.人的观念与职业的不适应

在我国,人们所从事的职业只存在分工不同,并无高贵低贱之分,但在现实生活中由于政治地位、经济条件、工作环境及地理位置等方面的差异和人们心理习惯上的原因,却逐步形成了约定俗成的职业等级观和人生价值观,使人们对所从事的各种职业能否实现自我最大的人生价值产生了不同的看法和评价标准,这些不同的看法和评价标准影响着人们的择业观,制约着人们适应市场、适应环境、适应工作的积极性,这种传统观念是产生对工作岗位不适应的一个重要因素。

除此之外,性格、就业准备程度也对职业适应产生影响。性格越外向,适应越快,有助于个人在受挫折时积极调整好心态,从逆境中奋起,再创辉煌。就业准备越充分,在同等条件下,找到合适工作的机会越多。大学期间社会实践活动的经历、兴趣爱好、工作单位领导的作风、工作效率等职业要素也影响着大学毕业生的职业适应。

二、职业适应的基本要求

认识是行动的先导。马克思在《青年选择职业时的考虑》一文中说:"人们只有为同时代人的完美,为他们的幸福而工作,才能使自己也达到完美。"因此大学毕业生在职业活动中,要想迅速地适应职业的要求,必须树立正确的职业观。

(一)树立正确的职业待遇观

物质需要的满足不一定能给人带来幸福和快乐,只有加上精神需要,人才有强烈的幸福感。除金钱观外,人还有道德观、事业心、成就感、责任感、理想与信念等诸多观念的需要。所有这些,构成了人的价值观念体系。因此,必须正确对待职业待遇,不能只要物质待遇而不要精神待遇;即使从物质需求的角度看,也要通过自己的诚实劳动来改善物质条件,最后才能心安理得地获取相应的物质报酬。

(二)树立先进的职业苦乐观

在社会主义市场经济条件下,人们的职业苦乐观有3个层次:最高层次是忘我地劳动,有强烈的事业心和高度的责任感,无私奉献;中间层次是主动地劳动,履行职业责任,关心集体,努力改善职业待遇;较低层次是被动地劳动,仅把职业当成个人谋生的手段和致富的途径。要抵御落后的职业苦乐观,克服享乐主义的思想,正确处理个人地位、待遇与乐于奉献的关系。

（三）树立客观的职业地位观

所谓职业地位观，就是对职业地位（如权力、工资、晋升机会、发展前景、工作条件等）的认识和态度。职业地位观不可避免地带有个人偏见以及社会环境、舆论氛围等其他因素的影响，因此，大学生要做到不以一时的主观判断来选择职业，而是客观地看待职业的社会地位，充分认识社会和自我。

（四）树立远大的职业理想

注重实现自我价值的倾向，是当代大学生职业价值观的最大特点，不能随便加以否定。但在实现自己的个人价值和追求物质待遇时，大学生一定要挣脱"就业挣钱，养家糊口"等狭隘观念的束缚，要在社会、国家需要的坐标中寻找自身的位置；要认识到自我价值并不简单地等同于个人知识、智力等功能素质，任何忽视或否认人格品质所具价值的观念和言行都是十分有害的。大学生只有坚持崇高的理想和信念，不断提高品德修养，才能更好地发挥自己的聪明才智。

三、职业适应的主要途径

（一）主动培养自己所从事的职业兴趣

在社会主义市场经济条件下，大学生自主择业，自主流动，自己掌握自己的命运，但并不意味着每个大学生都能在短时间内找到自己所喜爱的工作。因为能力、性别、年龄、文化程度及机遇等内外因素往往导致一时难以选择到理想的职业。在这种情况下，就应该主动培养自己所从事的职业兴趣。从某种程度上说，兴趣能够克服职业中的许多不适应。

（二）职业适应须把握的两个基本方面

通常来说，职业适应包括两个基本方面，一是适应新工作岗位，二是适应新的环境。适应新工作岗位，就是要熟悉该职业的具体规范，如工作效率、工作能力、技术规范等等。大学生要在短时间达到对新岗位的适应，就必须积极参加职业培训，这样才能使自己更快地投入新工作，并提高工作效率。适应新环境，除了工作环境外，最主要是适应新的人际关系。不同环境下的人际关系肯定是有所不同的。但在任何环境下人际关系良好是顺利开展工作的基本前提，而坦诚、谦虚、公正等正是良好人际关系应具备的基本品质。对同事热情友好、谦虚、互帮互学；在领导面前工作勤奋，学有所长，发挥出自己最大的能力。只有这样同事才会信任，领导委以重任，更好地发挥工作才能。总之，适应新工作和适应新环境是互为前提的，两者任何一方面不适应，都会影响到工作的进程和效率，影响到人的积极性发挥，进而加剧对职业的不适应。

（三）重视多种能力的培养和锻炼

职业适应最关键的因素是人的能力。如果能力强，与职业要求相符，那么职业的适应性就强，所以培养或增强与职业相适应的能力是非常重要的。但这里指的能力应该是综合性的，如工作能力（工作效果、工作效率）、适应能力（工作技能、工作质量、人际关系）、对新事物的接受能力及对工作的创新能力等。显然人的综合能力提高了，肯定有助于他在新的工作领域更快更好地适应。

（四）树立终身学习的理念，不断扩展知识面

知识是生存和职业适应的先决条件。在知识经济社会里，更多的工作需要大学生有良好的科学文化素养、坚实的专业技术知识和勇于开拓的创新能力，即使是普通岗位上的大学生亦是如此。在知识经济社会中，知识是最重要的生产要素，但各种形式的知识又都有一个共同特点，即要利用知识，必须有个人的吸取和加工。实践证明，广博的知识，可以使人们在不同职业中有更多的选择余地和更强的适应能力。只有在掌握了职业技术和基本知识的基础上，才能做好工作，取得工作成就。所以，树立终身学习的理念，不断扩大知识面，学习新知识，是知识经济时代大学生生存和择业的"基石"。

第三节　建立良好的人际关系

一、人际关系的含义及类型

人际关系是职业生涯中一个非常重要的课题，特别是对职业人士来说，良好的人际关系是舒心工作安心生活的必要条件。如今的毕业生，绝大部分是独生子女，刚从学校里出来，自我意识较强，来到社会错综复杂的大环境里，更应在人际关系方面调整好自己的坐标。

（一）人际交往与人际关系

人际交往是指人与人之间通过一定方式进行接触，在心理或行为上产生相互影响的过程。人际关系是在社会生活中人与人之间的直接交往关系，它是在人们物质交往和精神交往的过程中产生和发展起来的关系，反映的是人与人之间心理距离的具体状态。人是社会的人，是一切社会关系的总和。社会关系是指人们在共同的社会实践中结成的一切关系的总称。生活在社会中的人总是通过一定的纽带联系起来，总是处在各种联系之中。人与人之间在政治、经济、文化、思想等方面都有联系，由此产生政治、经济、文化、思想上的关系。这种关系是相互的，广泛的，具有普遍性和客观性。所以，人际关系本质上是一种社会关系。人际关系存在于社会关系的各种具体形式中，是社会关系的一个缩影和直接表现。

人际交往与人际关系有区别也有联系。两者的区别是：人际交往与人际关系的含义不同，人际关系一般是从静态角度看的一种状态，人际交往是从动态角度看的一个过程，是指人的行为和活动。人际交往与人际关系两者联系十分紧密：一方面两者互相依赖，人际交往是一切人际关系实现的根本前提和基础，任何人际关系都是以往人际交往的产物；而人际关系又是人际交往的起点和依据，是人们进行人际交往的渠道。人际关系通过交往表现，又通过交往实现。另一方面两者又互相影响，人际关系发展和变化是人际交往的结果，交往的状况与人际关系发展程度成正比；人际关系的程度又影响和制约着人际交往的深度和广度，决定交往的内容和性质。

（二）人际关系的类型

现代社会人际交往与人际关系错综复杂，而对人际关系的分类已有众多的研究。根据不同的分类标准和方法，人际关系的类型可以有不同的划分。如有根据人际交往的内容来划分的，根据交往的主体情况来划分的，根据人们对人际交往的需求不同来划分的等。这里介绍根据人际关系联结的纽带来划分的人际关系的基本类型有：①血缘关系，指因血缘联系和婚姻联系而形成的人际关系；②地缘关系，指以地理位置为联结纽带，由于在一定的地理范围内共同生活、活动而交往产生的人际关系；③趣缘关系，指人们在社会生活中因为情趣相投交往而建立的人际关系；④业缘关系，指以职业、行业、专业或事业为纽带而结成的人际关系。在工作中常见的人际关系类型有横向的和纵向的人际关系，横向的人际关系主要是与同事之间的合作关系，纵向的主要是与领导的上下级关系，影响最大的是上下级关系、师生关系、同事、同学关系等。

二、如何建立和谐的人际关系

（一）建立和谐的人际关系的意义

人际关系是人与人之间心理上的关系和距离，是以一定的群体为背景，在互相交往的基础上，通过认识调节、感情体验、行为交往等手段形成的，是人们长期交往的结果。人际关系既可表现为个体与个体之间、个体与团体之间的交往，也可表现为团体与团体之间的交往。

人际关系是社会关系的一部分，也有人称之为社会关系的一个"截面"。社会关系分为两部分，一部分是人与人之间彼此为得到物质需要与精神需要的满足而产生的心理关系。在交往过程中，需要得到满足时，则产生友好、亲近的关系；得不到满足时，便产生疏远、厌恶的关系，这就是人际关系。另一部分是人与人之间的生产关系。在阶级社会中，这种生产关系便表现为阶级关系，这是社会关系中最基本的构成，制约着其他一切社会关系，自然也制约着人的心理关系。我们既不能脱离生产关系、阶级关系、抽象地研究人际关系，把人际关系看成是决定人的行为的本质东西，也不能忽视人际关系的地位和作用。

对于刚刚走上工作岗位的大学生来说，建立和谐的人际关系的意义在于：

1.可以尽快消除陌生感，适应人际环境

大学生到工作单位后，父母、亲人远在他乡，同学、朋友各奔异地，生活和工作环境发生了变化，人际关系比较陌生。如果大学生一开始就注意建立良好的人际关系，主动交往，热情待人，豁达处世，尽快与大家融为一体，便可顺利打开局面，消除陌生感，摆脱孤独的笼罩，顺利度过适应期。

2.可以使工作顺心，生活愉快

良好的人际关系，可以使人感到工作顺利、生活惬意。当工作还不熟悉时，人们会热情地给其以帮助；当工作遇到困难时，人们会给其以信心和勇气；当工作不慎失误时，人们会给其以理解、安慰和指导；当生活遇到挫折时，人们会给其以温暖和帮助；当工作取得成绩时，人们会告诫其戒骄戒躁，继续努力。良好的人际关系，还会提高工作效率，使人不断从集体中间汲取营养，充实自己，健康成长。

3.可以保持心情舒畅，心理健康

人际关系的适应是人类心理适应的重要内容。一些大学生工作后感到不顺心，其中一个原因就是人际关系紧张，同事间互相猜疑，工作中矛盾丛生，在心理上与大家产生隔膜，思想包袱沉重。良好的人际关系，可消除隔阂，打破封闭，使大家处于一种互相理解、互相尊重、平等友好的关系中，当人苦闷的时候，宣泄一下情绪而不必顾虑；愁苦的时候，诉说一下衷肠而不必提防。从而保持心情舒畅，身心健康。

4.可以增进团结，有利集体

良好的人际关系是团结的基础。人际关系状况从一定程度上反映出一个单位的精神文明状况。人际关系好，这个单位就团结，同事及上、下级之间会齐心协力，工作高效而愉快；反之必然内耗丛生、涣散无力、缺乏生气。良好的人际关系，离不开每个人的奉献和努力，只有每个成员都为集体添砖加瓦，才会形成整个单位的和谐的人际关系氛围，利于团结，利于集体，利于工作。

(二)如何建立和谐的人际关系

社会主义精神文明建设，为我们建立良好的人际关系奠定了基础。改革开放的深入和扩大，社会主义市场经济体制的不断完善，互联网的迅速普及和广泛应用，知识经济时代的到来，这些都呼唤着人与人的相容与合作，促使人们的交往进一步扩大，这为大学生建立良好的人际关系提供了有利条件。大学生要利用这些有利条件，更要靠自身的努力去建立和谐的人际关系。

1.人际交往的原则

(1)遵纪守法原则。在人际交往中，要以理至上、以法至上，遵纪守法、遵守道德规范，这是人际交往的首要原则，也是做人的前提。

(2)诚实守信原则。诚实守信为做人之本，在人际交往中，诚实、诚恳、信用、信任，是处理人际交往的最基本的道德要求。

(3)互助互利原则。互助表现为交往双方相互关心、相互帮助、相互支持、相互理解，互助是前提，是出发点。互利是行为的良好结果，包括物质和精神两个方面，平等相待是这一交往原则的本质要求。

(4)合作竞争原则。积极的良性竞争推动着社会的进步和个人的发展，在同一集体生活中，也要有合作精神，只有相互配合，优势互补，形成合力，才能取得更大的成功。

(5)谦恭礼貌原则。谦恭礼貌是中华民族的传统美德，是建立良好人际关系的前提。

2.掌握人际交往的艺术

(1)提高交往品质。一是交往要诚，以真诚待人。二是交往要信，不讲信用，或不信任朋友，交往很难深化。三是交往要厚，就是对人要仁厚、宽厚，与人相处要热情，以心换心。

(2)微笑待人。微笑是友好的天使，它凝结了善良、理智、才学、胆识、情感和力量，把尊重、喜爱、信任、关心和温暖送给相识人们。

(3)交谈。谈话之道讲究措辞文雅，态度诚恳自然，语言富有感情。

(4)人际称呼。人际称呼是人们直接交往说出的第一个词，反映了人与人之间关系与感情的亲密程度，称呼任何人都要符合对方的身份、年龄、职业、民族、生活特点，力求准确无误。

3.消除人际交往的障碍

(1)自我中心。表现为在交往中只关心自己的需要，用自己的观点或标准去评价他人、社会，而忽略他人的需要和利益。人际交往是互动行为，必须双方都有利时，关系才能维持和发展。因此，交往中不仅要考虑自己的需要，更要考虑了解他人的需要。

(2)自卑羞怯。有的同学有交往的欲望，但缺乏交往的勇气，原因主要是性格过于内向，对安全过分追求，缺乏交往实践等导致谨小慎微。克服自卑羞怯心理一是要增强自信心，看到自己的长处和优势，肯定自己的价值；二是不要过分在意别人的评价，患得患失；三是争取更多的锻炼机会。

(3)社交恐惧。恐怖是面临可怕或危险的情景而又缺乏应付能力时所产生的一种企图摆脱、逃避的情绪体验。克服社交恐惧需要树立自信心，树立新型的交往观念和意识。

(4)嫉妒和猜疑。嫉妒是缺乏事业感的一种极端消极和狭隘的病态心理。猜疑，是"以小人之心度君子之腹"，在交往中总是处处防范别人，戒备心非常强，有时甚至口是心非。防止和克服这种消极心理要加强事业感，端正事业观，开阔自己的胸怀。

4.处理好人际的横向和纵向关系

大学生到新的工作岗位后，人际关系横向的主要是与同事之间的合作关系，纵向的主要是与领导的上下级关系。怎样处理横向和纵向的人际关系呢？以下几个方面值得注意。

(1)尊重他人，不自持清高。共同的理想，共同的目标，共同的事业，使彼此不同的人结为一个共同的群体。到了新单位，尽管每个人的秉性各异、爱好不同，但每个人都是自己的老师，因为他们都可能掌握了丰富的工作经验、娴熟的业务技能。要像尊重老师那样尊重他们，尊重他们的劳动和劳动成果，尊重他们的人格和感情，虚心向他们求教，不自恃清高，不要妄自尊大甚至摆架子。不能嘲笑歧视他人，不要以己之长比人之短，应该谦虚待人。如果自满而轻视他人，就会损伤他人的自尊心，造成人际关系的疏远。在互相交往中尊重他人，也要尊重自己。自尊自重，才能在尊重他人的同时，也能赢得他人的尊重。总之，尊重他人、谦虚谨慎，乐于和群众打成一片的大学生容易建立和谐的人际关系。

（2）平等待人，不厚此薄彼。在工作单位，应当以平等的态度对待每一个同事。不要以职务的高低、工资的多少来决定对待他人的态度；不要亲近一部分人，故意疏远另一部分人；不要认为某人对自己有用就打得火热，某人暂时不用就疏远不理；不要见到领导就低头哈腰、满脸堆笑，见到群众就置之不理，甚至冷若冰霜；不要卷入是非矛盾，拉帮结派，搞小团体，而应该尽力与所有同事发展平等互助的友好关系。

（3）热心助人，勿见利忘义。患难见真情，同事之间的相互帮助，既可以锦上添花，更应当雪中送炭。当别人有困难时，应伸出热情的双手给予帮助，绝不能袖手旁观、坐视不管，更不能落井下石、见利忘义。要淡泊名利，不要为了蝇头小利而做有损人格的事。只有热心帮助他人的人才会得到别人的帮助，也只有热心助人的人才会得到人们的认可和赞扬，才会于无形中赢得别人的好感。

（4）诚实守信，不贪图虚名。诚实，就是真心真意、实事求是，不二心二意，口是心非，不当面一套、背后一套。诚实是做人的基本要求，也是建立良好的人际关系的重要条件。守信，就是恪守信用，言行一致、说到做到，不做说话的巨人、行动的矮子。诚实守信，才能在交往时互相了解、肝胆相照、互相信任。在交往中，即使发生一些误会，只要诚实守信，误解也会冰消雪融，和好如初；有了矛盾，彼此真诚，也能互相谅解，互相容忍，甚至和解。

（5）主动随和，不孤陋寡闻。谦虚随和、平易近人，就会给人一种较亲切的感觉，大家会乐意同其交往，觉得彼此之间愉快舒畅。切忌孤陋寡闻而又自命不凡。古语道："独学而无友，则孤陋而寡闻"。说明交往少，就会学识陋、见闻少。大学生到了新的工作单位后，应主动交往，不要故步自封。只有主动交往，才能获得各种知识，找出自己的不足；才能学到别人的优点，扩大自己的知识视野，增长见识，不断提高自身素质和水平。

（6）律己宽人，宽容大度。律己，就是严格要求自己，以各种道德规范和行为准则严格要求自己。不利于团结的话不说，不利于团结的事不做，不挑拨是非，不猜疑嫉妒，堂堂正正做人，踏踏实实干事。当自己受到委屈或误解时，要胸怀宽广，克制自己的感情，冷静处理。当工作出现失误或过错，更要勇于剖析自己，主动担负责任。宽人，就是要与人为善，宽容大度，不斤斤计较，不苛求他人，多一些谅解和理解。理解是建立感情的桥梁，是培植友谊的土壤。同事做错了事或造成一些失误，要善意地指出，多给些帮助，多一些关心，少一些指责。不可否认，尽管在社会主义社会中，人与人之间的平等、友好关系得到了确立和发展，但交往中的各种矛盾仍然存在，仍有很多不和谐的地方。"金无足赤，人无完人"，只要我们能正确地对待，坚持以严格的规范要求自己，宽厚的态度对待别人，就一定能建立和谐的人际关系。

（7）服从领导，不无理抗上。一个单位或一个组织的工作运行，主要是通过下级服从上级的有效机制来完成的。下级对上级的无理拒绝，将使运行机制遭到破坏，工作无法进展。因此，这种现象是不允许出现的。当然，上级是人不是神，也有很多不足。有出色的上级，也有无能的上级；有宽容大度的上级，也有心胸狭窄的上级；有埋头苦干的上级，也有得过且过的上级。无论哪种上级，只要你在这个单位工作，就必须听从其正确指挥。上级的正确指挥，不是代表个人，而是受组织之托，代表组织行使权力。因此，要尊重上级，自觉服从上级的指挥，听从上级的工作安排。对分配给自己的工作，能完成的要提高效率，保质保量；难以完成的，最好单独找上级陈述理由，不要当众拒绝，要维护上级的威信。要善于向上级学习，在工作上和他们保持密切联系，尽快熟悉自己的工作，并力求得到他们的支持和帮助。

应当指出，以上几个方面对于建立良好的人际关系固然是必不可少的，但最根本的还是要树立正确的世界观、人生观和价值观，培养良好的道德品质。

职·场·宝·典

给你职场加分的三个小习惯

有人说，一个人一天大约有95%的行为都源自于习惯。也就是说，是习惯，而不是逻辑决定了我们的一生。而一个人有多少的职场好习惯也几乎决定了一个人在职场的升迁和与周围人的关系。

职场小习惯一：不让零反馈成为沟通杀手

零反馈是沟通的第一大杀手。在与同事或领导的协作过程中，任何人都希望每一次询问你建议的时候能如期收到你的反馈，而每件交给你的事情，也都不需要他一再追问。因此，养成积极反馈的习惯会帮你取得别人的信任。

职场小习惯二：写在纸上的想法更有力量

如果要将一个问题清晰化，最好的方法是将你的想法形成文字。因为要写到纸上，你就会逼着自己用清晰、准确的语言将事情描述下来，如果思路不清晰你是写不出来的。而我们只有自己的想法清晰了，才能准确无误地传达给别人。

职场小习惯三：帮忙也得有方法

工作中，离不开彼此互相帮助。然而乐于助人是好事，但帮助别人有几条的重要原则一定要记住，否则就会产生负面的效果：第一，帮助别人之前要先问问自己是否有能力帮助别人，千万不要让自己也变成需要帮助的人，结果反而很被动；第二，不要帮对方做具体的事，只需提出你的意见，不然下次他还是会来找你替他做；第三，帮忙之后千万不要期待对方有感谢的行动，只有有了这种心态，我们才不会本来做了好事，但最后自己还很不开心。

第四节　克服职业挫折

一、职业挫折

近年来，随着就业市场竞争的加剧，职业挫折问题越来越多地受到关注，职业挫折问题也成为大学生适应职业过程中必须面对的重要问题。

(一)职业挫折的含义

挫折，是指人们在从事活动方面，由于遇到了障碍而导致需求不能满足、行动不能开展、目标不能实现的失落性情绪状态。从挫折产生原因的角度，可以分为需求挫折、行动挫折和目标挫折。需求挫折是由于人的心理需求不能满足所引起的挫折；行动挫折是人想采取的行动不能进行所引起的挫折；目标挫折是个体虽然已经采取了行动，但仍然达不到既定目标时所引起的挫折。

职业挫折，则是人们从事职业活动和个人职业生涯发展方面的需求不能满足、行动受到阻碍、目标未能达到的失落状态。例如，一个人要谋求某个职位但却屡屡不能得到；要想晋升部门经理却一直不能如愿；要想发挥才能却没有条件、无人识才；经过大量努力、做了大量工作，却由于主、客观的原因不能达到目标而陷于失败。

(二)职业挫折的意义

职业挫折是人生生涯中相当常见的一种社会现象。挫折本身当然不是好事，但生涯成功、人生辉煌的"好事多磨"恰恰"磨"在这些挫折上。我们分析职业挫折，是要使人们理性地认识挫折、正确地应对挫折、减少挫折发生的频率、降低挫折这种"磨难"对人的伤害程度。实际上，挫折也会磨炼人、造就人、缔造职业生涯的辉煌。须知"文王拘而演周易，仲尼厄而作春秋，屈原放逐乃赋离骚，左丘失明厥有国语，孙子膑脚兵法修列，不韦迁蜀世传吕览……诗三百篇，大抵圣贤发愤之所为作也"。

(三)产生职业挫折的原因

1. 因人职不匹配导致的职业挫折

如果职业岗位对人的素质要求与从业者个人的能力和人格不相匹配，工作不能干好，自然会使人产生职业的挫折感。一个人处在工作难度很大，自己无法完成任务，与别人对比相形见绌的情况下，当然更会产生"自己无能"的挫折感。

2.因才能不能发挥导致的职业挫折

当一个组织在对人的工作安排上大材小用，浪费了人才，个人觉得不能发挥专长时，会产生"被埋没"的挫折感。特别是领导者用人不公正，有人通过"关系学"而得到好职位，个人的能力不能够得到发挥时，这种基于价值判断的挫折感不仅会大大加强，而且会进一步造成挫折者个人与组织的离心离德。

3.因组织本身的问题导致的职业挫折

在组织结构的设置及其运行中，不可避免会存在一定的问题。其中有的问题会影响人的工作、影响人的职业、影响人的生涯。在一个组织中，可能存在下述问题：上级领导的作风不民主，监督和控制过分严厉以致对员工进行惩罚；在组织中个人没有发表意见的机会，使员工失去主人翁的感觉；组织运行机制不健全和领导者不公正，导致劳动报酬不合理，提薪、晋级、升职不公平，员工的辛劳和贡献得不到承认；员工被当作"劳动力"，在工作中无法获得信任和尊重，发挥自身的才能与潜能方面的需要不能得到满足。这些组织方面的问题，都会使成员产生挫折感。

4.因人际关系不佳导致的职业挫折

组织是由人构成的，在组织之中会存在一定的人际关系问题。诸如，上下级之间缺乏有效沟通；上级对下级不信任、不尊重；组织成员关系紧张，互相猜疑、嫉妒，人与人之间不能做到心理相容，等等。这会使组织成员的友爱、互助、合作需要得不到满足，从而使人产生职业生活的挫折感。

5.因其他因素导致的挫折

工作的非人性化（如工作过于单调）、单位的工作时间安排不当、工作量过大等非正常压力、职业的社会评价不佳等等，都可能造成人的工作不顺利和工作成果得不到承认，进而导致职业挫折感。

二、职业挫折的反应与影响

人遇到挫折以后，会有一定的反应，并会对自己以至他人造成一定的影响。具体来说，职业挫折的反应与影响有以下几个方面：

（一）攻击行为

人遇到挫折的时候，自然会产生不满的情绪。当这种情绪发展到"愤怒"和难于控制的地步，就可能对阻碍满足自己需要的障碍作出反抗，形成攻击行为。人的攻击行为可以分为直接攻击与转向攻击两种。直接攻击是把攻击矛头指向造成其挫折的人或物；转向攻击是遇到挫折的个人把攻击的矛头转移，指向与挫折原因无关的目标，例如，夫妻吵架后第二天上班却向同事发火。

人在职业活动以至职业生涯方面受到挫折时，会有着不同的攻击行为。"迁怒于人"和"自我攻击"显然不是好的对策；对于工作、事业和职业生涯本身的目标和手段进行"攻击"（包括直接攻击和间接攻击），则是人们应当采取的正确态度。有的人从事某项工作失败了，虽失败但不泄气，转而采取别的措施和方法，对完成这项工作目标作进一步努力。

（二）目标转换

有的人在一项事业上遇到障碍时，转为攻击其他的目标。在这种情况下，比较好的选择是，具体目标虽然变化，但不离开大目标、另起炉灶，所选择的攻击目标与原攻击目标有一定的联系。例如，一个人做服装生意亏损了，转而从事食品批发，或饭店经营，而不是去开矿。这可以把以前商业经营的渠道、方法、技能等迁移过来，以减少职业生涯发展过程中不必要的时间耗费。

（三）冷漠态度

冷漠是指个人受到挫折后不以愤怒和攻击的形式表现，而是采取一种无动于衷的冷淡态度。实际上，挫折者绝不是没有心理上的不满和愤怒情绪，而只是将这种情绪反应暂时压抑下去，在外部行为上表现出对造成自己的挫折沉默冷淡的样子。当一个人在职业中受到挫折又无法脱离这种工作时，往往会产生冷漠的反应，其结果是对工作丧失热情，以至消极怠工。

（四）行为退化

退化反应是指人在遭受挫折后，做出与其年龄不相称的幼稚行为。其行为表现似乎有回复到儿童时期的习惯与行为方式。例如，有的人在遭受挫折后大哭大闹、撒泼打滚；有的人在受挫折后盲目地追随和相信别人。从职业生涯的角度看，一个人受到挫折，也可能会有行为退化，从一定层次的职业阶梯位置下行，去从事那些相对简单、低级的工作，而不能使职业维持和前进。

（五）固执反应

固执反应是指人受到挫折以后，执意地重复某些已经失败了的行动。在大多数情况下，这些挫折、失败后的重复性活动是没有效果的，是在做无用功。一般来说，人遭受职业挫折以后，应当进行反思，要对自己所从事活动的目标、方法进行必要的调整，而不能完全沿袭过去的行为，遭受重复性的失败。但有时执著也能够带来新的生路，这往往是在工作和生涯的大目标没有发生错误的情况下，执著给人带来（实际上是等来了）了外界或组织内部的机遇。

三、培养对挫折的承受力

人在受到挫折时，也可能会主动或被动地进行抵抗，进而生成对挫折的承受能力。正如一个人感冒发烧后，会形成对某种病菌的抵抗力。这种对挫折的抵抗力，被人们称为"挫折商"。所谓挫折商，就是个人在遭受挫折的时候能否经得起打击、失败的心理品质。

一个人在职业生活中，在事业发展中遇到挫折，是不可避免的。有的人历尽艰险，屡遭挫折，仍然坚忍不拔、百折不挠，这意味着他们的挫折商很高；有的人稍遇坎坷就一蹶不振、消极颓废，这反映了他们的挫折商很低。由于挫折商的水平不同，人们对于同样的挫折，会有不同的心理和行为反应。例如，同为高考失利，有的人痛苦万分，感到前途无望、无地自容，甚至轻生；有的人则心怀坦荡，不太在乎，一笑了之，所想的是"这一年如何创造条件，大幅度提高水平，下一次如何取得好成绩"。

应该指出，如果遇挫折就悲观失望，长时间陷入痛苦，不但对工作不利、对事业不利，对自己今后生涯的合理设计、正确选择不利，而且对自己的身心健康也不利。

因此，达到比较高的抗挫折水平，对于个人有效地适应职业环境、维持正常的心理和行为是非常重要的，也是生涯道路上遭遇困难所不可缺少的。

四、职业挫折的克服

（一）正确认识挫折

人们从事工作、学习、研究、创造活动，都是在一定的自然环境、社会环境、人文环境和组织环境中进行的。保持这些活动的顺利，当然是人们的共同愿望，但维持职业生涯永远一帆风顺而不出现挫折，只是脱离实际的幻想。要知道，人们所设定生涯目标的实现过程，受到种种条件的限制，不可能毫无阻碍地完全实现。因此，应当对挫折有充分的心理准备，以达观、坦然的态度对待挫折，这样，在遇到挫折时就不至于过分激动和苦恼，而是保持冷静的态度，比较理智地分析造成挫折的原因，根据自身职业发展的各种条件，采取相应的对策。

（二）采取针对性措施

造成挫折的原因多种多样，因此，对具体问题一定要具体分析，寻找原因，找到适合自己的解决办法。在此，列举一些主要原因和对策：

1. 个人的水平问题

在一个人感觉到从事工作力不从心甚至有很大困难，而同事在相同的情境却很轻松时，说明自己存在着专业水平、技能水平低于职业岗位要求的能力素质问题。有这种问题的人为数不少，甚至有些高文凭者也存在。这时，就不得不重新"充电"，接受培训，以使自己扭转颓势，不致被单位排斥出来和落在社会的后面。在学习内容的选择方面，可根据实际需要和客观条件，参加一些培训班。如果这样做困难较大、难于兼顾，也可以考虑放弃现在的岗位，脱产学习，集中精力完成学业，再图发展。显然，后者所付出的时间成本要更大。

2. 不熟悉工作的问题

与上述情况有所区别的是，一个人的基本素质较好，能够胜任职业岗位，只是在实际工作中不能很好地应用理论知识，尚需一个"磨合期"。这种挫折显然是比较小的挫折，是人的职业生涯很正常的挫折。这里把它作为挫折加以分析，有益于人们重视这一问题，恰当地解决这一问题。

当一个人处在"不熟悉工作"的情况时，需要在职业岗位上多加锻炼，从实践中学习，要多听、多看、多问其他人是怎么做的，从中吸取宝贵的职业技能经验以及生涯发展的经验。

3. 组织环境不好的问题

如果一个人不适应组织的文化，与同事不能和谐相处甚至难于相容时，或者有能力而在单位中被压制，特别是一个单位存在着严重的不公平、领导对自己有成见从而对自己的发展造成障碍时，就需要考虑"树挪死、人挪活"的办法，在适当的时候考虑去一个更能发挥自己特长或者自己更加喜欢的工作环境。

4. 职业选择失误的问题

如果一个人在职业生涯一开始时就选择失误，在工作实践中已经发现这个职业根本不可能做好，就应该马上了断，重新选择职业，以找到适合自己的岗位，让自己轻松、愉快地工作。如果一个人的生涯道路已经走了比较长时，事情就不那么容易了。这时是在从事着一种"非零决策"，即已有一定基础和负担，而不是完全自由的决策。

在对职业生涯再次选择的时候，应当根据个人的条件、组织与自己的相容性和社会能够给予自己的机会，进行"维持"和"离开"两种方向的成本—收益分析比较，作出决策。如果选择"离开"的道路，则要有慎重和严密的考虑，应当在进行类似"可行性研究"的分析以后再作出决策。

（三）纾解挫折情绪

遭遇挫折在所难免。一个人既然在生涯中已经遇到挫折，成为历史，再想避免是不可能的，只有正确对待。达观、乐观是对待挫折的心理准则，改善外部环境，纾解情绪是减缓受挫折心理的重要途径。

纾解挫折情绪的方法有：暂时脱离受挫折的情境，避免"触景生情"，减弱受挫折后的不快心情；为受挫折者提供良好的人际环境，提供关怀，使其感到温暖，使其尽快从郁闷、痛苦的情绪中解脱出来；避免对受挫折者采取冷淡、疏远和训斥态度；变换活动内容、转移心理关注方向，忘却挫折之事等。纾解情绪，有时受挫折者自己就可以实现，有时则要亲人、朋友、同事、领导等帮助，才能够达到。

（四）适当进行宣泄

宣泄，是通过某种渠道，采取一定的方法，使自己把受挫折后的压抑情感表达出来，以减轻受挫折的心理压力，逐步回到正常的精神状态。例如，向亲人和知心朋友倾诉自己的不快和愤懑；在空旷之处大喊几声；写一封给导致挫折者的信（不必发出）来发泄自己的不满，等等。这虽然不是解决挫折问题的根本办法，但也不失为一种缓解痛苦情绪的有效方法。

（五）提高挫折商

提高挫折商是应付挫折的根本措施，是生涯成功的重要条件。思想成熟、有修养的人往往具有很高的挫折商，他们无论在遇到什么样的挫折时，都能保持乐观向上的情绪。通过陶冶情操、宽阔胸怀、加强修养、培养意志等方式，提高挫折商水平。据有关专家研究，挫折商的水平主要是在人的早年活动挫折时受到权威人物（父母、老师等）反复评价的作用下形成的，如果权威人物以体谅或鼓励为主，挫折商就高；如果权威人物一再叱责或打击，挫折商就低。当然，在人们成年以后，挫折商仍然可能通过教育训练等途径加以改善。

人的职业生涯际遇和挫折商水平之间，也有着一定的互动关系。要努力通过各种办法提高挫折商，这样在生涯遭遇挫折时就比较坚强，这又进一步强化了人的高挫折商，从而改善自己的职业生涯。

项目一　一步一步做简历

知识储备

简历初选时，HR一般只会花20秒来扫视一下你的简历。因此简历越简练效果越好，简历上的"废话"只会让你的长处被"淹没"。简历的篇幅尽量控制在1张A4纸内，层次分明，主题鲜明，条理清晰。

一、内容过多，如何精简到一页纸

简历页面是"寸土寸金"的，不要让你的姓名、性别、地址、电话等占据过大的页面。将姓名作为标题，联系方式紧跟标题给出。

删除无足轻重的细节，合并重复语段，使你提供的内容更简洁、有效。消灭简历上的废话，可从以下几方面入手。

1. 计算机技能

删掉最基本的计算机应用技能，如"熟练使用Windows"等语句。

2. 教育背景

不要罗列所有学过的课程，除了与应聘职位密切相关的主要课程，其他的都应该删去。

3. 消灭废话

消灭那些大而无当的套话、空洞的自我评价，消灭随意拍胸脯的空话。

(1)避免"喊口号"，如：天生我材必有用。

(2)避免"说大话"，如：给我一个支点，我将撬起整个地球！

(3)避免"表忠心"，如：你给我一个机会，我给你我的全部！

4. 缩减与求职意向不相关的素材

以应聘财务岗位为例，简历上所有与财务没有关系的内容，都是可以被删掉的。如果所有的内容都跟财务有点关系,可以为它们排一个优先级,把那些不太重要的压缩,或者删掉。

5. 合理排版

适当减小行距、段与段之间的距离,改小字号。但行距不能太小,否则会让人难受;汉字字号不能小于 5 号字,否则会令人不舒服。

二、内容过少,如何扩充到一页纸

有的同学在校期间学生工作或企业实习实践经历少,写简历时写不出东西来,可以采用以下技巧。

1. 教育背景

写与应聘职位相关的培训经历和课程,和应聘职位无关的不要写。

2. 奖学金

按时间倒序,把每项都列出来,可以写多行。

3. 历史成就

一般上大学前的经历作用不大,可以不写。但如果你有过非常优异的成就,且和应聘职位有关,则可以写出来。

4. 描写细节

(1)如果只做过一件事,那就应该尽量把它"掰"开了写。例如,某毕业生在整个大学期间只在大三某个周末参加了某公司的市场促销活动,如何对此段经历进行详细描述?可将内容分解为几个方面,然后把它们罗列如下。

◆讲解新款洗发水的性能;

◆协助进行现场活动抽奖;

◆发放并回收新产品上市的市场调查问卷;

◆收集现场客户资料。

(2)在保证真实的情况下,应该尽可能用专业化的语言来表达,这样也能从侧面反映你的专业素质。比如说,你在公司实习是做"打字输入"的,为了拓宽求职面,你可以表达为"文字处理","秘书"也可以表达为"助理","传单发放"则可以表达为"传播产品信息"等。

(3)数字的使用会让简历更有说服力,将上面案例中的工作内容加工一下,就可以这样表达:

◆在某公司新款洗发水的大型市场推广活动中,为潜在顾客进行产品展示和性能解说。

◆在推广会现场,参与组织和安排大型抽奖活动,当天吸引 3000 名潜在顾客参加活动。

◆对新款洗发水进行市场调查,组织 30 人发出 3000 份调查问卷并有效回收 92%。

◆采用不同方式收集现场客户资料620份，并进行分类、归档管理。

5.合理排版

综合运用行间距、字体大小、段落间距、排版版式等，对页面进行美化。

求职体验

模拟招聘会

1.实训内容

校园招聘就要开始了，学校就业指导中心联系了合作举办此次招聘会的几家企业，让其给出招聘岗位和需求，请同学们根据自身专业特点，针对意向岗位制作一份求职简历。

2.实训组织

(1)联系合作举办此次招聘会的企业。

(2)让合作企业给出招聘岗位和需求。

(3)学生准备简历并交给合作企业代表。

(4)合作企业代表筛选完简历后通知面试者。

(5)请合作企业代表来到课堂上现场招聘。

(6)全部学生到场参加或观摩招聘会。

(7)企业代表公布招聘结果并点评。

(8)学生、老师、企业代表三方交流。

项目二　展现领导力

知识储备

无领导小组讨论，一般由5~8个应聘者组成一个小组，共同应对一个需要解决的问题，以讨论的形式共同找出一个最合适的答案或结果。在讨论的过程中，每个成员都处于平等地位，都可以在比较放松的状态下处理问题。由于这种方法特别适用于评价个人分析问题、解决问题以及决策等具体领导素质，因此被越来越多的企业用于面试。

一、无领导小组讨论主要题型

1.案例分析

以小组为单位讨论实际的商业问题。案例分析可以很好地测试应聘者的分析能力、推理能力、自信心、商业知识以及沟通能力等素质。

2. 问题解决

以小组为单位共同解决一个模拟的难题。例如：公司年底举行员工联欢会，你们是公司市场部小组组员，请开会讨论年底联欢会的各种安排。这类问题需要小组成员之间密切配合。

3. 技能考查

通常是在小组成员共同参与的情况下考查你的演讲能力、分析能力和逻辑推理能力。这类小组面试可能会要求应聘者表演特定的情景剧。例如：应聘者三人为一组，每人随机抽取一张纸条，每张纸条上对应一个名词，要求同组的 3 个组员根据抽到的名词表演一个情景剧。

二、无领导小组讨论考查的主要能力

序号	考查能力	基本条件
1	沟通能力	(1) 语言表达顺畅、清楚； (2) 表达过程中善于运用语言、语调、目光和手势等； (3) 敢于主动打破僵局； (4) 能够倾听他人的合理意见； (5) 遇到冲突能够保持冷静，并迅速提出解决办法
2	分析能力	(1) 理解问题的本质； (2) 解决问题的思路清晰、角度新颖； (3) 能够综合不同的信息，深化自己的认识
3	应变能力	(1) 遇到压力和矛盾时能够积极寻求解决办法； (2) 情景发生变化时能够调整自己的思考、行为方式； (3) 在遇到挫折时能够积极面对
4	团队合作能力	(1) 能迅速融入小组讨论中； (2) 在整个面试过程中能为小组的整体利益着想； (3) 有独立的意见，但必要时会妥协； (4) 能为小组其他成员主动提供帮助； (5) 尊重他人，善于倾听他人的意见
5	个人影响力	(1) 提出的观点能得到小组其他成员的认可； (2) 小组成员愿意按照其建议行事； (3) 不依靠命令的方式压制小组其他成员； (4) 善于把小组成员之间不同的意见引向一致； (5) 发言积极，而且敢于发表不同的意见

三、无领导小组讨论的基本礼仪

(1)在小组讨论发言时,要面向小组成员,而不要看着面试官说话。

(2)尊重小组其他成员的观点,友善待人,不恶语相向。过于表现自己,对他人的观点无端攻击、横加指责,往往只会导致自己最早出局。没有一个公司会聘用一个不重视合作、没有团队意识的人。注意多用建议性批评,不用批评性建议。

(3)不能将小组讨论弄成"一言堂"。既不能滔滔不绝地垄断发言,也不能长期沉默、处处被动。每次发言都必须要有条理、有根据。

(4)所有的讨论都要基于材料,不能自己作假设。

● 求职体验

无领导小组讨论

1.实训内容

在课堂上通过情景模拟企业面试,展示无领导小组讨论的全过程,让学生切实感受面试的气氛,发现问题,找出不足,提高技能,为应聘实践打下基础。

2.实训组织

(1)课前准备阶段。指导老师根据班级人数分组,每组5~8人,每向学生分发记录表。

(2)规则说明阶段:指导老师用1~3分钟说明面试流程及规则。

(3)自我介绍阶段:小组每个成员用1~3分钟分别做自我介绍。

(4)审题思考阶段:指导老师交代题目,派发相应材料,应聘者有5分钟左右的审题、思考时间。

(5)观点陈述阶段:约2分钟的时间供小组成员分别阐述各自观点。

(6)小组讨论阶段:讨论时间长短因问题的实际情况有所不同。

(7)总结展示阶段:小组派一人(领导者)做总结,然后做展示或回答指导老师的提问。

(8)观察记录:每小组指定一人(记录员)记录小组成员在讨论过程中的关键行为。

● 记录表(样例)

姓名:_____ 专业:_____ 学号:_____ 班级:_____

序号	能力类型	关键行为	出现次数
1	沟通能力	语言表达顺畅、清楚,表达过程中善于运用目光和手势	
2	沟通能力	语言表达啰唆冗长,或沉默消极	
3	沟通能力	主动打破僵局	
4	沟通能力	和他人进行互动,征询意见反馈	
5	沟通能力	不友好地打断别人	
6	分析能力	在混乱中试图向正确的方向引导讨论	
7	分析能力	能够综合不同的信息,提出思路清晰、角度新颖的观点	
8	应变能力	遇到压力和矛盾时能够积极寻求解决办法	
9	应变能力	适时调整自己的思考、行为方式	
10	应变能力	在遇到挫折时能够积极面对	
11	团队合作能力	仔细倾听别人的想法或意见并给予反馈	
12	团队合作能力	对别人的方案提出富有创造性的改进点	
13	团队合作能力	在需要妥协的时候妥协	
14	团队合作能力	主动承担记录工作	
15	团队合作能力	完全忽略别人的论述	
16	团队合作能力	否定一切,言辞不友好	
17	个人影响力	适时地提出自己的观点并设法得到小组成员的支持	
18	个人影响力	担任最后总结发言人,表述清晰、流畅	
19	个人影响力	积极争取担任领导者的角色	
20	个人影响力	具有时间观念,把控时间进度	
21	个人影响力	态度消极被动	

担任角色:_____ 整体表现:_____

指导老师签名:_____

(9)结果反馈:指导老师与每组的领导者进行沟通,探讨小组成员的关键行为,并给出综合得分。小组成员根据记录表和综合得分撰写分析报告。

项目三　从容面试

知识储备

在准备面试前，熟悉一下常见问题，并做相应的准备，有助于我们在实际面试过程中的应答。

1. 请简单介绍一下你自己

回答提示：自我介绍要注意避免流水账似的生平简介，重点是要展示自己的才能和过去的成就，这种展示与应聘岗位是有一定的相关性的。同时应注意以下几点：①重点突出，把在大学里最擅长的内容表达出来，也就是说把个人最为得天独厚的才能表达出来。如果荣誉称号很多，那么就讲层次最高的，没有必要统统报出来。②语言精练，语言简短、清楚、准确，不要漫无边际地瞎扯。③一分为二，不能光讲优点，不讲缺点，有时把缺点说得恰到好处，会有事半功倍的效果。例如，某毕业生在几位考官面前介绍自己时，他是先介绍自己的缺点，然后介绍自己的优点，扬长避短，掌握较好，一下子得到面试考官的好感，立即产生了该生诚恳、谦虚、实事求是的面试效果。④用词恰当，自我介绍时，尽量少用"我"这个字眼，用"我"这个字眼，容易让人觉得你是一个以自我为中心的人。同时要注意，讲话要严谨，用词恰当。

专家点评：企业以此来判断是否应该聘用你。通过你的谈论，可以看出你想的是如何为公司效力还是那些会影响工作的个人问题。当然，还可以知道你的一些背景。

2. 谈谈你的家庭情况

回答提示：要注意这个问题对于用人单位了解应聘者的性格、观念、心态等是有一定的作用的，这是招聘单位问该问题的主要原因。

专家点评：简单地罗列家庭人口，要强调温馨和睦的家庭氛围以及强调父母对自己教育的重视，并表示家庭成员对自己工作的支持。

3. 你为什么希望到我们公司工作

回答提示：我觉得贵公司力量雄厚，领导得力，上下一心，适于一切有才干的人发展。

专家点评：回答问题要从对方入题，引起对方好感，使对方感到你能尊重别人，关心公司的需要，愿为公司尽微薄之力。

4. 请你谈一下和本工作有关的工作经验

回答提示：如果你做过这一类工作，说出地点，并以具体的实例来说明你的工作成绩，不要用空洞的词语。如果你没有做过这类工作，就应强调你有能力来学做这个工作，你要表明你非常喜欢这个工作，也非常想学习新东西。尽可能把你过去经历中和这个工作有联系的内容提出来，尽可能将你具有的与这个工作有关联的技能提出来。

专家点评：此问题判断你能不能做这份工作。

5. 你有哪些兴趣爱好

回答提示：书法、乐器、体育、集邮、唱歌、舞蹈等，如钢琴已达到十级水平。

专家点评：一个人的兴趣爱好，能显示他的多方面的才能和修养，这样的人除比别人多一种技能外，更重要的是，他们往往有进取心，有发散性的思维，比较热爱生活。如果拥有这类操作性技能证书那是最好的证明了。如没有或爱好广泛，但都不太精，则说实话。

6. 请谈谈你的优点

回答提示：我非常喜欢和善于学习新东西，在工作中有责任心、真诚、有热情、有灵活性，能够合理地安排时间使工作有条理、有效率，能够在紧张压力下工作等。

专家点评：以上回答要有具体实例来证明你的说法。优点除了你的工作技能、具有的各类证书和实践经验外，主试者要想听的优点不见得是你最突出的优点，而应该是和你应聘的那份工作相关的优点，从中找出雇佣你的理由，同时可以知道你对自己的了解程度，看看你对自己有没有自信，以及你到底适合不适合这份工作。因此，你要精确地描述，例如适应力强、团队协作能力强、具有幽默感等。

7. 我们公司今年计划不招女学生

回答提示：贵公司的用人计划我了解，但我想性别差异并非是挑选人才的关键，还是要看个人的基本素质，何况我各方面表现都较优秀，有些男同学还赶不上我。

专家点评：女同学碰到此类问题，不要愤怒、憎恨，要靠耐心和韧性，回答问题不要带怒意，要不卑不亢，充满自信，介绍自己的优势，有与男同学一较高下的勇气。

8. 你未来的职业规划

回答提示：主要谈应聘的职业对自己将来事业的发展，及发挥自己的专业所长。最普通的回答应该是"我准备在技术领域有所作为"或"我希望能按照公司的管理思路发展"。

专家点评：这是每一个应聘者都不希望被问到的问题，但是几乎每个人都会被问到，比较多的答案是"管理者"。但是近几年来，许多公司都已经建立了专门的技术岗位。这些岗位的职位往往被称作"顾问"、"参议技师"或"高级软件工程师"等等。当然，说出其他一些你感兴趣的职位也是可以的，比如产品销售部经理，生产部经理等一些与你的专业有相关背景的工作。要知道，考官总是喜欢有进取心的应聘者，此时如果说"不知道"，或许就会使你丧失一个好机会。

9. 你对加班的看法

回答提示："如果是工作需要我会义不容辞加班，我现在单身，没有任何家庭负担，可以全身心地投入工作。但同时，我也会提高工作效率，减少不必要的加班。"

专家点评：实际上好多公司问这个问题，并不证明一定要加班，只是想测试你是否愿意为公司奉献。

10.假如我们决定聘请你，你希望在这个职位上得到多少薪水

回答提示："原则上我尊重公司的规定，当然有关我所应聘的职位的具体报酬和其他福利，公司一定会根据我工作的成绩来定。"如果直截了当说出薪金数目，无论多少，对你面试获得成功都会有不利影响。

专家点评：面试官提薪水待遇的问题的实质，是想了解应试者的个人能力，价值观以及对应聘岗位的诚意。在面试过程中，如果对自己提出的"待遇"不能肯定的话，不妨也可以请教对方"这样的职务通常在贵公司的待遇如何"，若自己提出的待遇太低，吃亏不说，还可能被对方怀疑是否能力不足以致缺乏自信；若要求太高，又可能被拒之门外。因此，谈薪水待遇确实是门大学问。

● 求职体验

模拟面试比赛

1.实训内容

为了给毕业生提供展现自我风采，提高就业技能的平台，学校就业指导中心特举办模拟面试比赛。

2.实训组织

(1)以学院为单位，根据专业特点，确定模拟招聘企业，发布模拟用人信息。

(2)比赛分为两轮：第一轮为初赛，在各学院进行，每个学院挑选8名选手晋级。第二轮为决赛。初赛根据各学院实际情况，采用单独面试或无领导小组讨论形式，决赛采用无领导小组讨论形式。

(3)决赛最终录用10人为获奖选手，其中一等奖2人，二等奖3人，三等奖5人。

(4)面试内容分为两部分：一是结构化面试，问卷请合作企业人力资源管理部门提供；二是单独面试或无领导小组讨论，主考官由就业指导中心老师和合作企业人力资源管理人员担任。

参考文献

[1] 蒋建荣，詹启生. 大学生生涯规划导论[M].天津:南开大学出版社,2005.

[2] 张书明. 大学生就业指导教程[M].济南:山东大学出版社,2006.

[3] 熊苹. 职业生涯规划[M].长沙:中南大学出版社,2006.

[4] 侯麓. 走向成功 [M].青岛:中国海洋大学出版社,2007.

[5] 刘善球，张玉东. 大学生职业生涯规划与就业指导教程[M].长沙:中南大学出版社,2007.

[6] 张明，陈碧华. 大学生就业指导教程[M].北京:中国人事出版社,2007.

[7] 布莱尔·沃森. 世界500强面试题[M].朱丽,译.北京:中国青年出版社,2007.

[8] 黄中天. 生涯规划——理论与实践[M].北京:高等教育出版社,2007.

[9] 钟谷兰，杨开. 大学生职业生涯发展与规划[M].上海:华东师范大学出版社,2008.

[10] 钟谷兰，杨开. 大学生职业生涯发展与规划[M].上海:华东师范大学出版社,2008.

[11] 陈宇红，江光荣. 大学生就业压力的来源和特点[J].当代青年研究,2009(11).

[12] 麦克斯中国大学生就业研究课题组.2010年中国高职生培养报告[J].职业技术教育,2010(6).

[13] 约瑟夫.J.卢斯亚尼. 自我训练:改变焦虑和抑郁的习惯[M].曾早垒,译.重庆:重庆大学出版社,2012.

[14] 谷向东. 无领导小组讨论[M].北京:电子工业出版社,2015.

[15] 南振中. 大学该怎么读:给大学生的75封回信[M].北京:新华出版社,2015.

[16] 贾杰. 活得明白:生涯咨询的十八个典型[M].北京:北京大学出版社,2015.

[17] 芭芭拉·奥克利. 学习之道[M].教育无边界字幕组,译.北京:机械工业出版社,2016.

[18] 吴沙. 遇见生涯大师[M].北京:北京大学出版社,2017.